A CRIANÇA DIVINA

Dados Internacionais de Catalogação na Publicação (CIP)
(Câmara Brasileira do Livro, SP, Brasil)

Jung, C.G., 1875-1961
  A criança divina : uma introdução à essência da mitologia /
C.G. Jung, Karl Kerényi ; tradução de Vilmar Schneider. –
Petrópolis, RJ : Vozes, 2011. – (Coleção Reflexões Junguianas)

  Título original: Das göttliche Kind : eine Einführung in das
Wesen der Mythologie
  Bibliografia

  1ª reimpressão, 2024.

  ISBN 978-85-326-4151-9

  1. Arquétipo da criança (Psicologia) 2. Individuação 3. Mito – Filosofia
4. Mitologia 5. Psicologia I. Kerényi, Karl, 1897-1973. II. Título. III. Série.

11-04691   CDD-150.1954

Índices para catálogo sistemático:

1. Mito da criança divina :
Psicologia do arquétipo da criança :
Psicologia analítica junguiana 150.1954

C.G. Jung
Karl Kerényi

A CRIANÇA DIVINA
Uma introdução à essência da mitologia

Tradução de Vilmar Schneider

Petrópolis

© 2006 Patmos Verlag GmbH & Co. KG, Düsseldorf (brochura)
© 1999 Patmos Verlag GmbH & Co. KG Walter Verlag, Düsseldorf e Zurique

O texto "A criança original", de Karl Kerényi segue a versão de Kerényi, das Urkind, in: *Humanistische Seelenforschung*, p. 54-91, obra em edição separada; editado por Magda Kerényi.

Título da edição original publicada pela Editora Patmos: *Einführung in das Wesen der Mythologie. Der Mythos vom göttlichen kind und Eleusinische Mysterien.*

Reedição ampliada da obra publicada pela primeira vez em 1941 pela Editora Rascher, de Zurique: JUNG, C.G. & KERÉNYI, Karl. *Eiführung in das Wesen der Mythologie. Gottkindmythos: Eleusinische Mysterien.*

Indicação das fontes:
O "Prólogo à nova edição (1951)" e a "Nota preliminar à edição de 1941", assim como os textos de Karl Kerényi: "Introdução. A origem e o fundamento da mitologia", "A criança divina", "Epílogo. O milagre de Elêusis", seguem a reimpressão revisada de C.G. Jung e Karl Kerényi: *Einführung in das Wesen der Mythologie. Das göttliche Kind; Das göttliche Mädchen. Rascher-Verlag, Zurique*, 1951.
© Os textos de Karl Kerényi: Dr. Cornelia Isler-Kerényi.

© J.G. Cotta'sche Buchhandlung Nachfolger GmbH, fundada em 1659, Stuttgart, 1996.
As homenagens de Karl Kerényi a C.G. Jung, incluídas adicionalmente na presente edição, "C.G. Jung ou a espiritualização da alma" e "Contatos com C.G. Jung. Um fragmento", originam-se de KERÉNYI, Karl. *Wege und Weggnossen* 2, obra em edição separada, vol. V/2, p. 341-349 e 487, publicadas por Langen Müller, Munique e Viena, 1988.
© Dr. Cornelia Isler-Kerényi.

| Direitos de publicação em língua portuguesa: 2011, Editora Vozes Ltda. Rua Frei Luís, 100 25689-900 Petrópolis, RJ www.vozes.com.br Brasil | Todos os direitos reservados. Nenhuma parte desta obra poderá ser reproduzida ou transmitida por qualquer forma e/ou quaisquer meios (eletrônico ou mecânico, incluindo fotocópia e gravação) ou arquivada em qualquer sistema ou banco de dados sem permissão escrita da editora. |

CONSELHO EDITORIAL

Diretor
Volney J. Berkenbrock

Editores
Aline dos Santos Carneiro
Edrian Josué Pasini
Marilac Loraine Oleniki
Welder Lancieri Marchini

Conselheiros
Elói Dionísio Piva
Francisco Morás
Gilberto Gonçalves Garcia
Ludovico Garmus
Teobaldo Heidemann

Secretário executivo
Leonardo A.R.T. dos Santos

PRODUÇÃO EDITORIAL

Aline L.R. de Barros
Marcelo Telles
Mirela de Oliveira
Otaviano M. Cunha
Rafael de Oliveira
Samuel Rezende
Vanessa Luz
Verônica M. Guedes

Conselho de projetos editoriais
Isabelle Theodora R.S. Martins
Luísa Ramos M. Lorenzi
Natália França
Priscilla A.F. Alves

Editoração: Elaine Mayworm
Projeto gráfico: AG.SR Desenv. Gráfico
Capa: Omar Santos

ISBN 978-85-326-4151-9 (Brasil)
ISBN 978-3-491-69822-2 (Alemanha)

Este livro foi composto e impresso pela Editora Vozes Ltda.

Sumário

Nota editorial, 7
Prólogo às edições de 1951 e 1980, 9
Nota preliminar à edição de 1941, 11
Introdução – A origem e o fundamento da mitologia, 13
K. Kerényi
1 A criança original, 45
K. Kerényi
2 A psicologia do arquétipo da criança, 109
C.G. Jung
3 A jovem divina, 149
K. Kerényi
4 Aspectos psicológicos da Core, 225
C.G. Jung
Epílogo – O milagre de Elêusis, 255
K. Kerényi
Anexos, 263
Referências, 277
Índice de ilustrações, 301
Índice onomástico, 303
Índice analítico, 309
Índice geral, 337

Nota editorial

A grande atenção conferida ao livro *Einführung in das Wesen der Mythologie* [Introdução à essência da mitologia] no curso das últimas décadas revela-se simplesmente no fato de que, após o surgimento dos ensaios sobre a criança divina e a jovem divina nos anos de 1939 e 1940, e sua publicação no *Albae Vigiliae* VI/VII (1940) e VIII/IX (1941), sua compilação sob o título mencionado já passou por várias edições: em 1941, pela Editora Acadêmica Pantheon, de Amsterdã, e pela Editora Rascher, de Zurique; em 1944, pela Editora Rascher; em seguida, numa impressão não autorizada e não datada do período da guerra, na Holanda; e em 1951 pela Editora Rhein, de Zurique. Uma reimpressão da edição de 1951, divulgada em 1980 pela Editora Gerstenberg em Hildesheim, esgotou-se rapidamente, a exemplo das tiragens anteriores. Devido à contínua procura, uma reedição está prevista, se bem que ensaios avulsos podem ser encontrados na Editora Walter, de Zurique, nas *Gesammelten Werken* de C.G. Jung, e na Editora Klett-Cotta, em Stuttgart, na *Werkausgabe* dos escritos de Karl Kerényi.

O título principal da coletânea sempre permaneceu o mesmo: *Einführung in das Wesen der Mythologie*. A mudança do subtítulo – "Gottkind-mythos. Eleusinische Mysterien" [Mito da criança-deus. Mistérios de Elêusis] (1941 e 1944), "Das Götliche Kind/ Das Götliche Mädchen"[A criança divina/A jovem divina] (1951 e

1980) – pode confundir tanto quanto as alterações nos títulos de ensaios avulsos. O conteúdo do próprio livro, contudo, foi revisado só de maneira marginal.

A presente edição apresenta o título *Einführung in das Wesen der Mythologie. Der Mythos vom göttlichen Kind und Eleusinische Mysterien* [Introdução à essência da mitologia. O mito da criança divina e os mistérios de Elêusis] e acompanha a versão mais recente do texto. Além disso, foram incluídos dois textos com os quais Karl Kerényi, nos anos de 1955 e 1961/1962, homenageia a atividade e a obra de C.G. Jung.

As notas de edições anteriores e as referências bibliográficas estão reunidas no final do livro. Complementos feitos pelos editores podem ser identificados pelos colchetes. Um índice remissivo minucioso classifica o conteúdo da coletânea e facilita o acesso aos textos.

Darmstadt, outubro de 1998.

H.E.

Prólogo às edições de 1951 e 1980

Este livro foi publicado pela primeira vez em 1941 como segunda edição das monografias *Das göttliche Kind* ["A criança divina"] e *Das götliche Mädchen* ["A jovem divina"], que surgiram nos anos de 1939-1940 e ainda apareceram em separado na primeira edição. A terceira edição, uma cópia sem alterações da segunda, foi impressa na Holanda durante os anos da guerra, sem indicação do ano e sem conhecimento das autoridades de ocupação. Para não chamar a atenção da censura sobre a reaparição do livro, aos autores nem sequer foram enviadas as provas.

Somente com um intervalo de dez anos os autores tiveram a oportunidade de considerar se deveriam expor de maneira mais detalhada aquilo que, naquela ocasião, forçados pela pressão do momento, haviam redigido de maneira mais resumida. Isso seria possível, e em alguns pontos inclusive necessário. No entanto, aquela forma condensada havia marcado a publicação e lhe conferido o modo característico do que pretendia ser: uma primeira introdução e orientação para a compreensão dos elementos essenciais da mitologia; como orientação, baseia-se em dois exemplos que não esgotam o conteúdo da mitologia nem pretendem apresentar todos os seus aspectos.

Desse modo, os autores abrem mão de uma revisão da obra que poderia destruir seu formato original e enfatizam o caráter de ensaio de tudo o que se apresenta à continuação, certamente no sentido de uma tentativa baseada na investigação para uma ciência da mitologia.

C.G. Jung
Karl Kerényi
Küsnacht e Ponte Brolla, março de 1951.

Nota preliminar à edição de 1941

"Como o homem pode saber o que é uma mulher? A vida da mulher é muito diferente da vida de um homem. Deus ordenou para que assim fosse. O homem é o mesmo, desde o momento do nascimento até o momento que definha. Ele é o mesmo, antes e depois de unir-se a uma mulher pela primeira vez. Mas o dia em que uma mulher experimenta o primeiro amor, sua vida se divide em duas partes. Neste dia se transforma em outra mulher. O homem permanece o mesmo depois do primeiro amor. A mulher é outra desde o dia do seu primeiro amor. Isso continua assim a vida toda. O homem passa a noite com uma mulher e vai embora. Sua vida e seu corpo permanecem sempre os mesmos. A mulher pode conceber. Como mãe, é uma pessoa diferente da mulher que não tem filhos. Primeiro, carrega em seu corpo o fruto da noite durante nove meses. Alguma coisa cresce. Em sua vida, origina-se algo que nunca mais a deixará. Ela é mãe; e permanecerá mãe mesmo que seu filho morra, mesmo que todos os seus filhos morram. Porque uma vez carregou a criança debaixo de seu coração. Depois que veio ao mundo, carrega-a no coração. E a criança nunca mais deixa seu coração. Nem mesmo quando está morta. Tudo isso o homem ignora; ele não sabe. Não conhece a diferença entre antes do amor e depois do amor, antes da maternidade e depois da maternidade. Ele não pode saber de nada disso. Apenas uma mulher pode saber e falar a respeito disso. É por isso que não aceitamos que nossos homens nos digam o que fazer. Uma mulher só pode fazer uma coisa: respeitar a si mesma, manter-se decente, e agir de acordo com sua natureza. Ela deve ser sempre jovem e mãe. Antes de cada relacionamento amoroso, é jovem; depois de cada relacionamento amoroso, é mãe. É assim que se percebe se ela é uma boa mulher ou não."

Essas palavras de uma nobre abissínia, transcritas por Frobenius num de seus mais belos livros, *Der Kopf als Schicksal* (Munique, 1924: 88), antepõem-se aqui como mote para a preparação e confirmação daquilo que se expõe na segunda parte. Ao mesmo tempo, constam aqui como lembrança do grande homem cuja obra estimula o investigador da cultura e dos mitos e o compele ao estudo.

Os escritos *Das göttliche Kind* e *Das göttliche Mädchen*, que aqui aparecem reunidos, devem antes servir como exemplos metódicos do que serem tratados como estudos que esgotam o tema. Examinar a riqueza das artes plásticas relativas a esses dois temas também excederia o marco deste estudo. Lembremos somente como a arte barroca atesta a atemporalidade da criança mitológica. O autor de um livrinho sobre os *putti* e cupidos (GLÄSER, R. *Ein himmlischer Kindergarten*. Munique: [s.e.], 1939) constata, ainda nessas criações de épocas tardias, características similares às que identificamos na criança original mítica. Em contraste com as crianças humanas, esses meninos – assim lemos em seu livro – têm "o universo por trás e em redor de si, do céu até o inferno. Mais do que as crianças dos mortais, elas estão sujeitas às forças do universo, assim como elas mesmas devem encarnar muitas dessas forças. E, desse modo, seu significado excede a existência como simples ornamento. Apesar disso, trata-se de crianças. É certo que nunca se transformarão em pessoas adultas, em si mesmas já estão prontas, são eternas crianças; no entanto, não são anões. Antes são gigantes impedidos".

Budapeste, 4 de junho de 1941.

K.K.

Introdução
A origem e o fundamento da mitologia

K. Kerényi

1

O que é música? O que é poesia? O que é mitologia? São perguntas sobre as quais não é possível refletir sem uma relação real, preexistente, com o próprio tema em questão. Tudo isso é natural e óbvio. Não, porém, no caso da mitologia. As grandes criações mitológicas deveriam, elas mesmas, tornar compreensível ao ser humano de hoje que ele se encontra diante de um fenômeno que, "por sua profundidade, sua duração e sua universalidade, é comparável somente à própria natureza". Quem realmente se propõe a divulgar o conhecimento das mitologias não deveria se reportar de antemão a quaisquer considerações ou juízos teóricos – nem mesmo aos de Schelling, de quem provém o elogio à mitologia que citamos. Tampouco deveria se referir em demasia às fontes. Nós mesmos deveríamos buscar e beber a água fresca da fonte para que ela se derrame também em nós e faça vibrar nossos dons mitológicos secretos.

No entanto, também aqui muitas coisas se encontram entre a boca e a borda da taça. A verdadeira mitologia se tornou tão completamente estranha para nós que, antes de apreciá-la, queremos deter-nos e refletir. Trata-se não apenas das vantagens e desvantagens da mitologia (sobre isso o psicólogo e psicoterapeuta dirá sua palavra neste livro), mas da atitude que podemos adotar em relação a ela. Perdemos o acesso imediato às grandes realidades do mundo espiritual – do qual faz parte também todo elemento mitológico-genuíno –; perdemo-lo justamente por causa de nosso cientificismo extremamente solícito e abundante de recursos. Ele nos explicou tão bem a bebida contida na taça que, de antemão, conhecemos sua natureza melhor que os velhos e bons bebedores. E deveríamos nos satisfazer com nosso conhecimento superior, ou certamente colocá-lo num patamar mais elevado que a vivência e o desfrute ingênuos. Precisamos nos perguntar: Afinal de contas, ainda podemos ter um acesso imediato à mitologia, a ponto de vivenciá-la e desfrutá-la?

Em todo caso, não podemos mais nos privar da libertação da mentira que a verdadeira ciência nos concede. O que exigimos, além dessa libertação – no fundo, reivindicamos que seja restituído pela ciência – é precisamente o acesso imediato aos objetos da ciência. A mesma ciência que, primeiro com suas interpretações e depois com suas explicações, obstruiu o caminho para a mitologia, deve reabri-lo para nós. A ciência é entendida aqui sempre em seu sentido mais amplo: nesse caso, tanto o aspecto histórico e psicológico como o cultural e antropológico da investigação dos mitos. Para caracterizar o enfoque que hoje já se conseguiu alcançar da mitologia, primeiramente é preciso resumir aqui o que foi explanado sobre o tema no primeiro capítulo de meu livro *Die antike Religion* [A religião na Antiguidade] e mencionado no prólogo à primeira edição de *Das göttliche Kind* [A criança divina]. Não abordaremos aqui a questão da origem da mitologia nestes termos: "Onde e quando surgiu uma grande civilização criadora de mitos que, com suas criações, talvez tenha influenciado todas as mitologias posteriores?" Uma única questão irá nos ocupar: "O que a mitologia tem a ver com a origem ou as origens?" Mas mesmo essa questão deve servir apenas para ampliar aquele acesso

A criança divina 15

imediato, por meio do qual o leitor precisa encontrar seu próprio caminho para a mitologia.

2

O termo "mito" é extremamente polissêmico, está gasto e é vago: oferece menos possibilidades de uso que expressões que com μῦθος combinam o vocábulo "reunir, dizer", λέγειν. Platão, ele mesmo um grande "narrador de mitos", instruiu-nos, a partir de sua experiência e de sua obra, sobre a vitalidade e mobilidade daquilo que os gregos denominavam μυθολογία. Ela é uma arte unida e inerente à poesia (os domínios de ambas coincidem), uma arte com uma condição peculiar, substancial. Há uma matéria especial que determina a arte da mitologia: um conjunto de materiais antigos, transmitidos pela tradição – "mitologema" é o termo grego mais adequado para designá-lo –, contido em narrativas conhecidas – que, no entanto, não excluem qualquer criação ulterior – sobre deuses e seres divinos, combates de heróis e descidas ao inferno. A mitologia é o movimento dessa matéria: algo firme e ao mesmo tempo móvel, material contudo não estático, mas aberto a transformações.

O paralelo mais próximo desse aspecto da mitologia se encontra na música. A arte da mitologia e sua matéria estão combinadas num só e no mesmo fenômeno, do mesmo modo que a arte do compositor e sua matéria, o mundo dos sons. A obra musical revela o artista como configurador e nos mostra ao mesmo tempo o mundo dos sons no formato configurado. Nos casos em que um configurador com espírito próprio não aparece em primeiro plano – nas grandes mitologias dos indianos, dos finlandeses e dos polinésios –, podemos falar com ainda maior propriedade de uma relação entre uma arte que se revela na própria configuração e de uma matéria peculiar que se configura a si mesma como unidade indivisível de um só e do mesmo fenômeno. A configuração na mitologia é figurativa. É uma efusão de figuras mitológicas. Uma efusão que é ao mesmo tempo uma evolução: ao ser retida, assim como os mitologemas são retidos na forma das tradições sagradas, ela é uma espécie de obra de arte. Outros desdobramentos do mesmo motivo principal são possíveis de modo simultâneo ou sucessivo, similar às diversas variações do mesmo tema musical. Isto porque, embora o próprio elemento efusivo sempre permaneça figurativo, a comparação com obras musicais continua aplicável também aqui. Trata-se, em todo caso, de obras: isso é, de algo concreto, convertido em objeto que fala por si mesmo, que não justificamos pela interpretação e explicação, mas, em primeira linha, pelo fato de o colocarmos ali e permitirmos que expresse seu próprio sentido.

No caso de um autêntico mitologema, esse sentido é algo que não pode ser expresso tão bem e tão plenamente de forma não mitológica. A mitologia não é um simples modo de expressão, no lugar do qual pudesse ter sido escolhido um outro, mais simples e mais compreensível, exceto em sua época, quando representava a única possibilidade de expressão consoante ao espírito do tempo. A mitologia pode estar em conformidade com sua época, em maior ou menor medida, exatamente como a música. Pode haver épocas em que se é capaz de expressar só com música o que se "concebeu" de mais sublime. Nesse caso, porém, o sublime é precisamente algo que pode expressar-se unicamente por meio da música. Algo semelhante sucede com a mitologia. Assim como a música também tem um sentido inteligível que, como toda entidade inteligível geradora de satisfações, busca uma satisfação, o mesmo sucede com todo mitologema autêntico. O que torna tão difícil tra-

A criança divina 17

duzir esse sentido para a linguagem da ciência é que ele só pôde ser expresso plenamente de modo mitológico.

Desse aspecto figurativo, inteligível e musical da mitologia resulta a atitude correta para considerá-la: permitir que os mitologemas falem por si mesmos, e simplesmente prestar atenção. Toda explicação deve permanecer no mesmo nível que a explicação de uma obra de arte musical ou, no máximo, poética. É evidente que para isso é preciso um "ouvido" especial, assim como para ocupar-se com música e poesia. "Ouvido" significa, também nesse caso, vibrar junto, derramar-se junto. "Aquele que se derrama como fonte é reconhecido pelo conhecimento" (Rilke). Onde está, porém, a fonte da mitologia? Em nós mesmos? É somente interior? Existe também fora ou apenas fora de nós? A ela cabe procurar. Será mais fácil encontrar o caminho que leva até ela caso se parta de um outro aspecto da mitologia, de um aspecto que aqui será considerado de modo mais detalhado.

3

A mitologia continua a cantar – assim como a cabeça cortada de Orfeu – inclusive depois da hora da sua morte, mesmo com a distância. No período de sua existência, em meio ao povo em que era nativa, foi não apenas cantada, como uma espécie de música, mas vivida. Embora material, para aquele povo ela foi seu suporte, sua forma de expressão, de pensamento e de vida. Falou-se, com razão, da "vida feita de citações" do ser humano das eras mitológicas, e, apropriadamente, ilustrou-se isso com imagens que nada melhor podia substituir. O ser humano antigo retrocedia um passo antes de fazer qualquer coisa, semelhante ao toureiro que se prepara para desferir o golpe mortal. Buscava no passado um modelo, em que se mete como que em um sino de mergulhador, para assim lançar-se, ao mesmo tempo protegido e deformado, ao problema do presente. Sua vida encontrava dessa maneira sua própria expressão e seu próprio sentido. Para ele, a mitologia de seu povo era não apenas convincente, isto é, plena de sentido, mas explicativa, isto é, doadora de sentido.

Este é o outro enfoque, o aspecto etiológico da mitologia. No todo, é um aspecto extremamente paradoxal. Na condição de historiador da religião, também poderia deter-me nesse paradoxo e dizer: a mitologia explica a si mesma e a tudo neste mundo não porque foi inventada para proporcionar explicações, mas porque possui também a qualidade de ser explicativa. Porém, precisamente os investigadores que querem "explicar" tudo dificilmente entenderão uma qualidade tão misteriosa, a não ser admitindo que os mitologemas foram concebidos com essa finalidade – para proporcionar explicações. A indicação de que a poesia e a música às vezes tornam o mundo mais compreensível ao espírito do que uma explicação científica dificilmente os satisfaz e também não deve mais nos satisfazer. Pretendemos compreender efetivamente o aspecto etiológico da mitologia em seu "como" e "por meio de que" e, em nenhum sentido, considerá-lo fácil e evidente.

O aspecto de evidência já é perturbado aqui pelo fato de que o caráter etiológico da mitologia também pôde ser negado completamente. E quem procedeu desse modo foi um investigador de campo que passou muito tempo na presença de uma mitologia viva: Bronislaw Malinowski. Aquilo que ele aprendeu nas Ilhas Trobriand sobre a essência da mitologia, publicou num estudo empírico exemplar sobre o *Myth in Primitive Psychology* (Londres, 1926). Sua experiência confirma a mencionada concepção da "mitologia vivida". Ela será repetida em suas palavras cientificamente bem ponderadas.

A criança divina

"O mito numa sociedade primitiva, isto é, em sua forma original viva, não é uma simples história contada, mas uma realidade vivida. Não é uma invenção, do tipo que hoje lemos em nossos romances, mas uma realidade viva que se acredita tenha sucedido em tempos primordiais e que, desde então, influencia o mundo e o destino dos seres humanos permanentemente [...]. Essas histórias são mantidas vivas não pela vã curiosidade, tampouco como narrativas inventadas ou como narrativas verdadeiras. Mas elas são para os nativos a declaração de uma realidade original, maior e mais importante, por meio da qual é determinada a vida, o destino e a atuação da humanidade no presente e cujo conhecimento fornece ao ser humano, por um lado, motivos para atividades rituais e morais e, por outro lado, instruções para sua execução."

Malinowski nega, com base em sua experiência, o caráter simbólico e etiológico do mito vivo. Sua negação do caráter simbólico consiste na constatação absolutamente correta de que o mito expressa para seus detentores, de uma forma primária e direta, justamente o que ele narra: um acontecimento primordial. Malinowski não toma em consideração a possibilidade de que esse acontecimento, por sua vez, expresse algo: algo mais universal, algo da substância do mundo do ser humano, que ali se pronuncia, ele mesmo, de forma mitológica. Sua constatação não fala a favor nem contra ela. De forma ainda mais detalhada, ele se volta contra a concepção etiológica. O mito não seria uma explicação para satisfazer uma curiosidade científica, mas o ressurgimento de uma realidade primordial em forma de narrativa. Os mitos nunca explicam, em nenhum sentido; eles sempre estatuem um precedente como ideal e garantia para a continuação. O "mito etiológico" seria uma classe inexistente de narrativas, semelhante a um "desejo de explicar" inexistente.

Malinowski esboça assim o que ele denomina a função social da mitologia e o que não é "explicar" de modo científico ou pseudocientífico. É claro que falta a Malinowski o termo certo para definir isso efetivamente. "Explicar", no sentido de um "intelectual effort", ele considera inadequado. Já no sentido de que a mitologia elucida tudo para seus detentores sem fatigá-los, "explicar" é aplicável. Pois, neste sentido, flui clareza de toda mitologia: clareza sobre o que é, acontece e deve acontecer. O sentido de tudo isso está contido no mitologema. O que se faz, porém, a partir da mitologia, quando se permite que ela opere a "narrativa dos mitos" no serviço espontâneo a uma comunidade humana, não é uma invenção fútil de explicações, mas algo diferente. A língua alemã possui o termo certo para isso: é *begründen*, fundamentar.

A mitologia fundamenta. Ela não responde, na realidade, à questão: "Por quê?", mas à questão: "De onde?" A língua grega permite expressar bem precisamente essa diferença. A mitologia não indica propriamente αἴτια, "causas". Ela faz isso (ela é "etiológica") apenas à medida que as αἴτια – como ensina Aristóteles (*Metafísica* Λ 2, 1013a) – são ἀρχαί. Segundo os filósofos gregos mais antigos αἴτια eram, por exemplo, a água, o fogo ou o ἄπειρον, o "ilimitado". Não são meras "causas", portanto, mas antes matérias-primas ou estados originais que nunca envelhecem nem são superados, mas sempre possibilitam que tudo se origine deles. Algo parecido ocorre com os acontecimentos da mitologia. Constituem o fundamento do mundo, uma vez que tudo se baseia neles. São as ἀρχαί, às quais cada coisa individual e particular recorre para si mesma e das quais ela se nutre diretamente, enquanto aquelas permanecem indestrutíveis, inesgotáveis e insuperáveis: em um primórdio atemporal, em um passado que se revela imperecível por causa de seu ressurgimento em eternas repetições.

4

Dizer que a mitologia fala das origens ou, certamente, do elemento original não é uma generalização injustificada. Quando descreve uma geração mais jovem de deuses, por exemplo, os deuses históricos dos gregos, esses também indicam o princípio de um mundo: aquele mundo sob o domínio de Zeus em que os helenos viviam. Deuses são de tal modo "originais" que com um novo deus sempre nasce também um novo "mundo": uma nova época ou um novo aspecto do mundo. É claro que os deuses estão presentes não apenas no princípio, em sua origem, nem unicamente nas repetições esporádicas daquele primeiro salto, em suas reaparições cósmicas e em suas concretizações festivas. No entanto, os mitologemas que expõem em forma narrativa aquilo que as figuras dos deuses encerram em si mesmas se desenrolam sempre num tempo primordial. Remontar à origem e ao tempo primordial é a característica fundamental de toda mitologia.

Encontrou-se a expressão exata para isso: Por detrás do aparente "por quê?" se encontra o "de onde?"; por detrás da αἴτιον se encontra a ἀρχή. Mais precisamente: de modo algum as perguntas vêm em primeiro lugar na mitologia – e tampouco na filosofia grega arcaica –, mas sim o retorno direto e inquestionado às ἀρχαί, a fundamentação como o regresso espontâneo ao "fundamento". Não é só aquele que vivencia uma certa mitologia e age de acordo com ela que retrocede como o toureiro, não é só ele que se mete como num sino de mergulhador, mas também o autêntico narrador de mitos, o criador ou recriador de mitologemas. Ali onde o filósofo abre caminho através do mundo das aparências para dizer o que "efetivamente é", o "narrador de mitos" regressa ao tempo primordial para contar o que "originalmente foi". Para ele, primordialidade equivale à autenticidade. Sem afirmar se dessa maneira se alcança realmente a autenticidade – o verdadeiro imediatismo do sujeito com o objeto –, compreendemos aqui o "como" e o "por meio de que" se produz a fundamentação mitológica.

A mitologia fundamenta à medida que o narrador de mitos, ao relatar suas vivências, encontra o caminho de volta aos tempos primordiais. De repente, ele se encontra – sem rodeios e buscas errantes, sem investigação e esforço – naquele tempo primordial que lhe concerne, em meio às ἀρχαί que relata. Em meio a quais ἀρχαί o ser humano pode realmente se encontrar? Até quais delas pode submergir sem rodeios? Ele tem as suas próprias, as ἀρχαί de seu ser orgânico, das quais se nutre constantemente. Como organismo desenvolvido, reconhece sua própria origem num tipo similar de identidade, como se fosse um tom que continua a ressoar mil vezes mais intensamente, e a origem fosse sua primeira ressonância. Ele o experimenta como sua ἀρχή própria, absoluta, como aquele princípio a partir do qual é uma unidade – a união de todos os antagonismos de sua essência e de sua vida futura. O mitologema da criança divina indica essa origem como o princípio de uma nova unidade cósmica. O mitologema da jovem divina indica uma outra origem, experimentada igualmente como própria: aquela origem que é ao mesmo tempo a ἀρχή de incontáveis seres anteriores e posteriores a ela; pela qual o ser individual já possui em seu gérmen o infinito.

Como placas de sinalização, os dois mitologemas, reunidos nesta obra, indicam-nos, por meio de figuras do devir humano e vegetal, o caminho percorrido pela fundamentação como se fosse um percurso para as ἀρχαί, a fim de participar novamente, naquelas figuras, do caminho do desenvolvimento. De forma figurada, pode-se falar de uma espécie de submersão interior que nos leva ao princípio vivo de nossa totalidade. O emprego dessa submersão é a fundamentação mitológica; o resultado dessa utilização é que, cientes das figuras que ali surgem, voltamos ao lugar em que ambas as ἀρχαί coincidem. É ali que desemboca a ἀρχή do gérmen ou –

numa expressão do espírito de Goethe – o "abismo do núcleo"; e é ali que precisa ser presumido aquele ponto central em torno do qual e a partir do qual se organiza todo o nosso ser e a nossa essência. Caso se reflita em termos espaciais sobre esse interior por excelência de nosso ser, o lugar ideal em que a fonte e o conhecimento da origem são idênticos, só pode ser esse ponto inicial e central. Aquele que regressa para si mesmo desse modo, e relata a respeito, experimenta e anuncia o fundamento: ele fundamenta.

O fundamentar mitológico (e nos referimos somente a ele) tem esse paradoxo: Aquele que se recolhe desse modo, abre-se. Ou também ao contrário: A atitude de abertura para o mundo, característica do ser humano antigo, recoloca-o sobre seu fundamento e lhe possibilita reconhecer em sua própria origem a ἀρχὴ κατ᾽ ἐξοχήν, a origem por excelência. As mitologias recorrem à figura de uma criança divina, o primogênito do tempo primordial, em que a "origem" existiu pela primeira vez; não se referem, por exemplo, à gênese do ser humano, mas à do universo divino ou à de um deus universal. Nascimento e aurora apenas conferem traços corpóreos e cores douradas àquela ἀρχὴ comum. Se nos ativermos ao conceito espacial do centro ideal do ser humano, precisaremos dizer: Justamente no ponto onde desemboca a ἀρχὴ abismal do gérmen é que o próprio mundo se projeta ao falar da origem em imagens efusivas. O fundamentador, que em cada submersão mergulha até o próprio fundamento, fundamenta seu mundo. Erige-o para si mesmo sobre uma base da qual tudo emana, brota e nasce: que é original no sentido pleno do termo. E, por conseguinte, também é divina: A divindade de tudo o que aparece na mitologia é tão evidente como a originalidade de todo divino. Por meio de um mitologema original, todas as instituições da era mitológica obtêm sua transfiguração e fundamentação, isto é, sua santificação, a partir da origem divina comum da vida, da qual elas são formas.

5

Reconstruir o mundo a partir daquele ponto em torno do qual e a partir do qual o próprio fundamentador é organizado, em que ele originalmente está (de modo absoluto, em sua singularidade assim organizada; de modo relativo, ao haver sido engendrado por meio de uma linha infinita de antepassados): Esse é o tema mais abrangente e predominante da mitologia; isso é fundamentar κατ' ἐξοχήν. Quando se constrói um novo mundo em miniatura, uma cópia do macrocosmos, a fundamentação se converte em ação: enquanto fundação. Fundam-se cidades que nas épocas das mitologias vivas pretendiam ser cópias do cosmos, do mesmo modo que mitologemas cosmogônicos fundamentam o mundo. Seus fundamentos estão dispostos como se brotassem de ambas as ἀρχαί mencionadas (da absoluta, em que se inicia, e da relativa, em que se converte na continuação dos antepassados). Essas cidades recebem como base o mesmo solo divino que o mundo. Desse modo, convertem-se naquilo que o mundo e a cidade foram de maneira similar na Antiguidade: moradas dos deuses.

A contradição verificada nas tradições das cerimônias fundacionais de Roma se soluciona harmoniosamente logo que entendemos este sentido na fundação das cidades antigas: esses pequenos mundos do ser humano deveriam ser delineados de acordo com o mesmo plano ideal em que o ser humano distingue a forma de organização de sua própria plenitude e que ele também reconhece no grande mundo. Quando nos ocupamos com esse problema recorrente da ciência da Antiguidade, reconhecemos ao mesmo tempo algo dos conceitos espaciais que foram os meios mais acessíveis para falar em termos claros e simples do interior por excelência. O berlinense Franz Altheim, historiador da Antiguidade, propôs, ainda como docente em Frankfurt, uma solução para essa questão, que foi adotada por seus alunos: por exemplo, por W. Müller, a cujo livro *Kreis und Kreuz* (Berlim, 1938)[1] faço uma breve alusão. A seguinte exposição se refere exclusivamente à aparente contradição na própria cerimônia fundacional, e não às dificuldades topográficas e outras que surgiram na tradição. Cerimônia é transformação de um conteúdo mitológico em ação. Quando nos atemos estritamente à cerimônia, podemos falar da execução de um plano mitológico, inclusive sem levar em consideração sua realização no projeto histórico da cidade de Roma.

A contradição mencionada é aquela das duas formas geométricas. Segundo a descrição minuciosa da fundação das cidades romanas, na biografia de Rômulo de autoria de Plutarco, fala-se de um círculo que é delineado a partir de um ponto central e traçado com o arado. Uma fossa circular, chamada *mundus*, ocupa o ponto central. Ovídio, em sua interpretação poética da fundação primitiva (*Fasti* IV, 819), fala de uma fossa bem simples na terra, de uma *fossa* que era recoberta depois do sacrifício da fundação. Sobre ela, erguia-se um altar igualmente simples. Outras fontes descrevem o *mundus* da capital histórica, Roma, como uma construção cuja parte inferior estava consagrada aos *Di Manes*, aos espíritos dos antepassados e em geral daqueles que estavam debaixo da terra. Aqueles aos quais se permitia que entrassem nela davam testemunho que sua forma, vista do interior, era similar à da abóbada celeste. Tanto no formato original, executado na própria cerimônia fundacional, como na configuração fixa, arquitetônica, o *mundus* constitui a ἀρχή em que desemboca o antigo mundo dos antepassados, o celeiro subterrâneo de tudo aquilo que está destinado a nascer e crescer. O *mundus* é a ἀρχή relativa e ao mesmo tempo a absoluta: de onde o

---

1. Cf. SZABÓ, A. Roma Quadrata. In: RHEIN. *Museum Philol.*, 87, 1938.

novo mundo, "Roma", partia como um círculo de seu ponto central. Nesse caso, nem sequer é preciso recorrer ao significado do nome *mundus*. Ele pode derivar também do etrusco, e, nessa hipótese, talvez não seja mesmo idêntico a *mundus*, "mundo".

A tradição da cidade de Rômulo, que se chama *Roma quadrata*, contradiz a cerimônia do círculo e a mitologia do círculo. Essa designação corresponde à narrativa de Dionísio de Halicarnasso, que dá ciência da figura quadrangular (τετράγωνον σχῆμα) daquele "sulco primigênio", o *sulcus primigenius*. E a ele corresponde também uma construção, chamada *Quadrata Roma*, em que se guardavam os instrumentos necessários à fundação religiosa da cidade. "No princípio, ela era quadrangular" – descreve uma fonte – e feita de pedra. O local em que se encontrava não é o mesmo que Plutarco indica para o *mundus*. Se é verdade que ele indicava o centro da *Roma quadrata* assim como o *mundus* o centro do *sulcus primigenius* circular, ambos os centros não eram idênticos. Altheim acreditava poder solucionar a contradição de um centro ideal. Ele lembra – o que aparentemente esquecemos – que o adjetivo verbal *quadrata* tem também o significado de "quadripartido". Independentemente da perspectiva que se adote – da posição do *mundus* ou da *Quadrata Roma* –, pode-se traçar um círculo em torno de si e, em seu interior, ao mesmo tempo, segundo as regras da agrimensura romana, fundar uma cidade quadripartida, uma *Roma quadrata*. Uma quadripartição desse tipo por meio de dois eixos está presente tanto naquela técnica de agrimensura como na dos áugures.

A solução proposta nos mostra de modo genial que a cerimônia do círculo e a fundação de uma *Roma quadrata* são, em tese, compatíveis. Ela permanece, no entanto, insuficiente frente à tradição. Antes de descrever a cerimônia do círculo, Plutarco menciona a *Roma quadrata* de Rômulo, entende-a como cidade quadrangular e, no entanto, não percebe aí uma contradição. As cidades fundadas por Roma, as *coloniae*, chamam-se, segundo Varro, nos documentos mais antigos, *urbes*, de *orbis*, "circular" e *urvo* "arar ao redor". Ele supõe como algo evidente, portanto, a cerimônia do círculo para qualquer fundação de colônias. Apesar disso, a maioria das *coloniae* evidenciam que a partir do contorno circular ritual resultaram na realidade planos urbanos quadrados. Eles são *quadratae* em ambos os sentidos: quadripartidos por duas vias principais – correspondentemente providas também de quatro pórticos – e ao mesmo tempo mais ou menos regularmente "quadrangulares". Círculo e plano urbano não coincidem. Insiste-se, entretanto, também no caso de dificuldades do terreno, numa forma ideal, geométrica. Como ideia pura, ela é concebível unicamente como um quadrado em um círculo. Segundo a narrativa de Plutarco, os romanos aprenderam os segredos da fundação das cidades de mestres etruscos "na qualidade de um mistério". Na realidade, a figura unificadora do círculo e do quadrado não é desconhecida no vasto campo dos usos e das vivências místicas. O historiador das religiões e o psicólogo podem confirmar isso. Na Índia Antiga, essa figura se chama *mandala*, "círculo" ou "anel". Um tipo especialmente instrutivo é usado no budismo *Mahâyâna* do Tibet. Ali temos um quadrado em um círculo com um apêndice em forma de T em cada um dos seus quatro lados. O quadrado, por sua vez, encerra círculos concêntricos. No budismo, trata-se de um legado da mitologia hindu. Recapitulo aqui a interpretação dada por Heinrich Zimmer em seu livro *Kunstform im indischen Kultbild* (Berlim, 1926) baseada no *Shrîchakrasambhâra-Tantra* (*Tantric Texts* VII. Londres, 1919).

Em sua vivência da *mandala*, o adepto daquele mistério budista desenvolve, a partir de si mesmo e em torno de si mesmo, a imagem do mundo tendo como centro o monte dos deuses Sumeru. Para ele, este é o eixo do mundo, "cujo corpo quadrangular de pedras preciosas com camadas de cristal, ouro, rubi e esmeralda cintila nas cores das quatro regiões do mundo. Um hindu devoto via no cume do monte o universo palaciano do rei dos deuses Indra e de seu consagrado: *Amaravâtî*, o "lugar do imortal"; o adepto da *mandala* budista cria em seu lugar um templo monástico como espaço que concerne unicamente ao Buda. Uma construção quadrangular feita de pedras preciosas com quatro entradas laterais (são os apêndices em forma de T), cercada por muros mágicos de diamante. Seu telhado se projeta como abóbada pontiaguda, a exemplo daquelas tumbas de cúpula que, na terra, são recipientes de relíquias e dão testemunho da plenitude do *nirvâna* dos iluminados. O centro de seu interior forma um círculo, com uma flor de lótus aberta e com suas oito pétalas estendidas em todas as direções da rosa dos ventos (os quatro pontos cardeais do horizonte e as quatro direções intermediárias). Sobre a flor, o devoto vê a si mesmo, em pé, na figura de *Mahâsukha* (uma das manifestações do grande deus Shiva), abraçado à figura feminina. Como "suprema felicidade dos círculos", ele vê a si mesmo com quatro cabeças e com oito braços e, pela contemplação, torna-se consciente de sua natureza. Suas quatro cabeças assinalam os quatro elementos – a terra, a água, o fogo e o ar – em seu estado imaterial e extrassensorial e ao mesmo tempo também os quatro sentimentos infinitos; imbuir-se deles com exercício continuado significa desenvolver-se na direção do Nirvana [...]"[2].

As mandalas consagradas a propósitos místicos, a uma espécie de "refundação" e reorganização interior do ser humano, podem ser desenhadas na areia ou no chão do templo em que ocorre a iniciação. Elas são, no entanto, também realmente erigidas às

---

2. ZIMMER, H. *Kunstform und Yoga im indischen Kultbild*. Berlim: [s.e.], 1926, p. 78s.

A criança divina

vezes em dimensões gigantescas, como Boro Budor, o famoso santuário e destino de peregrinação dos budistas em Java. Na mandala irrompe algo mais antigo do budismo, uma mitologia construtora do mundo. Os círculos e quadrados esboçados a partir de um ponto central comum estão presentes tanto na Itália Antiga como no Oriente budista, como o plano sobre o qual se funda[3]. Sobre ele se constroem todos os pequenos mundos – as cidades e os santuários –, visto que também o grande cosmos e o menor, o ser humano, parecem fundados nele.

Isso é o que o historiador das religiões pode relatar com base nos fatos que lhe são conhecidos. O psicólogo acrescentará outros elementos. O Prof. Jung descobriu há muito tempo que os seres humanos modernos que desconhecem por completo os mistérios orientais desenham figuras semelhantes a mandalas ou sonham com elas no caminho da obtenção de sua plenitude, a unificação de seus antagonismos interiores. Poderíamos chamar esse processo também de "refundação" e reorganização do ser humano; o Prof. Jung denomina-o individuação. Com toda a cautela de seu método investigativo analítico, ele constata que, no caso da vivência da mandala, trata-se de uma "realidade psíquica autônoma, caracterizada por uma fenomenologia que se repete sempre e é idêntica em todas as partes em que se encontra". O símbolo da mandala lhe parece ser "uma espécie de núcleo de átomo, de cuja estrutura interior e de cujo significado último nada sabemos"[4]. O

---

3. Uma cidade ideal com um plano de mandala é a Jerusalém celestial do Apocalipse: quadrada sobre o fundo dos signos do zodíaco. Cf. BOLL, F. *Aus der Offenbarung Johannis* – Hellenistische Studien zum Weltbild der Apokalypse, Leipzig: [s.e.], 1941, p. 39s.

4. JUNG, C.G. "Símbolos oníricos do processo de individuação". *Psicologia e alquimia*. OC 12, § 249 [Anteriormente em *Eranos-Jahrbuch* III, 1935. Zurique: [s.e.], 1936, p. 105.

mais importante a esse respeito ele disse em seu comentário ao livro chinês *O segredo da flor de ouro*: "Tais realidades não devem servir de campo para a imaginação, mas sim crescer novamente das profundezas obscuras do esquecimento, a fim de expressar os pressentimentos extremos da consciência, e a intuição mais alta do espírito; assim se funde a unicidade da consciência presente com o passado originário da vida"[5].

6

"Origem" tem dois significados na mitologia. Como conteúdo de uma narrativa, de um mitologema, é "fundamentação"; como conteúdo de um ato, é fundação. Nos dois casos, significa um recolocar-se do ser humano em sua própria origem e, desse modo, o aparecimento do elemento original alcançável pelo ser humano, na forma de figuras originais, mitologemas originais e cerimônias originais. Todas as três formas de manifestação podem ser os modos de manifestar o mesmo elemento já alcançado pelo ser humano, a mesma ideia mitológica. De onde emana, entretanto, uma determinada ideia mitológica como aquela que, ainda hoje, é desenhada na forma de mandala tanto no Ocidente como no Oriente – com o mesmo sentido, sem que haja, no entanto, uma intercomunicação? Uma ideia que talvez já estivesse na origem da cerimônia de fundação romana? Ainda faz sentido, portanto, procurar uma origem histórica e singular, num determinado lugar e numa determinada época, uma vez que a origem em geral se revelou como a origem particular?

A questão pode ser formulada de modo bem nítido a partir de um dos traços dos planos da mandala: a quadripartição exata. A

---

5. JUNG, C.G. *O segredo da flor de ouro* – Um livro de vida chinês. 12. ed. Petrópolis: Vozes, 2007.

A criança divina 31

própria quadripartição aparece como característica cósmica também no emprego budista do símbolo. Os quatro elementos, com os quais ela é relacionada, correspondem, tanto na Índia como na Grécia, a uma quadripartição do mundo. Na Grécia, ela pode ser um legado pré-indo-germânico; na Índia, pode ser também indo-germânico. O próximo passo seria relacionar a quadripartição, em geral, com os quatro pontos cardeais. Isso é possível também no mistério da mandala do budismo. O adepto – assim consta em Zimmer – "faz emanar, em todos os sentidos, os raios com as cores das quatro direções do céu – azul, verde, vermelho e amarelo; os raios saem das cabeças de Mahâsukha, com quem, em seu olhar interior, identificou-se. Suas cores dão fé de seu sentimento de compaixão universal que permeia todo o espaço cósmico"[6]. Aqui, um processo original – o ponto de partida dos eixos nos quatro pontos cardeais do horizonte – parece invertido. Ocorre uma emissão dos raios que se projeta para as quatro direções do céu, que, somente por meio disso, "são fundadas". Por outro lado, o caráter quadripartido dos planos das cidades romanas parece ser o resultado do processo citado em primeiro lugar: uma orientação natural sul-norte e leste-oeste. E o céu quadripartido parece ser a base comum de todos os planos da mandala.

A pergunta se coloca com toda nitidez. A origem da quadripartição deve ser buscada não no ser humano, mas no mundo que o cerca? E se este é o caso: em que parte do mundo? Werner Müller, em sua investigação sobre os planos de assentamento romanos e germânicos, frisou com razão que unicamente o círculo pode ser derivado do horizonte, não a quadripartição. O limite natural do campo visual forma um círculo fechado que não apresenta divisão alguma. O horizonte – como relógio cósmico cujo ponteiro é o sol –

---

6. ZIMMER, H. *Kunstform und Yoga im indischen Kultbild*. Berlim: [s.e.], p. 76s.

somente pode ser utilizado facilmente nas regiões do Ártico. Unicamente quando vistos a partir do polo, as horas solares coincidem, na realidade, com o ponto do horizonte. Quanto mais nos dirigimos para o sul, maior é a distância entre o posicionamento do sol e os pontos cardeais. Os escritores romanos especializados em agrimensura advertiam para a prática de tomar o sol nascente como orientação para determinar, dessa forma, ambos os eixos da quadripartição. Deviam se orientar no meridiano e fazer uso de um instrumento especial, a *gruma* (forma etrusca do grego *gnomon*) para obter a quadripartição exata. Que necessidade premente está na origem da confecção de um instrumento desse tipo? Trata-se da necessidade de conservar uma tradição que, segundo Werner Müller, os latinos teriam trazido consigo das longínquas regiões setentrionais? Ou daquela necessidade que está na origem de toda divisão exata e da visão espiritual das formas regulares? A origem grega da *gruma*, pelas mãos dos etruscos, fala a favor da segunda ou, pelo menos, da concorrência de ambas as necessidades.

A teoria do inconsciente coletivo, formulada pelo Prof. Jung, admite em princípio as duas possibilidades de origem. As mandalas, que ele constatou nos sonhos e desenhos do homem moderno, podem representar tanto os reflexos das mais antigas observações da esfera celeste como os de uma necessidade premente e geral do ser humano. Certos fragmentos daquela série de visões e sonhos, que ele examina no *Eranos-Jahrbuch* de 1935, parecem indicar claramente a origem cósmica do símbolo da mandala. Pois esse símbolo aparece num sonho como "um relógio de pêndulo, que está sempre funcionando, sem que os pesos desçam mais"[7], ou seja, como aquele relógio cósmico que, para nós, seres huma-

---

7. JUNG, C.G. "Símbolos oníricos do processo de individuação". Op. cit., § 134.

A criança divina

nos, é o céu. Na "grande visão"[8], aparece com destaque o "relógio cósmico", tridimensional, formado de um círculo vertical e de outro horizontal, combinando três ritmos. A visão provoca no sonhador a sensação da suprema harmonia; poderíamos até dizer: da harmonia das esferas.

Embora em princípio seja perfeitamente possível que, numa visão desse tipo, o inconsciente do sonhador recorde as vivências celestiais de seus antepassados, o Prof. Jung, apesar disso, não crê na origem cósmica especialmente da quadripartição. Na "tédrade" ele encontrou uma qualidade daquele "centro" da totalidade do ser humano que ele considera o resultado da individuação e que também designa de o "si-mesmo". No entanto, além do quatro, encontrou, com frequência, também outros números; por exemplo, o três, especialmente entre os homens. Parece-lhe, entretanto, "como se houvesse normalmente uma clara insistência no quatro, ou como se existisse estatisticamente uma probabilidade maior para o quatro"[9]. Por causa da possível flutuação dos números, ele recusa a ideia dos quatro pontos cardeais; permite-se, no entanto, com a devida reserva, uma alusão à possibilidade de uma origem cósmica de tipo bem distinto: é um *lusus naturae* peculiar que o principal elemento químico constitutivo do organismo corporal seja o carbono, que é caracterizado por quatro valências. Também é o "diamante" – o símbolo da individuação alcançada nos textos orientais: pensemos nos muros de "diamante" da mandala budista – como se sabe, um cristal de carbono. Se isso fosse, no entanto, algo mais que um jogo da natureza, uma vez que, como enfatiza o Prof. Jung, no fenômeno do quatro se trata não de uma simples ficção da consciência, mas "de uma produção espontânea do psí-

---

8. Ibid., § 307ss.
9. Ibid., § 327.

quico-objetivo", então seria preciso compreender aqui um motivo mitológico fundamental a partir do retorno até o elemento inorgânico no ser humano.

Um exemplo da quadripartição se apresenta, entretanto, também um pouco mais próximo da esfera espiritual: na origem do organismo. É o terceiro passo de sua gênese. O primeiro é a união do sêmen paterno com o óvulo materno num zigoto. Se aqueles dois, com o número infinito de antepassados que eles encerram em si, constituem a ἀρχή relativa do organismo, então o surgimento da nova unidade – o zigoto – significa sua ἀρχή absoluta. O segundo passo foi uma bipartição, o início da formação de sulcos. O terceiro passo constitui uma exata quadripartição e uma condição quadricelular em constante duplicação. A vida do indivíduo compreende, por conseguinte, um período em que se desenvolve de certo modo com base em um plano geométrico, uma espécie de mandala.

A concepção de que a mitologia se refere à mesma origem e ao mesmo "fundamento" que alguém foi, e que de certa forma – como resultado e desenvolvimento daquela origem – ainda continua sendo, permite a consideração geral de tais possibilidades. Aqui será levada em conta exclusivamente a eventualidade da origem orgânica da mitologia. Essa hipótese se situa fora dos limites de uma reflexão puramente antropológica; no entanto, encerra ao mesmo tempo a possibilidade de um gérmen espiritual no próprio gérmen da vida: o gérmen da visão de ordens mundiais ideais. A resposta para a pergunta sobre a origem da quadripartição exata deverá ser buscada primeiramente ali onde a quadripartição ou a tripartição são atividades espirituais e não simples acontecimentos biológicos. (A união de ambas como divisão de doze partes do relógio cósmico – lida ou não na esfera celeste – já aparece como uma notável criação do espírito.) Não é só o psicólogo que encontra a quadripartição e a tripartição, uma ao lado da outra. As anti-

A criança divina   35

gas tradições fazem referência à função do número três na estruturação das cidades, tanto na Etrúria como na própria Roma: mencionam três portas, três estradas, três partes da cidade, três templos ou templos divididos em três partes. Vemo-nos compelidos a dirigir nossa atenção a uma multiplicidade, ainda que busquemos o elemento unitário e comum: o original. E aí já existe uma resposta ao menos à pergunta sobre o sentido de investigar, quanto à sua origem específica, as diferenças espaciais e temporais.

7

Leo Frobenius fala de uma cerimônia de fundação de cidades do oeste da África em seu livro *Monumenta Africana* (Weimar, 1939). Ele mesmo percebe a semelhança com a cerimônia romana e relaciona todo esse círculo cultural (ele o denomina "cultura sírtica") por meio dos antigos garamantes do norte da África com o mundo antigo. Isso não deve ser interpretado como um empréstimo, mas uma tendência cultural que, saindo da região mediterrânea ou, mais longinquamente, do Oriente, estendeu-se à região oeste do Sudão. Em princípio, admitimos essa e todas as explicações históricas possíveis e nos ocupamos com aqueles dados da tradição africana que nos interessam do ponto de vista formal.

Faz parte disso também o plano urbanístico. A esse respeito, o longo relato que Frobenius reproduz menciona apenas que um lugar para a fundação foi delimitado "no círculo ou no quadrado", e que se projetou quatro portas de acordo com os quatro pontos cardeais. À continuação, repito o relato mais conciso: "Com o aparecimento da primeira quarta parte da lua, era iniciada a demarcação do perímetro e das portas. Um touro era conduzido três vezes ao redor da cidade. Em seguida, era levado à área demarcada, juntamente com quatro vacas. Depois de cobrir três delas, ele era sacrificado. Seu membro era enterrado no centro da nova cidade e um altar fálico era erigido ao lado de uma fossa sacrifical. (Portanto, no ponto central da construção da cidade, a união do símbolo cúltico paterno e materno.) Sobre o altar sempre eram sacrificados três animais; na fossa eram sacrificados quatro animais". Segundo Frobenius, o homem, a lua e o número três, por um lado, a mulher, o sol e o número quatro, por outro lado, estão relacionados estreitamente nesse caso. É evidente que a cidade deve ser fundada sobre ambos, sobre a união do princípio paterno e do materno.

A observação do Prof. Jung, segundo a qual mandalas tripartidas ocorrem especialmente entre os homens, obtém aqui um novo significado. De fato, não sabemos que princípio os desenhistas e sonhadores cultuavam involuntariamente a partir disso: o masculino ou o feminino. Quando o triângulo aparece no centro das mandalas indianas quadripartidas, então ali ele é interpretado pelo povo local como símbolo feminino. Na Antiguidade, a deusa triforme Hécate governa o mundo tripartido. Constelações de três deusas eram encontradas em todas as partes da Grécia, tornando-se tétrades somente com a associação com uma divindade masculina. A grande deusa, que é apresentada no estudo sobre a jovem divina, tem uma tripla relação com Zeus: mãe (Reia), esposa (Deméter) e filha (Perséfone). Uma correspondência exata constitui a Santíssima Trindade masculina do cristianismo que – *mutatis mutandis* – se relaciona do mesmo modo com a Virgem Maria. Masculina era a tríade também para os pitagóricos, ao passo que a tétrade forma para eles um algarismo de base feminina: como duplicação do número feminino dois. O "equilíbrio", cuja realização Varro identifica na cerimônia de fundação romana, expressa-se no número quatro – διὰ τὸ ἰσάχις ἴσον.

Inclusive esses exemplos, próximos de nossa própria cultura, mostram discrepâncias consideráveis. Elementos culturais carac-

A criança divina

terísticos, como a relação do número três com o homem e do número quatro com a mulher, são – para retomar a expressão do Prof. Jung sobre o símbolo da mandala – "núcleos de átomo, de cuja estrutura interior e de cujo significado último nada sabemos". Frobenius denomina esses elementos – não passíveis de maior explicação – de "mônadas" e vê neles os "princípios constitutivos" das visões de mundo das distintas culturas. No oeste da África, ele constata, além das mônadas da cultura sírtica (homem: três; mulher: quatro), a existência de duas outras: da cultura atlântica (mulher: três; homem: quatro) e da cultura da Eritreia Setentrional (homem: três; mulher: dois). Certas relações com determinados corpos celestes pertencem igualmente à estrutura das mônadas, a qual não é explicável em seu fundamento último. Se em algum momento a pergunta pela origem cósmica recebe aqui uma resposta e, a saber, quanto à possibilidade de derivar tais relações da observação do espaço celeste, então essa resposta é negativa.

Essas relações são tão variadas como as que se observam entre ambos os sexos. Na cultura sírtica, ao homem e ao número três corresponde a lua; à mulher e ao número quatro, o sol. Frobenius assevera até mesmo que a construção das cidades sírticas, com sua quadripartição, seria uma cópia do sol ou da órbita solar. Na língua alemã – por exemplo, em oposição à anglo-saxônica – subsiste a concepção masculina da lua e a feminina do sol. No entanto, acreditamos poder ler da lua, com suas quatro fases, antes o número quatro que o número três. Também naquela cultura, que deu origem à nossa semana de sete dias, a lua do 28° dia era quadripartida. Nas línguas antigas, a lua era feminina e o sol masculino; Hécate, a deusa da lua, era triforme; Apolo, que lhe correspondia na qualidade de Hécatos e que tinha relações com o sol, era, na forma de agieu, uma coluna pontiaguda cônica com base quadrada (portanto, uma espécie de união do quadrado e do círculo).

A deusa protetora secreta de Roma, cidade quadripartida, era, segundo uma fonte, Luna[10] e o nome secreto da cidade era Flora, uma designação da mesma grande deusa, que é tanto lunar como terrestre e subterrânea.

Assim, foram novamente enumerados apenas alguns exemplos entre muitos. Eles mostram os mesmos corpos celestes das mônadas em diversas culturas, vistos ora como mulher, ora como homem, ora como três, ora como quatro. Se toda mônada significa uma impossibilidade de ver-de-outra-forma, um "fascínio", no sentido de Frobenius, então esse fascínio tem pelo menos dois fatores: o elemento fascinante da natureza circundante e um elemento múltiplo, que varia durante o curso da história de uma civilização e produz os traços característicos, monádicos, de uma visão de mundo. Aquela abertura para o mundo característica do ser humano da Antiguidade, como dissemos anteriormente, corresponde ao primeiro fator; essa abertura recoloca o ser humano sobre seus próprios fundamentos mais profundos. O segundo fator pode ser descrito da seguinte forma: é um estar exposto a determinados aspectos do mundo que, por sua vez, correspondem justamente àqueles traços monádicos, traços que aparecem como idênticos, comparáveis em geral às principais características das diversas plantas, dos diversos organismos. Se queremos assinalar seu fundamento último – o fundamento último da mônada –, precisamos dizer: É a necessidade humana de criar algo com formas, formas no espírito, assim como o corpo cria unicamente formas materiais. Essa necessidade inerente é a origem. Mas no próximo momento, no próprio passo, a mônada, o projeto espiritual já está

---

10. Assim, MACROBIUS. Saturnalia III 9,4. In: BORNÈCQUE & RICHARD. Paris: [s.e.], 1937. Dificilmente acredito (como ainda em KERÉNYI, K. Altitalische Götterverbindungen. In: *Stud. e Mat. di Stor. Rel.* 9. Roma: [s.e.], 1933, p. 19) que Wilamowitz tenha razão com sua modificação para Lua.

presente. É a primeira realidade espiritualmente concebível; algo original, vivido no imediatismo da origem, revela-se unido a um aspecto do mundo exterior, é percebido de maneira franca e espontânea. Se entendemos "cosmos" na acepção grega – ou seja, no sentido de que engloba o espiritual e também a imperiosa necessidade do espiritual –, então ocorre aqui a confluência do cosmos consigo mesmo.

Ou dito numa linguagem mais próxima dos naturalistas: Parece que no plasma humano – no gérmen da vida a que nos referimos antes – se encontra um elemento espiritual, a imperiosa necessidade do espiritual. Aquilo que nasce dessa imperiosa necessidade, como qualquer criatura, está exposto ao seu meio e ai daquele que quiser crescer em seu meio sem se corresponder com ele, sem realizar ali nenhum encontro. O ser da planta significa, na mesma medida, tanto "estar exposto a" como "ser resultante de". O mesmo ocorre com a essência do plasma. É verdade que aquilo que está exposto a algo não é uma planta física, mas uma realidade espiritual. Nenhum plasma, mas, como o denomina Frobenius: *paideuma*. Se os outros organismos são plantas plasmáticas, então as culturas são "paideumáticas". No entanto, "paideumático" quase equivale a "estar exposto a"[11]. Da mesma forma, brotar espiritualmente é um salto no mundo, e ai daquilo que ali quiser se tornar uma obra quando não condiz com nenhum aspecto do mundo e nem pode se unir com nenhum deles. As criações culturais – fundamentações e fundações – podem surgir e existir como obras unicamente porque o encontro e a união são possí-

---

11. *Paideuma* – acreditava poder definir o termo no sentido de Frobenius na revista *Paideuma* 1 (1938: 158) – é uma capacidade de reagir, portanto, algo essencialmente passivo, embora justamente esse reagir tenha efeito sobre ações e criações – sobre as obras da cultura. Por meio do *paideuma*, todos aqueles que vivem em seu domínio temporal e espacial passarão a depender dele de tal modo que poderão adotar apenas aquele estilo de vida.

veis tanto do plasma como do *paideuma*, tanto da célula corporal como da mônada. É possível encontrar no mundo tanto o fundamento da quadripartição como o da tripartição; o aspecto solar, tanto na mulher como no homem; na lua, tanto a feminilidade como a fecundidade masculina, de acordo com o projeto monádico que prosperará com a ideia mitológica.

A primeira etapa ainda não é, de fato, uma etapa. É o fundamento primordial e princípio primevo, a origem como manancial primitivo e primeira emanação, justamente aquilo sobre o que todas as mitologias falam na linguagem da segunda etapa (a primeira da perceptibilidade), e que na terminologia monádica designam de o-salto-no-mundo e o ser-fascinado-por-ele. Nessa etapa, tudo emana e flui, ganha forma e se modifica constantemente, determinado em cada uma de suas variações, na mesma civilização, pela mesma mônada. Planos espirituais surgiram no mundo e cresceram com ele como esboços de desenvolvimentos infinitos. Somente na terceira etapa se alcança a tranquilidade. Os dois primeiros momentos – a imperiosa necessidade e a estrutura monádica –, que sem esse terceiro jamais teriam se tornado realidade, encontram aqui sua realização numa totalidade harmoniosa. Somente aqui é possível uma parada e uma existência como obra. No entanto, para provocar essa parada é preciso um vigor e um talento especiais: aqueles do artista, do criador e do fundador, também os do filósofo, para que, enquanto fundamentador, possa ao mesmo tempo ser considerado fundador. Com as noções de salto, fascínio, mônada, já nos encontramos no espaço e no tempo; com as de artista e fundador, no ambiente de um determinado povo; povo entendido como fonte de força e de talento, e também como fonte dos traços característicos que transcendem o monádico.

Artistas – sim, todo um povo de artistas, construtores de cidades e instituidores de visões de mundo – são verdadeiros criado-

A criança divina

res, fundadores e fundamentadores apenas à medida que se inspiram e se baseiam naquilo que é a origem e o fundamento último da mitologia: no pré-monádico que se revela em forma de mônada. Seria possível falar do "universalmente humano" se essa expressão não fosse, por outro lado, muito limitada e fraca para definir o elemento pré-monádico. Porque o mais importante aqui não é ser "universalmente humano", mas encontrar o divino em imediatismo absoluto. Os mitologemas que mais se aproximam de semelhantes encontros imediatos com os deuses têm para nós o valor de mitologemas originais. Do ponto de vista histórico, somente existem as variações dos mitologemas originais e não seu conteúdo atemporal, as ideias mitológicas. Estas, em sua essência mais pura – por exemplo, a ideia pura da mandala, seu "arquétipo" –, são pré-monádicas. O que existe historicamente não apenas é monádico, isto é, pertencente a uma determinada civilização situada no espaço e no tempo, mas também é operante, ou seja, expressa-se na forma característica de um povo. Por outro lado, todo povo mostra sua própria forma de expressão da maneira mais pura quando se encontra diante do absoluto, isto é, no limite do pré-monádico. Quanto mais a vista penetra no pré-monádico, mais impressionante é o espetáculo. Seus exemplos nos levariam da esfera da mitologia para a esfera das vivências místicas.

Quando mônadas solidamente fixadas se dissolvem, como no final da Antiguidade, ou há muito tempo já estão em dissolução, como nos dias de hoje, então diversos tipos de mística estão mais acessíveis que a mitologia. Por isso, Plotino pode nos ensinar sobre o que é a vivência mística pura, e seus contemporâneos, os gnósticos, sobre o que, no tocante à mística, mais nos aproxima da mitologia. E, por isso, o psicólogo encontra no ser humano moderno as mesmas aparições místicas e semimísticas que num manual de mística chinesa ou na gnose da Antiguidade tardia. O que

42

Coleção Reflexões Junguianas

ali se encontra aparece principalmente como uma coisa intermediária entre o arquétipo e um fragmento monádico, como mitologia em germinação e ao mesmo tempo fragmentada[12]. E é justa-

---

12. Um exemplo especialmente belo, uma vivência de mandala puramente espiritual com fragmentos monádico-mitológicos (números e estátuas de deuses), encontra-se em JUNG, C.G. *O eu e o inconsciente* (OC 7/2, § 366s.). Compartilho-o com as alusões do Prof. Jung a um comentário psicológico: "A paciente viu o seguinte, em suas próprias palavras: 'Subi a montanha e cheguei a um lugar onde vi sete pedras vermelhas à minha frente, sete de cada lado e sete atrás de mim. Parei no centro desse quadrado. As pedras eram lisas como degraus. Tentei erguer as quatro pedras mais próximas. Descobri então que eram pedestais das estátuas de quatro deuses enterrados de cabeça para baixo. Desenterrei as estátuas e as pus de pé, em torno de mim, de modo que fiquei no centro. De repente inclinaram-se, tocaram as cabeças umas das outras, formando uma espécie de tenda sobre mim. Caí por terra, e disse: *Caiam sobre mim, se puderem! Estou cansada.* Nesse momento vi formar-se um círculo de chamas, do lado de fora, em torno dos quatro deuses. Depois de um momento levantei-me do chão e derrubei as estátuas dos deuses. Nos lugares em que caíram brotaram quatro árvores. Do círculo de fogo ergueram-se chamas azuis e começaram a queimar a folhagem das árvores. Eu disse então: *Isto tem que acabar! Entrarei no fogo, eu mesma, para que as folhas não sejam queimadas.* As árvores desapareceram e o círculo de fogo concentrou-se numa única labareda azul e imensa, que me ergueu da terra'. Aqui termina a visão [...]. O leitor isento logo reconhecerá a ideia do 'ponto central', que se alcança a partir de uma espécie de ascensão (escalar a montanha, esforço, empenho, etc.). Não lhe será também difícil reconhecer o famoso problema medieval da quadratura do círculo, que pertence igualmente à esfera alquímica. No contexto apresentado ele ocupa seu justo lugar como símbolo de individuação. A personalidade total é indicada pelos quatro pontos cardeais, os quatro deuses, isto é, as quatro funções (cf. *Tipos psicológicos*, OC 6) que dão a orientação do espaço psíquico, e também pelo círculo que engloba a totalidade. A subjugação dos quatro deuses que ameaçam esmagar o indivíduo equivale a livrar-se da identificação com as quatro funções. É uma espécie de *nirdvandva* (livre de opostos) quadruplicado, a partir do qual dar-se-á a aproximação do círculo, da integridade indivisível. Esta, por sua vez, conduz a uma elevação espiritual ulterior". Não faltam paralelos no mundo antigo, além da cerimônia fundacional da cidade. Inclusive a "quadratura do círculo" é antiga. Somente quero comentar ainda que os monumentos de culto, enterrados ou escondidos na terra (em Roma, o assim chamado *Tarentum*, em Licosura (cf. *Pausanias*, VIII 37, 3), encontram-se na esfera das mesmas divindades a que pertence o *mundus*. Na visão citada aparecem só aqueles fatos que têm um sentido tanto na mitologia individual, isto é, na psicologia, como na grande mitologia das religiões cósmicas.

A criança divina

mente essa mitologia individual do homem moderno que concorda amplamente com a mitologia primeva ideal, que de certo modo flutua entre a origem e a concepção cristalizada da mônada. A mitologia viva se propaga, por sua vez, numa multiplicidade infinita e, mesmo assim, bem-configurada, como o mundo das plantas em comparação, por exemplo, com a planta primordial de Goethe. Devemos sempre dirigir o olhar para ambos os aspectos: para o *Muitos* histórico e para o princípio unificador que está mais próximo da origem[13].

---

13. Essa introdução foi apresentada no Círculo de Eranos em Ascona, em agosto de 1941, na presença do Prof. Jung. Ele propôs no lugar de "monádico" a expressão "típico de uma cultura". O universal, o que está mais perto da origem, devia ser denominado "arquetípico"; o particular, que aparece faticamente numa determinada cultura, "típico de uma cultura". Cf. minha palestra sobre "Kulturtypisches und Archetypisches in der griechischen und römischen Religionen" (*Paideuma*, 1951).

1 A criança original

K. Kerényi

1 Crianças divinas

A mitologia nunca é uma biografia dos deuses, como muitas vezes parece ao observador. Em todo caso, não no que se refere à "mitologia propriamente dita"[1] - à mitologia em sua forma mais pura e original. Por um lado, ela é mais que isso; por outro lado, é menos. Sempre é menos que uma biografia, embora possa narrar o nascimento e a infância, os atos juvenis dos deuses, às vezes inclusive sua morte prematura. O admirável desses atos reside em que revelam um deus na plenitude de sua forma e de seu poder e, por meio disso, o modo de pensar biográfico – o pensamento em idades da vida como se fossem fases de uma evolução – fica de fato excluído. Por outro lado, a mitologia é mais que aquela biografia, pois, mesmo que não narre nada que se relacione organicamente a uma idade de vida em particular, abrange as próprias idades de vida enquanto realidades atemporais: A figura da criança tem a mesma função na mitologia que aquela da moça preparada para o casamento, a *Core* e a mãe. Também elas são na mitologia – como toda figuração possível do ser – formas de expressão do divino.

Os atos da criança Apolo permanecem atos apolíneos; e as travessuras da criança Hermes, mais que infantis, são típicas de

---

1. Cf. NILSSON, M.P., apud GERCKE, A. & NORDEN, E. *Einleitung in die Altertumswissenschaft*, II, 2 (Leipzig: [s.e.], 1933, 4, p. 62), com meu artigo "Was ist Mytologie?" (*Europäische Revue*, 1939, p. 557ss.). Tb. em edição completa VII (*Antike Religion*. Stuttgart: [s.e.], 1995, p. 11-26).

1. *Cabeça do Eros Arqueiro*
Cópia da era hadrônica.

A criança divina

Hermes. O helenismo clássico decidiu considerar aqueles dois deuses sob um aspecto eternamente juvenil, uma vez que Apolo e Hermes, como figuras reconhecidas por sua pureza e perfeição, aparecem do modo mais claro, entre todas as figuras possíveis da terra, na forma do jovem atemporal; do mesmo modo que a figura de Zeus se revela na forma do homem régio, ou a de Saturno, do final na Antiguidade, na forma do ancião rabugento. O helenismo arcaico reconhecia seu Apolo, seu Hermes e seu Dionísio em figuras barbudas, e isso comprova que o ser divino e a plenitude da vida humana também podem ter outro ponto de contato: no auge daquela maturidade alcançada pelos mortais. A tarefa mais árdua consiste em captar, no florescimento passageiro da juventude, o aspecto atemporal que cada um desses deuses representa. Antes que a arte grega tivesse resolvido o problema, as figuras barbudas masculinas – figuras de certo modo desprovidas de idade – constituíam a forma mais adequada de representá-lo. A partir da figura de homens, jovens e anciãos divinos, a mitologia grega nunca expressou uma idade biográfica, mas sempre a essência de Deus. O tipo arcaico barbudo – seja Hermes, Apolo e Dionísio, representados na plenitude de sua força vital como o *acme* do homem grego, como Zeus ou Posídon – constitui a forma mais simples de expressão visual daquela existência atemporal que Homero atribui aos deuses com as palavras: eles não envelhecem, nem morrem, *são* eternos. Representados de modo arcaico, na maturidade desprovida de idade, ou na figura ideal clássica, esses jovens ou homens divinos têm em *primeira* linha um valor simbólico: possuem plenitude de vida e plenitude de sentido *ao mesmo tempo*. Segundo sua essência, são independentes de qualquer relação biográfica imaginável.

Muitos deuses aparecem não apenas na forma de homem ou jovem, mas também na figura de uma criança divina, e até poderia parecer que a *criança* possui aquele significado biográfico que acaba precisamente de ser negado. A mitologia grega não introduz a criança Hermes e a criança Dionísio porque sabe também de seu pai e de sua mãe? Não é porque a história do nascimento deve ser continuada, da maneira mais natural, com a história da infância? Mas também esse modo de pensar aparentemente biográfico se limita a inserir a idade infantil na história dos deuses. Logo que a figura da criança está presente, é suprimida e substituída pela figura do deus. A criança Hermes é de imediato Hermes; o pequeno Héracles detém logo sua força e valentia. A plena capacidade de viver e de sentir da criança prodígio em nada é inferior a do deus barbudo. Antes, parece ser ainda mais rica e comovente. Com o aparecimento da criança divina – seja no hino homérico a Hermes, no mito de Zeus ou de Dionísio, ou na 4ª égloga de Virgílio –, sentimo-nos transportados para aquela atmosfera mitológica que conhecemos como "ambiente dos contos de fadas". Se alguém acredita ter encontrado na criança divina o momento biográfico da mitologia, logo ficará pensativo. Pois é aqui, neste ponto aparentemente biográfico, que nos encontramos ainda mais distantes da biografia e no interior daquele elemento primordial da mitologia em que crescem e prosperam livremente as criaturas mais admiráveis.

Onde estaria, portanto, o equívoco? Na suposição de que a figura das crianças divinas seria o resultado do pensamento biográfico? Ou na ideia de que, nesse caso, o ponto de vista biográfico talvez possua apenas significado secundário e que o elemento primordial e imediato seja o próprio jogo da mitologia? Seria um jogo comparável ao de um grande compositor invisível que faz variações do mesmo tema – a imagem originária da criança – na tonalidade de diversos deuses? Aquela criança original – a criança divina de tantos mitologemas – não seria o único *filius ante patrem* verdadeiro cuja existência em primeiro lugar havia suscitado a história de sua origem? Se quisermos entender as narrativas mitológicas das crianças divinas precisamos expor essas ideias com clareza ou rejeitá-las. No entanto, o caminho que leva à compreensão dos mitologemas é o de deixar que falem por si mesmos.

2 A criança órfã

Os mitologemas antigos sobre as crianças divinas despertam um ambiente de conto de fadas. Isso sucede não de um modo incompreensível e completamente irracional, mas a partir dos seus traços fundamentais que sempre se repetem e que podem ser identificados claramente. A criança divina é, na maioria dos casos, uma criança abandonada e, muitas vezes, ameaçada por perigos extraordinários: ser engolida como Zeus ou despedaçada como Dionísio. Por outro lado, esses perigos não são algo surpreendente, mas característicos de um mundo titânico, do mesmo modo que as desavenças e ardis fazem parte dos mitologemas antigos. Às vezes o pai é o inimigo, como Crono, ou apenas está ausente, como Zeus quando Dionísio é despedaçado pelos titãs. Um caso incomum é narrado no hino homérico a Pã. O pequeno Pã foi abandonado por sua mãe e sua ama que, assustadas, deixaram o recém-nascido para trás. Hermes, seu pai, recolheu-o, cobriu-o com uma pele de lebre e o levou ao cume do Olimpo. De repente, duas esferas do destino estão frente a frente: em uma, a criança divina é uma criatura disforme e abandonada; na outra, está sentada entre os deuses, ao lado de Zeus.

A mãe desempenha um papel insólito: Ela *é* e *não é*, simultaneamente. Para aclarar isso com um exemplo das tradições itálicas: A criança Tages, de quem os etruscos receberam sua ciência sagrada, surgiu de dentro da terra diante dos olhos de um homem que lavrava[2] – tratava-se de uma criança da mãe Terra e ao mesmo tempo do tipo mais puro da criança abandonada, sem pai nem

---

2. CÍCERO. *De divinatione*, 2.23. • OVID. *Metamorphosen*, XV, 553. • FESTUS, S.V. "Tages". [As fontes para as demais edições podem ser encontradas no dicionário de mitologia. Sobre Hermes, cf. meu ensaio *Hermes der Seelenführer*, 1944.]

mãe. Sêmele já estava morta quando Dionísio nasceu, e também a mãe de Asclépio não sobreviveu ao nascimento de seu filho. Além disso, poderia mencionar aqui os personagens das lendas que igualmente são filhos abandonados, enjeitados ou separados violentamente de suas mães; no entanto, pretendo me ater essencialmente à "mitologia propriamente dita" e, por isso, cito exclusivamente deuses que se encontram no centro dos autênticos mitologemas e cultos. Algo parecido sucedeu também a Zeus, o maior de todos os deuses. Recém-nascido, sua mãe – para salvá-lo – o enjeitou. A presença das amas divinas ou dos animais-ama no mito de Zeus e das amas no mito e no culto à criança Dionísio têm dois significados: a *solidão* da criança divina e o fato de que, apesar disso, no mundo primitivo ela *se sente em casa*. Trata-se de uma situação com dupla face: a de uma criança órfã e, ao mesmo tempo, a de um filho favorito dos deuses.

Trata-se de uma variação diferente do mesmo tema em que a mãe compartilha o abandono e a solidão. Ela anda errante e apátrida e é perseguida, como Leto, a qual é protegida pelo recém-nascido, o pequeno Apolo, frente ao poderoso Tito. Ou ela vive apenas desprovida de glória, distante do Olimpo, como Maia, a mãe de Hermes. Sua situação – originalmente aquela da mãe Terra, cujo nome ela detém – não é mais muito fácil no hino homérico. A situação simples revela o abandono do deus recém-nascido nas duas variações. Na primeira: o abandono da mãe com a criança, como Leto com Apolo, na ilha deserta de Delos. Na segunda: a solidão da criança no mundo primitivo e selvagem.

O ambiente de conto de fadas se concretiza. Um motivo dos contos de fada parece ser o tema da criança órfã e abandonada presente nos contos populares da Europa e da Ásia. "Onde era e onde não – bastaria que houvesse uma cidade e que em sua parte

A criança divina   51

meridional houvesse uma casa em ruínas habitada por uma criança órfã que ficou completamente desamparada depois da morte de
seu pai e de sua mãe" – assim inicia um conto de fadas húngaro[3].
Há paralelos tanto para a variante da completa solidão como para
a variante com a companhia da mãe ou da ama. Um conto da floresta negra dos tártaros da região de Altai começa assim[4]:

> Há tempo, há muito tempo,
> Criado por Deus,
> Criado por Pajana,
> Um menino vivia órfão.
> Sem alimentos para comer,
> Sem roupas para vestir,
> Assim vivia ele.
> Ali não há mulher que case com ele.
> Uma raposa veio até ele;
> A raposa falou com o jovem:
> Como te tornarás um homem?
> perguntou-lhe.
> O menino disse:
> Como me tornarei um homem,
> Nem eu mesmo sei!

Um canto épico também proveniente de uma tribo altaica, a
dos schor, aproxima-se mais da outra variante[5]:

> Altyn Sabak, a mulher,
> Vivia em terra deserta,
> Sem gado, sem povo.
> Alimenta ela um menino pequeno,

---

3. KÁLMÁNY, L. (org.). *Ipoly Andor Népmesegyüjtemény*, 14. Budapeste: [s.e.],
1914.

4. RADLOFF, W. *Proben der Volksliteratur der türkischen Stämme Süd-Sibiriens* I. São Petersburgo: [s.e.], 1866, p. 271.

5. Ibid., p. 400.

Ao mar branco joga a vara de pesca,
Um jovem lúcio
Ela pesca a cada dia.
Em água da fonte ela o cozinha.
Seu caldo eles tomam.
Esse menino órfão
O alimenta Altyn Sabak.

Nesse caso, a mulher é a irmã mais velha do herói: uma peculiaridade desses cantos.

A presença dessa situação no conto e na epopeia – apesar desses exemplos estarem distantes do domínio clássico – levanta a questão: A criança órfã foi a antecessora da criança divina? Ela foi acolhida na mitologia a partir da representação de um tipo de destino humano e elevada à categoria divina? Ou ocorreu o inverso? A criança divina seria a mais antiga e a criança órfã do conto de fadas apenas seu pálido reflexo? O que nesse caso está em primeiro lugar: o conto ou o mito? O aspecto precedente foi a solidão do mundo primordial ou a imagem puramente humana do destino do órfão? A questão se torna ainda mais incisiva quando se leva em consideração os casos em que o mitologema da criança divina e o conto de fadas da criança órfã são completamente inseparáveis. Em seguida examinaremos um caso desse tipo.

3 Um deus dos vogules

Nesse ínterim nos afastamos ainda mais do domínio clássico. O mitologema, que talvez possibilite uma visão mais profunda das relações originais, encontra-se entre os vogules. Seu acervo de mitos, reunidos por Reguly e Munkácsi, dois pesquisadores húngaros, está disponível para nós em textos originais perfeitos que o cientista citado por último publicou em tradução húngara literal. A seguir, tenta-se pelo menos reproduzir fielmente essa tradução.

A criança divina 53

Os vogules tinham adoração especial por um de seus deuses de nome "o homem que contempla o mundo"[6]. É um deus baixado do céu, baixado com sua mãe e sem ela. Com sua mãe é "baixado" de modo a nascer como filho da mulher expulsa do céu. Sua mãe caiu na margem do Rio Ob. "Sob sua axila direita quebraram-se duas costelas. Uma criança com mãos e pés dourados veio ao mundo"[7]. Essa espécie de nascimento, a saída da criança do lado direito de sua mãe, revela influência budista. O bodhisattva, que mais tarde se tornou o Gautama Buda, entrou no seio materno pelo lado direito e, ao final de dez meses, deixou novamente o lado direito da mãe, com plena consciência e imaculado: assim sucedeu segundo a lenda de Buda proveniente das seitas setentrionais, do assim chamado Budismo Mahayana[8]. O nome de Deus "o homem que contempla o mundo" constitui uma tradução exata de "Avalokiteshvara", do nome do bodhisattva soberano da mesma religião que seus missionários na Ásia Setentrional difundiram amplamente. Avalokiteshvara é uma divindade misericordiosa, que contempla o mundo, como aquela em que se converteu o deus dos vogules: de sua essência original se desprendem qualificativos que falam de seu aspecto de ganso, de cisne e de grou[9]. Partes do corpo douradas o adaptam, como o Buda recém-nascido do nosso mundo – ao mundo-Avalokiteshvara:

Ele que resplandecia como ouro;
Que no fogo é trabalhado pela mão do artista...[10]

---

6. MEULI, L. "Scythia" (*Hermes*, 70, 1935, p. 160), no qual a influência budista não é levada em consideração.

7. MUNKÁCSI, B. *Vogul népköltési gyüjtemány*, II, 1. Budapeste: [s.e.], 1892, p. 99.

8. *Lalitavistara*, 6-7.

9. MUNKÁCSI, B. *Vogul népköltési gyüjtemány*. Op. cit., II, 2, 1910, p. 58 e 67.

10. "Sutta Nipata". OLDENBERG, H. *Reden des Buddha*. Munique: [s.e.], 1922, p. 4.

O destino do órfão independe de tudo isso e nos introduz num outro mundo, o mundo histórico de Dalai Lama, a personificação atual do Avalokiteshvara.

A criança divina dos vogules – o homem que contempla o mundo, quando ainda era um pequeno menino – também veio ao mundo sem mãe[11]. No céu se realiza uma consulta para decidir sobre ele:

> O filho pequeno de seu pai, o favorito de seu pai,
> O filho pequeno de sua mãe, o favorito de sua mãe –
> Um dia surgirá a era do homem –
> O homem que se apoia sobre seus pés,
> Como poderá suportá-la?
> Deixemo-lo nas mãos de outro,
> Nas mãos de outro ele será domesticado!
> Ele será entregue ao tio, à tia, de seu pai, de sua mãe.

Ouvimos falar de um berço suspenso entre o céu e a terra no qual o menino é colocado e baixado, conforme a resolução de seu pai, do alto do céu:

> Seu pai o colocou num berço de curvatura
> prateada,
> Baixou-o ao mundo dos homens, os habitantes da
> terra de baixo.
> Sobre o telhado de seu tio humano, aquele das
> penas de águia,
> Caiu com a poderosa voz do trovão.
> Seu tio de repente estava lá fora e o levou para
> dentro.
> Educa-o de dia; educa-o de noite.
> Como assim cresce, sua tia bate nele.

---

11. Os versos a seguir provêm de dois "cantos de heróis divinos". Cf. MUNKÁCSI, B. *Vogul népköltési gyüjtemány.* Op. cit., II, 1, p. 100ss.

A criança divina   55

Como assim cresce, seu tio bate nele.
Assim seus ossos se endurecem, assim seus
     músculos se fortalecem.
Sua tia bate nele pela segunda vez,
Na terceira vez, o tio bate nele.

Ouvimos falar de seu destino triste na casa do russo: Mantêm-no preso à dobradiça da porta e jogam a água suja sobre ele. Ainda mais triste é seu destino na casa do samoiedo, que o amarra ao seu trenó com uma corda de ferro de trinta braças. A dificuldade do trabalho que executa na casa do samoiedo aparece menos em nosso texto que em narrativas parecidas sobre heróis legendários e filhos de deuses martirizados. O sofrimento da criança é descrito de modo ainda mais impressionante quando golpeada quase até a morte com um "bastão de osso de mamute", jogada sobre um monte de estrume e utilizada como animal de sacrifício. Aqui está o ponto mais baixo, aqui acontece a virada. O menino obtém de repente raquetes para a neve, uma couraça, uma aljava, um arco e uma espada. Com uma flechada atravessa sete cervos, com outra sete alces. Ele oferece o filho do samoiedo em sacrifício, destrói sete "cidades" samoiedas, o russo e a cidade dos russos e – "com a pressão de suas costas, com a pressão de seu peito" – mata seu tio e sua tia.

É uma epifania, não menos terrível que aquela narrada no hino homérico que trata de Dionísio no barco dos piratas etruscos. Do destino do órfão surgiu um deus. A mudança do destino é não apenas efetiva, mas também cheia de sentido. Com nosso mitologema vogul nos aproximamos muito de um tipo de conto por todos conhecido: o de "Hans e o forte"[12]. No entanto, uma compa-

---

12. AARNE & THOMPSON. *The Types of the Folktale*. Helsinki: [s.e.], 1928, n. 650 [aqui acrescentado com base nos contos húngaros].

ração precisamente deste com o mitologema revela quão inferior é, neste caso, o conto em termos de efetividade e sentido. Ele recebe apenas a importância que se pode atribuir aos atos grotescos e exagerados de um moço camponês extraordinariamente forte e às situações equivocadas que daí se originam. A diferença não está no meio ou na atmosfera social (a atmosfera da mitologia vogul é nada menos que régia), mas no que temos de chamar de a estrutura dramática do mitologema. Ao gênero conto de fadas falta essa estrutura. A extraordinária força física é substituída de antemão por informações sobre o nascimento e o modo de alimentação do moço. Ele foi amamentado durante vários anos ou comeu por nove pessoas: Seu pai era um urso ou – como num conto húngaro – sua mãe era uma égua, uma vaca, uma fada; ele saiu lentamente de um ovo ou foi forjado em ferro. É verdade que tudo isso revela a origem mitológica do conto; porém, faz a ação descer a uma esfera inferior: do nível de um drama sublime para aquele mundo dos fatos incríveis e extraordinários, ao qual estamos acostumados nos contos. O que é, por sua vez, tão impactante no mitologema? O mesmo aspecto que simultaneamente é o *sentido* do mitologema: a revelação da divindade na unidade paradoxal do mais fundo e do mais alto, do mais débil e do mais forte.

A pergunta pelo que, nesse caso, é o primordial, simplificou-se bastante. A aparição de um filho de deus e do rei a partir da criança órfã, como tema do mito e do conto, pressupõe a situação do órfão: Essa situação básica possibilita aquela aparição. No entanto, o destino do órfão não constitui, enquanto fato puramente humano, uma *base suficiente* para uma tal aparição. Visto a partir de uma perspectiva não mitológica, da vida humana costumeira, aquele destino se realiza não necessariamente numa epifania. Se a epifania é, apesar disso, de certo modo, seu fruto e sua realiza-

A criança divina 57

ção, então a situação toda precisa ser entendida a partir da mitologia. A mitologia conhece algum destino de órfão combinado com figuras dos deuses, com uma figura divina a qual tal destino pertence como seu *traço essencial*?

4 Kullervo

Para poder decidir, com base na observação imediata, se a criança órfã do conto e seu abandono total indicam uma das formas de destino humano no sentido da mitologia ou no da narração do relato, vamos colocar-nos diante de uma descrição desse caso em todos os seus detalhes. Não são os motivos individuais, mas é a visão de conjunto que deve falar por si mesma. O tema do nascimento miraculoso nos orientou no sentido da mitologia. Na *Kalevala* dos finlandeses, a descrição da criança órfã se encontra num marco heroico: é a servidão de Kullervo, o filho de Kalervo. Pretendeu-se reconhecê-lo, por um lado, no "Hans, o forte" dos contos finlandeses, o "menino nascido de um ovo" (em finlandês: *Munapojka*)[13]. Por outro lado, comparou-se ele com o Hamlet da epopeia dinamarquesa: Como este último, Kullervo sobreviveu na condição de vingador de seu pai[14]. No entanto, tampouco esse elemento pertence exclusivamente à epopeia. Nas canções épicas dos deuses vogules, também a criança divina que se tornou órfã apresenta a característica de um "vingador imortal"[15].

Não iremos dirigir o olhar para o marco, nem para os elementos que, na *Kalevala*, conferem aos cantos de Kullervo o caráter

---

13. COMPARETTI, D. *Die Kalevala*. Halle: [s.e.], 1892, p. 197.

14. KROHN, K. *Kalevalastudien*, VI. Helsinki: [s.e.], 1928, p. 29.

15. Cf. MUNKÁCSI, B. *Vogul népköltési gyüjtemány*. Op. cit., II, 2, p. 136ss. e 265ss.

58 Coleção Reflexões Junguianas

de um ciclo interligado da epopeia finlandesa, mas para a riqueza do próprio perfil. A exuberância legendária da *Kalevala* é, *em si mesma*, inestimável. A poesia grega resolve seus temas mitológicos, de certo modo, com desenhos claros e puramente lineares, com certo efeito plástico, mas sem a exuberância das formações inspiradas na natureza. As adaptações finlandesas de temas similares podem ser adicionadas como complemento – como uma espécie adicional de representação –, independentemente da questão do nexo histórico. Juntos, os dois tipos ilustram de modo mais completo o objeto comum. Dessa maneira deve ser elucidado aqui não apenas o destino da prodigiosa criança órfã, mas também a figura da criança divina.

Um herói da pré-história finlandesa, de nome Untamo – assim lemos no 31º canto da *Kalevala*[16] –, exterminou o povo de seu irmão Kalervo.

> Ficou sozinha a jovem de Kalervo
> Com o fruto em seu corpo,
> A horda de Untamo a levou
> Consigo para a sua pátria,
> Para varrer a sala,
> Para limpar o chão.
> Transcorrido algum tempo,
> Um pequeno menino nasceu
> Da mulher muito infeliz;
> Como, pois, deveria ser chamado?
> Kullervo, chamou-o a mãe.
> Untamo chamou-o pérola de combate.
> O pequeno menino foi deitado,
> A criança, sem pai,

---

16. Os textos a seguir são conformes à tradução de A. SCHIEFFER. *Helsingfors*, 1852.

A criança divina

Foi deitada no berço,
Para que ali fosse embalada.
Embala-se ali no berço,
Embala-se, que o cabelo se levanta
Um dia e também o segundo,
Mas já no terceiro dia
O menino golpeava com os pés,
Golpeava para a frente, golpeava para trás,
Arrebenta com força as fraldas.
Engatinha para fora, para cima de sua manta,
Aos golpes deixa o berço de tília em pedaços
E rasga todas as fraldas.

"Já na terceira lua" a ideia de vingança desperta no menino
"da altura dos joelhos": Ele quer vingar o seu pai e a sua mãe.
Untamo fica sabendo disso. Reflete-se sobre como aniquilar o menino prodígio. Primeiro tenta-se por meio da água:

Foi colocado num pequeno barril,
Aprisionado num pequeno tonel,
Assim levado à água,
Assim afundado em meio às ondas,
Depois se foi ver
Transcorridas duas noites,
Se ele havia afundado na água,
Se ele havia morrido no barril.
Na água não havia se afogado,
No barril não havia morrido,
Do tonel ele havia engatinhado,
Sentado agora sobre a crista das ondas,
Com um bastão de cobre na mão,
Que na ponta tinha um fio de seda,
Pescava os peixes do mar,
E media a água do mar:
Água há um pouco no mar;

Para encher duas colheres,
Se bem medida,
Haveria um pouco para a terceira.

Em seguida, Untamo quis aniquilar o menino com fogo:
Foram acumuladas e empilhadas
As madeiras secas de bétulas,
Pinheiros, com centenas de ramos,
Árvores, cheias de resina,
Mil trenós repletos de cascas,
Centenas de braças de freixos secos;
Foi ateado fogo à madeira,
Que se espalhou pela fogueira,
Ali então foi jogado o menino,
Em meio ao calor do fogo.
Queimou um dia, o segundo,
Queimou ainda um terceiro dia.
Ali se foram para ver:
Sentado estava com cinzas até os joelhos,
Com cinzas até os braços,
Na mão tinha o espevitador,
Para aumentar a intensidade do fogo,
Para atiçar as brasas,
Nem um fio de cabelo estava chamuscado,
Nem um cacho estava danificado.

Por fim, é feita uma terceira tentativa que, nesse contexto, podemos chamar de aniquilação por meio do elemento ar: Untamo pendura o menino numa árvore,

Ata-o a um carvalho.

Após um prazo habitual, um servo é enviado para conferir e traz essa notícia:

Não se deu cabo de Kullervo,
Nem na árvore ele morreu,

Risca desenhos nas árvores,
Tem uma varinha nas mãos,
Repletas de desenhos estão as árvores,
Repleto de entalhes está o carvalho,
Homens estão ali e também espadas,
Tem ao lado lanças.
Quem poderia ajudar a Untamo
Com o menino infeliz;
Seja qual for a morte que prepare,
Seja qual for a destruição que imagine,
Ele não é destruído,
Nem se dá cabo do menino mau.

Até aqui se estende a primeira variação sobre o tema – no sentido musical da palavra. Também essa primeira consiste de duas variantes. Uma análise abrangente já levaria, contudo, à dissolução de unidades que são efetivas em seu conjunto, como a criança *e* o elemento em que ela flutua. Toda variação exerce sobre nós um efeito imediato, inicialmente, de certo modo, apenas por meio de sua composição poética ou combinação artística. Mais tarde, veremos como a composição ou combinação da criança e da água é não apenas exteriormente efetiva, mas também cheia de sentido. Por ora, somente mencionemos um exemplo que ilustra a maneira como também a criança e o fogo podem se correlacionar na mitologia:

O céu girava em círculo, a terra girava em círculo:
O mar vermelho também girava em círculo
No mar, dores de parto acometiam o junco
   vermelho-sangue,
Pela haste do junco saía fumaça,
Pela haste do junco saíam labaredas,
E das labaredas saltou um menino:
Fogo tinha como cabelo, fogo trazia como barba.
E seus olhinhos eram sóis.

Este é um tipo de nascimento de uma criança divina relatada num canto de culto dos antigos pagãos armênios[17], um mitologema que mencionei na explicação da 4ª égloga de Virgílio[18]. É compreensível que esse mitologema seja incluído na série de "mitos da origem a partir de um junco" – expressão utilizada por Frobenius para denominar um grupo de mitologias do sol[19]. Neste caso, a consonância com a variante de "Kullervo no fogo" é suficiente para nos dar ciência do tipo de matéria original da qual podem surgir as imagens do destino do órfão, a exemplo dessas três formas de destruição de Kullervo. Sem dúvida, a matéria original é a da mitologia e não a da biografia; uma matéria com a qual se modela a vida dos deuses e não a dos homens. O que é, do ponto de vista da vida humana, uma situação de excepcional tristeza – a do órfão que está exposto e é perseguido –, aparece na mitologia numa perspectiva totalmente diferente. Essa situação se apresenta como a solidão do ser elementar: uma solidão que é própria do elemento original. O destino de órfão de Kullervo, entregue a todo tipo de destruição, exposto a todos os elementos, deveria ser o *verdadeiro* destino do órfão, no sentido pleno do termo: o de estar exposto e de ser perseguido. Ao mesmo tempo, é o triunfo da natureza elementar e original da criança prodígio. A *medida humana* do destino de órfão de *tais* seres não é um verdadeiro destino de órfão, mas é secundário. Por outro lado, somente o *extrínseco* destino de órfão, que é próprio de tais seres, é verdadeiro e

---

17. VON KHORNI, M. (= Chorene). *Geschichte Gross-Armenien*. Cit. na tradução de VETTER. In: GELZER, M. "Zur armenischen Götterlehre". *Ber. Sächs. Ges. Wiss.* 48. Leipzig: [s.e.], p. 107.

18. KERÉNYI. "Das persische Millenium in Mahabharata, bei der Sibylle und Vergil". *Klio* 29, 1936, p. 31.

19. FROBENIUS, L. *Das Zeitalter des Sonnengottes*, I. Berlim: [s.e.], 1904, p. 271ss.

A criança divina   63

significativo: verdadeiro e significativo enquanto *solidão original*, no lugar apropriado para tais seres e situações – na mitologia.

A primeira das três variações do tema de Kullervo corresponde ao nível mitológico original. Tudo aquilo que na *Kalevala* recorda as atividades do forte moço do conto se conecta, nesse mesmo nível, a esse fragmento de cunho mitológico na qualidade de variação ulterior dele. Kullervo soluciona todas as tarefas de tal modo que a solução supera qualquer expectativa e ao mesmo tempo é letal – em detrimento daquele que lhe incumbiu a tarefa. Na compilação desses cantos, Elias Lönnrot procedeu conforme o espírito dos cantores da *Kalevala*[20]. A poesia popular finlandesa liga as variações do ciclo de Kullervo à mesma personagem, ainda que conheça a imagem da criança que flutua sobre a água também a partir de outros contextos. O elemento "legendário" se eleva a elemento mitológico como uma outra variação do mesmo tema musical.

A solução letal da primeira tarefa [imposta a Kullervo] desperta pouca atmosfera de conto de fadas, uma vez que reproduz a crueldade das mitologias primitivas! Kullervo, o "da altura dos joelhos", recebe nessa variação – "ficou um palmo maior" – a atribuição de cuidar de uma criança pequena.

> Cuida um dia, o segundo,
> Quebra as mãos, fura os olhos,
> Deixa a criança no terceiro dia
> De doença morrer por completo,
> Joga os lençóis na água
> E queima o berço da criança.

Untamo – conforme o autêntico estilo da mitologia primitiva – sequer fica indignado com isso, mas reflete apenas:

---

20. KROHN, K. *Kalevalastudien*. Op. cit., p. 3ss.

Nunca mais ele servirá
Para cuidar bem de crianças pequenas,
Embalar bem os do tamanho do dedo;
Não sei onde poderia usá-lo,
Para que poderia empregá-lo?
Deve derrubar a floresta para mim?
Ordenou-lhe que derrubasse a floresta.

Em seguida, a história narra como Kullervo manda fazer um machado e como ele mesmo se envolve nesse trabalho. O desmate de proporções desmedidas é realizado primeiro com esse machado e depois – ainda mais em sintonia com o espírito da epopeia finlandesa – por meio de cantos mágicos. Com um êxito igualmente exagerado é cumprida a próxima tarefa: o cercado. O último trabalho que realiza para Untamo – a trilha – recorda de modo especial os contos de "Hans, o forte" dos outros povos europeus.

Kullervo, o filho de Kalervo,
Começou agora a trilhar o grão,
Triturou o cereal em pó fino,
E reduziu as hastes a debulho.

Kullervo alcança o ponto alto das soluções mortais na condição de pastor a serviço da mulher do ferreiro Ilmarinen, no canto 33, "A anfitriã atrevida":

Essa velha desdentada
Assa um pão para o seu pastor,
Dá ao pão grande compactação,
Aveia embaixo, trigo em cima,
No meio uma pedra.

E, com tal provisão, despacha Kullervo com suas vacas. Para se vingar, ele aniquila todo o rebanho, reúne uma alcateia de lobos e ursos, e, por meio de mágica, faz os animais selvagens parecerem vacas e, com os ossos dos animais mortos, confecciona diversos instrumentos musicais:

A criança divina

Faz uma trompa da pata da vaca,
Do chifre do boi um apito,
Da pata de Tuomikki uma corneta,
Uma flauta da tíbia de Kirjo;
Depois toca sua trompa,
Faz soar seu apito,
Três vezes no monte da terra natal,
Seis vezes na foz do Ganges,
A mulher de Ilmarinen, porém,
Ela, a velha mulher do ferreiro,
Há muito esperava pelo leite,
Ansiava pela manteiga do verão;
Ouve os passos desde o pântano,
O barulho que vem do matagal,
Diz palavras deste tipo,
Se faz ouvir deste modo:
"Louvado seja Deus, ó Supremo,
Soa uma corneta, chega a manada,
De onde o servo tirou o chifre
Para fazer uma trompa para si?
Por que ele faz tanto ruído ao vir,
Sopra e apita com todas as suas forças,
Sopra até arrebentar os tímpanos,
Faz ruído até explodir a minha cabeça?"
Kullervo, o filho de Kalervo,
Diz palavras deste tipo:
"O servo encontrou o chifre no pântano,
Tirou a trompa do charco;
Teu rebanho está no curral,
Tuas vacas no redil,
Quer ocupar-te agora com o fogo,
E ir ordenhar as vacas!"
A dona da casa de Ilmarinen manda
A velha da fazenda a ordenhar:

"Anda, velha, vai ordenhar,
Vai cuidar das vacas,
Não creias que te livrarás,
Por haver tu mesmo amassado a massa!"
Kullervo, o filho de Kalervo,
Fala palavras desse tipo:
"Sempre será a boa anfitriã,
A sensata mulher da casa,
Ela mesma a primeira a ordenhar as vacas,
Ela mesma a cuidar dos animais".
A mulher de Ilmarinen foi
Ela mesma fazer o fogo,
Foi em seguida ordenhar as vacas,
Olhou uma vez para o rebanho,
E contemplou as vacas,
E disse estas palavras:
"Bom aspecto tem o rebanho,
Boa cor tem o gado,
Como escovado, com uma pele de lince,
Com a lã da ovelha selvagem,
Com os ubres cheios e firmes,
Com as tetas endurecidas".
Agacha-se para tirar o leite,
Senta-se para captar o leite,
Tira uma vez, tira a segunda,
E tenta ainda a terceira vez,
Sobre ela se lança ferozmente o lobo,
Chega depressa o urso,
Na boca o lobo a dilacera,
Sobre os calcanhares se lança o urso,
Morde a carne da panturrilha,
E quebra o osso da perna,
Kullervo, o filho de Kalervo,
Retribuiu assim a zombaria da mulher,

A criança divina 67

> O escárnio e as humilhações da mulher,
> Pagou assim a maldade da mulher.

É impossível derivar a mitologia finlandesa da grega ou vice-versa: a grega da finlandesa. Mas é igualmente impossível não perceber que Kullervo, a criança prodígio e o servo forte numa mesma pessoa, revela-se ao final como Hermes e Dionísio. Como Hermes, ele aparece por meio da confecção de instrumentos musicais, ligada ao extermínio de gado (há uma versão do mitologema da criança Hermes[21] em que não apenas a matança das tartarugas, mas também o roubo e a matança do gado, precedem a invenção da lira); como Dionísio, Kullervo aparece no que faz com os animais selvagens e com seus inimigos. Um traço dionisíaco – assim precisamos denominá-lo da perspectiva das categorias da mitologia grega – é que os lobos e ursos apareçam, graças ao poder mágico, na forma de vacas inofensivas; e também é dionisíaco o fato de que sejam eles que castiguem seu inimigo. Quando lemos a cena dramática da ordenha de animais selvagens, reconhecemos, estremecidos, o estado de espírito trágico-irônico das *Bacantes* de Eurípides. O destino dos piratas etruscos, os inimigos de Dionísio castigados com a aparição das feras, constitui aqui uma analogia ainda mais próxima que a epifania da vingança da criança divina dos vogules.

5 Nārāyana

A criança divina que se sente em casa na solidão do elemento original, a imagem originária da criança órfã prodígio revela a plenitude de seu significado especialmente ali onde o cenário de sua epifania é a água.

---

21. APOLLODOROS, R. *Bibliotheca* 3.10.2.

Recordemos aquela epifania de Kullervo, sentado "sobre a crista das ondas", "com um *bastão de cobre* na mão"; lembremos nesse sentido ainda a maneira com que pretendia derrubar a floresta, e logo reconhecemos seu parentesco com o homenzinho de cobre do canto 2 da *Kalevala*. É evidente que aquela criança não tinha uma estatura "que chegava aos joelhos", nem "um palmo maior", mas a de um gigante, para o qual a água do oceano é suficiente apenas para "encher duas colheres" ou, no máximo, se bem medida, haveria ainda "um pouco para a terceira". No canto 2 aparece algo similar e, em outra grande mitologia, há um paralelo marcante precisamente deste traço aparentemente contraditório da figura da *criança*. O hindu Mārkandeya, o eremita de eterna juventude, encontrou tal criança prodígio no final da época precedente e no princípio da atual. A narrativa está no Mārkandeyasamaāsyāparvan do *Mahābhārata*.

O sábio eremita vagava sobre o oceano do mundo quando chegou a uma árvore *nyagrodha (fícus indica)*, sobre cujos ramos descansava um menino. A criança o convidou a descansar nela. Mārkandeya relata o que sucedeu depois[22]: "O Deus me oferece um lugar de repouso em seu interior. Neste momento, sinto-me fatigado de minha longa vida e de minha existência humana. Ele abre a boca, e eu sou atraído para dentro dele por uma força irresistível. Em seu interior, em seu ventre, vejo o mundo todo com seus reinos e cidades, com o Ganges e os outros rios e o mar, as quatro castas, cada uma com seus afazeres, leões, tigres e porcos selvagens, Indra e toda a multidão dos deuses, os *rudras*, os *adityas* e os pais, cobras e elefantes – em resumo, tudo o que eu havia visto no mundo vejo em seu ventre enquanto ando por ele.

---

22. REITZENSTEIN, R. & SCHÄDER, H.H. *Studien zum antiken Synkretismus.* Leipzig: [s.e.], 1926, p. 83.

A criança divina 69

Durante mais de cem anos ando nele sem chegar ao final de seu corpo; nesse momento invoco o próprio Deus e, imediatamente, com a força do vento, sou expelido pela sua boca. Novamente vejo-o sentado sobre o ramo da árvore *nyagrodha*, com os signos da divindade, vestido com trajes amarelos". Essa criança divina que é o deus de tudo chama-se Nārāyana, segundo a etimologia indiana: "Aquele que tem as águas por morada".

Tudo aquilo que nessa narrativa corresponde ao estilo do mundo indiano – a descrição dos detalhes e o matiz filosófico do todo – não pode borrar os contornos do mitologema. Deparamo-nos claramente, flutuando na solidão do oceano do mundo, com a figura de um ser divino que é, ao mesmo tempo, uma criança pequena e um gigante. No mundo menos filosófico dos lenhadores finlandeses, o estilo da figura é diferente, mas seu contorno é o mesmo. Já o conhecemos na variação de Kullervo; ainda falta conhecê-lo na variação do homenzinho de cobre.

Väinämöinen, o xamã da origem, no princípio do mundo emergiu do oceano e encontrou uma criança prodígio; poderíamos dizer que é a equivalente finlandesa do Tages dos etruscos (seu nome Sampsa, "Sansão", é possivelmente um indicativo de sua força descomunal):

> É Pellervoinen, filho dos campos,
> É Sampsa, o menino esbelto,
> Que sabia bem semear a terra,
> Que sabia espalhar a semente.

Ele semeia a terra de árvores e, entre elas, planta um carvalho que, mais tarde, elevará suas copas ao céu e, com seus ramos, encobrirá o sol e a lua. A árvore gigante tinha de ser derrubada, e Väinämöinen busca a *força das águas*. E, em seguida, aparece o equivalente finlandês do Nārāyana indiano.

Emergiu um homem do mar,
Ergueu-se um herói sobre as ondas,
Não é dos maiores,
E, de modo algum, dos menores.

Comprido como um polegar,
Alto como um palmo de mulher
De cobre era o gorro do homem,
De cobre as botas nos pés,
De cobre as luvas nas mãos,
De cobre suas faixas coloridas,
De cobre era o cinto no corpo,
De cobre a machadinha no cinto,
Comprido como o polegar era o cabo da
 machadinha,
Com o fio do tamanho de uma unha.

Väinämöinen, velho e verdadeiro,
Refletiu e ponderou:
Tem o aspecto de um homem,
Tem a natureza de um herói,
Mas o comprimento de um polegar,
Nem mesmo o tamanho do casco de uma rês.
Falou então essas palavras,
Fez-se ouvir a si mesmo:
"Parece-me dos homens o mais correto,
E dos heróis o mais deplorável,
Apenas melhor que um morto,
Apenas com aparência melhor que um arruinado".
Disse o pequeno homem do mar,
Respondeu o herói das marés:
"Sou com efeito um homem, se bem que um
Do povo dos heróis da água,
Vim para derrubar o tronco
Para destroçar esta árvore".
Väinämöinen, velho e verdadeiro,

A criança divina

Disse ele mesmo essas palavras:
"Jamais terás essa força,
Jamais te será concedido,
Abater essa árvore,
Derrubar essa árvore maravilhosa".
Mal pôde dizer isso,
Mal pôde lançar o olhar sobre ele,
Quando o homem se transforma rapidamente,
E se torna um gigante,
Que arrasta os pés sobre a terra,
Com a cabeça detém as nuvens,
Até os joelhos estende-se a barba,
Até os calcanhares os seus cabelos,
Uma braça é o tamanho dos seus olhos,
Uma braça é a distância que separa as suas pernas.
Uma braça e meia têm
Seus joelhos, e duas as suas cadeiras.
Amolou o ferro de um lado e do outro,
Afiou agilmente a lâmina plana
Com seis duros seixos
E com sete pontas de pedras de amolar.
Começa então a andar apressado,
Levanta agilmente suas pernas,
Com a calça demasiadamente larga,
Que até tremula ao vento,
Vacila nos primeiros passos;
Sobre o movediço terreno de areia,
Cambaleia no segundo passo;
Sobre a terra de cor escura,
No terceiro passo enfim,
Pisa sobre as raízes do carvalho.
Golpeia a árvore com sua machadinha,
Corta-a com a lâmina afiada,
Golpeia uma vez, golpeia a segunda,

E golpeia já pela terceira vez,
Faíscas saltam da machadinha,
Fogo sai do carvalho,
Quer derrubar o carvalho,
Quer curvar o imponente tronco da árvore.
Finalmente, na terceira vez,
Conseguiu derrubar o carvalho,
Quebrar o imenso tronco da árvore.
E fazer descer as cem copas;
Estende o tronco do carvalho para o leste,
Joga as copas para o oeste,
Lança sua folhagem para o sul,
E os ramos para o norte.

Quando o carvalho enfim foi derrubado,
Quando o orgulhoso tronco da árvore foi curvado,
O sol pôde raiar de novo,
A afetuosa luz da lua pôde brilhar,
As nuvens se estenderam largamente,
O arco do céu se abobadou...

O canto 2 da *Kalevala*, do qual foram extraídas essas linhas, foi indubitavelmente redigido bem mais tarde que o trecho citado da *Mahābhārata*; mas a própria narrativa pode, segundo seu sentido, ou seja, de história da libertação da luz, ser colocado ao lado dos mitologemas primitivos mais originais. É verdade que, entre os povos vizinhos dos finlandeses, esses traços da infância prodigiosa aparecem na poesia épica popular russa (os *byliny*), os quais um especialista russo do século XIX quis derivar de uma fonte indiana: da história da infância de Kishna[23]. No entanto, a concor-

---

23. STASOV, V. Proischozdenie russkich bylin, 1868. In: WOLLNER, W. *Untersuchungen über die Volksepik der Grossrussen*. Leipzig: [s.e.], 1879, p. 22ss.

A criança divina 73

dância da aventura da infância dos heróis russos com aquela dos deuses indianos se deve, na melhor das hipóteses, apenas a uma adoção de pomposas vestimentas estrangeiras e a um empréstimo por meio de diversas intermediações: Não apenas os heróis e santos russos ou indianos são adornados na lenda e na literatura com traços como, por exemplo, aquele que com seu nascimento abala o mundo e faz estremecer todos os elementos! Os encontros de Mārkandeya e o de Väinämöinen com a criança gigantesca, que habita a água primordial, assemelham-se em um nível bem mais profundo. Aqui o teor da pergunta não pode ser este: Qual dos dois mitologemas é a variação do outro? Antes, perguntamos pelo tema original comum que *ambos* variam.

Uma resposta de importância fundamental se insinua no interior tanto da mitologia indiana como da finlandesa e não nos deixa mais ter dúvidas sobre qual é a figura divina que tem como traço característico uma espécie de destino de órfão. Nārāyana é a mesma criança divina – dito com outras palavras: o Todo divino no momento de sua primeira aparição – que, nos mais antigos livros indianos que tratam da "ciência dos sacrifícios", nos *Brāhama*, sim, já no *Rig-veda*, é denominado Prajāpati[24]. Essa criança saiu de um ovo que havia surgido da água da origem e do primórdio – dito com outras palavras: do nada. Ela repousa sobre o dorso de monstros marinhos, flutua no cálice de flores aquáticas. É a criança original na solidão original do elemento original; a criança original é o desenvolvimento do ovo original da mesma forma que o mundo inteiro é *seu* desenvolvimento. É isso que a mitologia indiana sabe sobre ele. A

---

24. Sobre os *Hymne an Heranyagarbha*, o "gérmen de ouro", cf. *Rigveda* 10.121. Textos cosmogônicos em GELDNER, K.E. Vedismus und Brahmanismus. In: BERTHOLET, A. *Religionsgeschichtliches Lesebuch*, 9. Tübingen: [s.e.], 1928, p. 89ss. Sobre os "anões e gigantes mundiais", cf. ZIMMER, H. *Maya – der indische Mythos*. Stuttgart: [s.e.], 1936, p. 194ss.

mitologia finlandesa conhece o mesmo elemento original: a água como primórdio. E conhece também o surgimento do mundo a partir do ovo; conhece *Munapojka*, o filho do ovo, que tem também o nome Kullervo, a criança para a qual o mar contém apenas duas colheres de água, e que é reconhecível também no homenzinho de cobre portador da luz, no irmão finlandês do Prajāpati saído do ovo e do Nārāyana vestido de amarelo.

A investigação etnológica dos mitos, principalmente a obra inacabada *Zeitalter des Sonnengottes* de Frobenius, depois da constatação de um tema original comum aponta em duas direções. A primeira vai em profundidade para as camadas culturais situadas nas áreas mais inferiores. Pois o mitologema aqui mencionado não se limita à região indiana ou finlandesa, mas é evidente que pertence a um período antiquíssimo da humanidade, a uma época em comparação com a qual não apenas as fontes indianas e finlandesas, mas também as do conjunto da cultura grega, são mais recentes. No entanto, não queremos partir dessa hipótese, mas ao contrário: dos mitologemas autenticados pelas fontes e recorrer àquela hipótese apenas nos casos em que eles mesmos apontam naquela direção ou para nada diferente. Contentamonos aqui em considerar a possibilidade de que o tema original possa se encontrar no pano de fundo em todas as partes onde repercutem suas variações – ainda que tenha se tornado bem vago e de difícil identificação. Nesses casos, faremos ressoar o próprio tema original que nos permitirá reconhecer novamente o som, em processo de decomposição.

A outra direção, em que a obra *Das Zeitalter des Sonnengottes* supera os pontos de vista expostos antes, é aquela da mitologia solar. Nosso tema original, a imagem da criança que sai engatinhando de um ovo, de um ovo dourado que surgiu do oceano – essa imagem que engloba todas as espécies de surgimento e de

A criança divina 75

nascimento, de subida e de saída, inclusive o próprio *nascimento do sol* –, foi reduzida, conforme essa tendência, a um "mito do sol", a uma simples alegoria de um fenômeno natural. Por meio disso iríamos superar a própria mitologia e dissolver aquele mundo em que procurávamos uma orientação. Daí resultaria uma situação como no conhecido caso do jogo[25]. Como a mitologia, também o jogo somente pode ser entendido a partir de dentro. Se no jogo de repente se tem consciência de que se trata na realidade só de uma demonstração de vitalidade *e de nada mais*, então o jogo acabou. E aquele que assiste de fora e sabe apenas isso sobre o jogo e nada mais pode ter razão num ponto, mas sabe apenas algo superficial: ele reduz o jogo ao não jogo, sem entendê-lo em sua essência. Também nosso tema original pode ser concebido como uma forma da experiência humana do nascer do sol, como a aparição dessa experiência no sonho, na visão, na poesia – na matéria humana. Com isso, contudo, ainda não foi dito nada sobre o próprio tema, absolutamente nada sobre o mitologema como mitologema, mas dissipado e desfeito como um sonho. Mas o objetivo da compreensão da arte poética – para citar um caso análogo ao da mitologia – seria dissipar e desfazer?

Fiquemos no âmbito da mitologia, assim se evidencia por que a redução a um fenômeno da natureza – a um não mito – é injusta e insuficiente e, por isso, falsa. No interior da mitologia, o valor alegórico de uma imagem mitológica, como, por exemplo, a imagem original de todas as crianças divinas, e o valor alegórico dos próprios fenômenos da natureza – do sol nascente e da criança recém-nascida – são *iguais* na relação um com o outro. O sol nascente e a criança recém-nascida são igualmente uma alegoria da criança original, assim como a criança original é uma alegoria do sol nascente

---

25. HUIZINGA, J. *Homo Ludens*. Amsterdã/Leipzig: [s.e.], 1939, p. 2ss.

e das crianças recém-nascidas em todas as partes do mundo. Das duas maneiras – da maneira do sol nascente e do recém-nascido humano e da maneira da criança mitológica – o *próprio mundo* fala sobre a origem, o nascimento e a infância. Fala uma linguagem simbólica: Um símbolo é o sol, outro a criança humana ("Tudo que é efêmero é apenas uma alegoria" [Goethe] e um outro símbolo é a criança original. Ela fala sobre o que *existe e é válido* nele – no mundo. Na imagem da criança original, o mundo fala de sua própria infância, daquilo que o nascer do sol e o nascimento de uma criança anuncia sobre o mundo, expressa sobre o mundo.

A infância e o destino de órfão das crianças divinas não foram feitos a partir do conteúdo da vida humana, mas a partir da matéria da vida do mundo. Aquilo que na mitologia parece ser biográfico é, de certo modo, uma anedota que o mundo conta a partir de sua própria biografia – conta em sonhos, em visões, mas de modo muito mais rico do que nestes, mais rico também do que foi alcançado pelas artes "profanas": na mitologia. Conceber as figuras mitológicas como alegorias de fenômenos naturais equivaleria a privar a mitologia de seu ponto central significativo e inspirador, privar daquele *conteúdo do mundo* válido de modo atemporal que se expressa de maneira mitológica nas imagens dos deuses, assim como o faz de maneira musical, matemática, filosófica nas ideias musicais, matemáticas e filosóficas. Daí resulta o contato da mitologia com a ciência, seu caráter espiritual, pelo qual ela, assim como a ciência, excede o fenômeno individual. Um mitologema – assim como uma teoria altamente científica ou uma criação musical e, em geral, toda autêntica obra de arte – fala, tem efeito e é válido por si mesmo.

6 Apolo

A água primitiva, enquanto corpo materno, seio materno e berço, é uma imagem mitológica genuína, uma unidade significati-

A criança divina

va e representativa que não tolerará qualquer dissolução posterior. Essa imagem aparece também na esfera cristã, de modo especialmente nítido na assim chamada controvérsia religiosa da corte dos sassânidas[26]. Nela consta que Hera-Pege-Myria, a mãe grávida da criança divina, leva-a em seu *corpo materno*, como um *mar* leva um barco de mil cargas. "Ela tem só *um* peixe" – acrescenta-se, em outras palavras, o mesmo que também foi designado de barco. A alegoria cristã do peixe, como uma manifestação secundária, pertence à história dessa mesma imagem mitológica[27]: ela também receberá uma certa elucidação por meio dos mitologemas que exporemos à continuação. Por outro lado, a água original como corpo materno – em ligação também com peixes e seres primitivos pisciformes – é um conceito científico; não somente é um mitologema, mas também um filosofema. Aparece sob esse aspecto não apenas na Índia, mas também entre os gregos.

Tales, o primeiro filósofo grego, imaginou que tudo surgia da água. Com isso disse pouco menos que Homero, que denominava o oceano ora "pai dos deuses", ora "gérmen de tudo"[28]. A mesma doutrina de Anaximandro, o segundo filósofo grego, refere-se às criaturas vivas e, segundo uma citação de Censorinus, fala do ser humano[29]: "Da água aquecida e da terra surgiram peixes ou seres semelhantes a peixes. No interior desses seres se formaram os seres humanos. Os rebentos ficaram em seu interior até a puberdade. Então, os seres pisciformes se abriram. E saíram os homens e

---

26. USENER, H. *Das Weihnachtsfest*. Bonn: [s.e.], 1911, p. 33ss.

27. Cf. USENER, H. *Die Sintflutsagen*. Bonn: [s.e.], 1899, p. 223ss. Cf. tb. textos e monumentos em DÖLGER, F.J. *Ichthys*, II. 2. ed. Munique: [s.e.], 1928 [Este, no entanto, não coloca em primeiro plano a mitologia, mas os monumentos de culto].

28. HOMERO. *Ilíada*, XIV 201, 246, 302.

29. CENSORINUS. *De die Natalie*, 4.7. ANAXIMANDROS, A 30. In: DIELS & KRANZ. *Die Fragmente der Vorsokratiker*.

as mulheres que já sabiam se alimentar". De um fragmento grego aprenderemos que aqueles seres surgidos "na umidade" eram ao mesmo tempo de tipo vegetal, no sentido de que estavam protegidos, de certo modo, em seu envoltório de folhas de acanto[30].

O que pensar dessa descrição em que a imagem de uma criança original saindo de uma flor aquática parece transformada numa teoria científica? No início do século XIX, o filósofo e naturalista romântico Oken apresentava a mesma teoria em Jena[31]. Ele não se reportava nem a Anaximandro nem a Censorinus, mas aos conhecimentos científicos e filosóficos de sua própria época. Segundo ele, o primeiro ser humano deve "ter se desenvolvido num útero bem maior que o humano. Esse útero é o mar. Que do mar surgiram todos os seres viventes, é uma verdade que certamente não será contestada por alguém que tenha se ocupado com a história da natureza e da filosofia. Quanto aos outros pontos de vista, a atual investigação das ciências naturais já não os leva mais em consideração. O mar proporciona alimento para o feto; contém mucilagem, que seu envoltório pode absorver; contém oxigênio, que seu envoltório pode aspirar; o mar não é limitado, de modo que o envoltório do feto pode se expandir à vontade, ainda que permaneça e flutue ali por mais de dois anos. Tais embriões indubitavelmente se desenvolvem aos milhares no mar logo que tenham sido produzidos. Alguns são lançados prematuramente à costa e morrem; outros são esmagados contra as rochas, e há aqueles que são engolidos pelos peixes predadores. Que importância tem? Ainda restam milhares que, maduros, são levados sua-

---

30. AETIUS, 5. 19.4. ANAXIMANDROS, A 30.

31. OKEN, L. "Entstehung des ersten Menschen". Jornal enciclopédico *Isis*, 1819, col. 1.117ss. [Jena].

vemente à costa, ali rompem seu envoltório, desenterram as larvas, tiram os mexilhões e caracóis de suas conchas [...]"

Esse mitologema das crianças originais é ciência levada a sério? Segundo o intuito de Oken, sem dúvida. No entanto, o paralelo mais próximo que temos – além de Anaximandro – é o relato que Maui, uma criança divina dos polinésios, fez sobre seu próprio nascimento. Maui tinha – além do mar – uma mãe divina que lhe deu à luz à beira-mar, de forma prematura[32]. "Depois que cortaste o teu cabelo e me enrolaste nele" – é assim que descreve seu destino de embrião para sua mãe –, "fui lançado na espuma das ondas. As algas me moldaram e me formaram. As ondas que rebentavam me envolveram no emaranhado de algas e me fizeram rodar de um lado para o outro; finalmente, os ventos que passavam sobre as ondas me levaram de novo para a terra; suaves medusas me cobriram e protegeram sobre a praia arenosa"[33]. Seu antepassado divino, Tama-nui-ki-te Rangi remove por fim as medusas e vê entre elas um ser humano: Maui.

O próprio Oken revela o quanto simpatiza com figuras mitológicas, em especial a da criança divina. Num ensaio sobre o surgimento do primeiro ser humano, ele fala também do surgimento do animal a partir da planta e observa: "O animal é – não só em termos poéticos, mas na realidade – a última floração ou o fruto real da planta; é um gênio que se embala sobre uma flor"[34]. Portanto, o pensamento científico de Oken é não só involuntariamente mitológico, mas ele já conhecia a imagem do Prajāpati por meio

---

32. GREY, G. *Polynesian Mythology*. Londres: [s.e.], 1855, p. 18, nota.

33. HAMBRUCH, P. (org.). *Südsee-Märchen*. Jena: [s.e.], 1921, p. 290 [Düsseldorf: (s.e.), 1979, p. 205].

34. OKEN, L. "Entstehung des ersten Menschen". Op. cit., col. 1.119.

dos estudos mitológicos dos românticos[35]. "Este mundo era água, era só maré: Prajāpati apareceu sozinho sobre uma folha de lótus" – assim consta num antigo texto indiano[36] e essa visão vivencia na ciência seu ressurgimento. Além do deus original hindu, também poderíamos citar Harpócrate, a criança egípcia do sol, que foi representada igualmente sentada sobre uma flor de lótus[37].

Em Anaximandro, semelhantes mitologemas antigos não recobram a vida, mas se mantêm vivos com ele. Em sua época, a dos grandes pensadores jônicos, aquele conteúdo do mundo, que constitui o ponto central da mitologia, flui para a filosofia grega. Nesse momento, aquilo que até ali havia sido uma *figura divina* imediatamente convincente e influente começa a se transformar numa *doutrina* racional. Para encontrar tais imagens divinas em processo de transformação, tais mitologemas em processo de racionalização, Anaximandro não precisava se dedicar às sagradas histórias do Oriente ou do Egito. Sua doutrina do surgimento do ser humano reproduz o tom daquele tema mitológico original com o qual nos ocupamos. Devemos buscar este tema fundamental, uma vez que aqui se trata de um filosofema grego, antes de tudo na mitologia grega.

Entre os deuses gregos, Proteu, a divindade do mar que se transforma, leva um nome que significa "o primeiro ser". O mundo

---

35. CREUZER, F. *Symbolik und Mythologie der alten Völker*. Leipzig: [s.e.], 1810 [2. ed., 1819]. Refere-se, além de GÖRRES, a MOOR, E. *The Hindu Pantheon* [Londres: (s.e.), 1810], que aportou muitas figuras mitológicas dos hindus para o Ocidente. Cf. em Creuzer o quadro de ilustrações XXI (Narayana) e XXIV (Vishnu e Brahma).

36. *Taittiriya-Aranyaka* I 23. In: GELDNER, K.E. *Vedismus und Brahmanismus*. Op. cit., p. 91.

37. ERMAN, A. *Die Religion der Ägypter*. Berlim/Leipzig: [s.e.], 1934, p. 62, par. 41. • CREUZER, F. *Symbolik und Mythologie der alten Völker*. Op. cit., quadro I,6 e YVII,2.

2. *Putto com golfinho*
Romano.

do oceano e o de Proteu, a água original e o mar, têm a mesma relação que a criança original e a criança recém-nascida: ambos são símbolos – alegorias, no sentido de Goethe – do elemento atemporal do surgimento e da transformação. No entanto, na mitologia grega, tanto o oceano como o mar são o lugar de seres divinos excessivamente numerosos e demasiadamente peculiares: a criança original, a imagem originária também da infância dos deuses do Olimpo, não se sobressai imediatamente em meio a essa diversidade. Além disso, a distância que separa as figuras eternas do ser olímpico, os grandes deuses de Homero e Hesíodo, do mundo do surgimento e da transformação é demasiadamente grande. Como esperar que seres olímpicos estivessem em casa nesse elemento líquido original? Ainda mais sentido tem o fato de que uma das crianças olímpicas, Apolo, tinha sim relações com o mar. Essas relações não se esgotam no fato de que seu local de nascimento, Delos, era originalmente uma ilha flutuante[38], ainda que, do ponto de vista mitológico, também isso mereça consideração. Uma relação ainda mais profunda de Apolo com o mar leva-nos à figura grega clássica da ligação entre o mar e a criança.

A água infinita pertence à imagem da criança original, bem como do corpo materno e do seio materno. Os indianos expressaram essa relação de modo especialmente intenso. Na história sagrada denominada com base no peixe (*matsya*), a *Matsyapurāna*, Manu, o primeiro homem, diz ao Vishnu pisciforme: "Durante a grande era de lótus, quando estavas deitado no mar, como surgiu, do teu umbigo, o mundo em forma de lótus? Dormias, com teu umbigo de lótus, no mar universal; como os deuses e toda a corte de profetas, graças ao teu poder, formaram-se em tua lótus, de

---

38. PINDAR, *Fragmente* 78s. Oxford: [s.e.], 1935 [org. por C.M. BOWRA].

modo prematuro?"[39] A criança original, que recebe aqui o nome do deus Vishnu, é, segundo essa figura, ao mesmo tempo peixe, embrião e corpo materno, exatamente como os seres originários de Anaximandro. Um "peixe" desses, que é simultaneamente portador de crianças e jovens e representa as formas de transformação de um menino divino, está presente na mitologia grega. Os gregos o chamam de "animal útero" e o adoram entre todas as criaturas do mar como se nele tivessem reconhecido a qualidade do mar de portar e colocar crianças no mundo. Essa criatura é o golfinho[40], um animal sagrado para Apolo que, em referência a essa relação, chama-se Apolo Delfínio.

Conhecemos toda uma série de moedas gregas que mostram o desenho de um golfinho que leva em seu dorso a figura de um menino ou de um jovem[41]. Semelhante figura de menino representa sobretudo a Eros, a criança alada, com a qual nos ocuparemos mais tarde. Outros são Falanto e Taras, o lendário fundador e a divindade epônima da cidade de Tarento. O menino montado num golfinho frequentemente leva no cabelo sobre a testa uma flor[42]: o que parece caracterizar um ser intermediário entre uma existência de peixe e de broto. Em termos tipológicos, pode-se comparar a imagem indiana de uma criança original gigante adormecida sobre o dorso de um monstro marinho – sem que exista interdependência – e uma outra figura representada nas moedas: a de Palêmon, denominado também Melicertes, que aparece morto ou apenas dormente sobre um golfinho; uma criança divina da mitologia

---

39. ZIMMER, H. *Maya* – der indische Mythos. Op. cit., p. 49.

40. O radical grego *delph* significa útero. Cf. *delphys* "o útero" e *a-delphos* "o irmão" (da mesma mãe). Cf. tb. a velha e confiável etimologia ATHENAEUS [s.n.t.], p. 375.

41. Cf. o quadro de moedas em USENER, H. *Sintflutsagen*. Leipzig: [s.e.].

42. Ibid., p. 157.

grega, que, do nosso ponto de vista, mereceria um estudo específico. Há lendas gregas – transposições do tema mitológico na perspectiva puramente humana –, que relatam como os delfins haviam salvado seus frágeis amigos ou haviam levado os mortos até a orla[43]. Os nomes de tais amigos dos delfins muitas vezes têm um caráter inconfundivelmente mitológico, como Cérano, o "senhor", o Ênalo, "o que está no mar". A história de Arión, o cantor, que foi salvo por um golfinho das mãos dos piratas, é o exemplo mais conhecido de tais lendas. Ela indica, ao mesmo tempo, que nos encontramos aqui no domínio de Apolo, o protetor dos poetas. A segunda parte do hino homérico a Apolo nos relata a epifania do Apolo Delfínio. Na forma de um golfinho, o deus conduz seus primeiros sacerdotes para Crisa, o porto do oráculo novamente fundado. Sua epifania era simultaneamente uma epifania do navio. O Apolo em forma de golfinho toma assento no navio de seus futuros sacerdotes: uma prova de que aqui – assim como no texto cristão-oriental que citamos – "peixe" e "navio" são imagens míticas quase equivalentes[44]. Na qualidade de variações do mesmo tema, os dois juntos também expressam o mesmo.

Apolo fundou seu santuário delfínico quando criança[45]. Além de Delos, também o mar entre Creta e o continente grego constituiu um cenário significativo para sua infância. Ali sucedeu a epifania do golfinho. Não menos significativa é a localização de seu famoso oráculo, Delfos. O significado do nome do local equivale ao do golfinho. Da mesma forma que este representa o "corpo materno" entre os animais, Delfos significa o "corpo materno" entre as paisagens. A paisagem rochosa representa aqui para o helenis-

---

43. Exemplos e interpretações. Cf. ibid., p. 140ss.

44. Ibid., p. 138s. Cf. tb. *Homerische Hymnen*: A Apolo, p. 400s. e 493ss.

45. EURÍPIDES. *Iphigenie in Tauris*. [s.n.t.], p. 1.271.

mo o símbolo do mesmo princípio, cujos equivalentes são o próprio golfinho, o mar e o corpo materno: um símbolo da origem absoluta que significa, antes do ser, o não ser, depois do ser, a existência; aquele estado original do qual todo símbolo anuncia algo diferente e novo – uma fonte original de mitologemas. Deles faz parte também um ato típico das crianças divinas que Apolo realiza em Delfos: a destruição dos monstros do mundo primordial. Porém, esse ponto, assim como a discussão sobre o valor mitológico da Ilha de Delos, nos levaria longe demais. Contentamo-nos em saber aquilo que indica a presença de Gê e Têmis, veneradas ao lado de Apolo como senhoras originais de Delfos, ou mais precisamente: que a mãe Terra venerada sob o nome dessas duas deusas indica como, na mitologia da criança original, um mundo rupreste também pode aparecer como mãe universal.

7 Hermes

O hino homérico a Hermes celebra um deus grego como criança divina de tal modo que sua descrição se tornou a imagem grega da infância divina. A infância de Hermes constitui o tema que proporciona o pano de fundo e o matiz característico a todos os outros temas tratados nessa poesia e que aparecem apenas aqui. A situação era um pouco diferente no hino a Apolo. Nele Apolo logo se desfaz de sua infância e, com base em outras fontes, forçou-nos a sublinhar os traços infantis no mitologema original[46]. No hino a Hermes, não podemos esquecer um único momento em que o deus celebrado é uma criança.

Apolo e sua irmã Ártemis aparecem, como bebês de Leto, em antigas pinturas de vasos, nos braços de sua mãe (também Her-

---

46. Cf., além de EURÍPIDES. Op. cit. • RHODIUS, A. *Argonáutica*, I. [s.n.t.], p. 760.

mes é representado no berço nas pinturas de vasos), mas quando Hermes aparece ao lado deles, a relação entre ele e as crianças de Leto é diferente daquela mostrada no hino a Hermes[47]. No hino, Apolo é o deus adulto em relação à criança Hermes, enquanto que nas pinturas dos vasos ocorre o inverso. A mitologia permite ambas as relações: tanto a presença de um Hermes adulto ao lado da criança Apolo como o contrário. Nesse caso, a infância não significa um poder inferior ou uma importância menor. Ao contrário: quando uma divindade aparece em meio aos demais deuses na forma de uma criança, é *sua* epifania que está no centro; ou para colocar a situação de modo mais preciso: ali a epifania é sempre a epifania da *criança* divina. Em tais casos, a pergunta dirigida a nós tem o seguinte teor: qual a *razão* que, na essência do respectivo deus, repentinamente fez aparecer a *criança* divina que está nele?

O que se esconde em Hermes para que precisamente ele tenha se tornado o herói da história da infância dos deuses do classicismo grego? O relato do hino a Hermes é separado do estado fluido das mitologias originais por duas camadas sólidas que tiveram sobre ele um efeito esclarecedor e configurador. A primeira camada é a do próprio mundo dos deuses gregos. Aquela substância do mundo – presente em ambas as imagens dos deuses dos mitologemas originais, ora com toda a sua luz concentrada num ponto, ora dispersada em todas as direções, ora confundida com a escuridão – se rompe e se divide no mundo dos deuses gregos para formar um espectro definitivo. Neste espectro, o lugar e a cor de cada divindade estão determinados para sempre; as possibilidades de cada uma estão limitadas pelas características de uma úni-

---

47. RADERMACHER. L. "Der homerische Hermeshymnus". *Sitz.-Ber. Akad. Wiss. Wien*, 213, I. Viena/Leipzig [s.e.], 1931, p. 201s. • KERÉNYI, L. *Hermes der Seelenführer.* • KERÉNYI, L. *Homerische Hymnen:* A Hermes.

A criança divina

ca figura, de um único aspecto do mundo. A outra camada esclarecedora e configuradora é constituída pela ordem olímpica dos deuses na poesia de Homero, que determina de uma vez por todas o trato e as relações entre eles. Semelhante estado fluido autenticamente mitológico, como a troca da idade infantil e da idade adulta de Apolo e Hermes, somente é possível fora dessa ordem olímpica. A infância dos deuses se situa em geral também fora dessa ordem. Por causa de sua natureza mais original, preexistente a essa ordem, os habitantes do Olimpo são *crianças* divinas. Esse era o caso de Hermes. O desconhecido autor do hino "homérico" a Hermes resolveu o problema: ele harmoniza esse aspecto mais original com as formas da ordem olímpica e o expressa por meio delas.

A figura de Hermes nunca se livrou completamente daquele aspecto mais original; ele continuou a existir paralelamente à ordem olímpica e ao hino homérico a Hermes, e foi o que, desde o princípio, determinou o lugar e a cor de Hermes no espectro do mundo. Hermes é o único ou quase o único dentre os grandes habitantes do Olimpo (somente Apolo, em sua qualidade de agieu, compartilha com ele essa característica original), cuja presença e essência foram indicadas por meio da ereção de um pedaço de madeira ou pedra – a *"herma"*[48]. Uma figura de culto desse tipo, em que facilmente se podia reconhecer o simples falo, chamava-se, na Antiguidade, uma figura "de estilo cilênico"[49], certamente porque Hermes possuía uma delas não apenas no Porto de Cilene na Eleia[50], mas também no Monte Cilene na Arcádia[51], o cenário de

---

48. As *hermakes*, montes de pedras em memória a Hermes, pressupõem linguisticamente a *herma*, o pilar que representa Hermes.
49. PHILOSTRATOS. *Vita Apollonii Tyanae* 6.20. Londres: [s.e.], 1912-1917.
50. PAUSÂNIAS. *Beschreibung Griechenlands...* VI, 26,5.
51. Ibid., VIII 17,2.

seu nascimento. Este lugar era o mais famoso, pois a ele se associou a história de sua infância. O símbolo cilênico era um gigantesco falo de madeira. No povoado de Téspias na Beócia, uma simples pedra constituía o monumento de culto a uma outra criança divina: Eros[52], que deve ser mencionada ao lado de Hermes não só por causa dessa maneira de representação.

Eros é uma divindade ligada a Hermes por um estreito parentesco de essência[53]. Na mitologia grega, sua figura infantil era a vigente, e, ligada a ela, conservou-se o mitologema da aparição da criança original. Sua essência, expressada pelo nome Eros, o "desejo amoroso", é mais monótona que a essência de Hermes. No entanto, o mesmo tom fundamental permanece inconfundível em Hermes. Poderíamos descrever de outra forma essa essência algo mais complexa: O universo conhece uma melodia do vínculo eterno entre o amor e o furto e o comércio[54]: em sua tonalidade masculina, essa melodia é Hermes. Na tonalidade feminina, essa mesma melodia (de tal maneira distinta, como mulher e homem são distintos) se chama Afrodite. O parentesco de essência entre Eros e Hermes se revela mais claramente na relação deles com a deusa do amor. Afrodite e Eros pertencem um ao outro como forças e princípios relacionados no plano da essência. Eros, a criança divina, é o acompanhante e companheiro natural de Afrodite. Contudo, quando se encontram reunidos em *uma* figura, tanto o aspecto masculino como o feminino da essência comum de Afrodite e Eros, essa figura é Afrodite e Hermes em um: Hermafrodito. No

---

52. Ibid., IX 27,1.

53. Cf. KERÉNYI, *Hermes der Seelenführer*. Zurique: [s.e.], p. 64.

54. Cf. o sentido erótico do termo latino para furto (*furtum*) em OTTO, W.F. *Die Götter Griechenlands* (2. ed. Frankfurt a. M.: [s.e.], 1934, p. 142) e do termo alemão *Liebeshandel*. Para o mundo homérico de Hermes, indique-se a clássica exposição sobre Hermes no livro citado, de autoria de Otto.

A criança divina

sentido da ordem olímpica, esse ser bissexual é classificado em termos genealógicos como filho de Afrodite e Hermes[55]. Conhecem-se suas representações helenísticas e ainda mais tardias. No entanto, o "hermafrodita" não é em hipótese alguma a nova invenção de uma arte tardia e decadente: nesta arte, a figura já havia perdido seu sentido e alcançado o estágio da simples utilização – uma utilização extremamente atrativa. O hermafrodita é uma figura divina de tipo primitivo, original[56]. No ambiente da Antiguidade, seu caráter original é comprovado pelo antigo culto conjunto de Hermes e Afrodite em Argos[57] e pelo culto cipriota, coincidente com os costumes argivos, de Afrodito[58], a Afrodite masculina. Desde a época mais remota, os etruscos tinham conhecimento das duas divindades sob o mesmo nome grego – ou mais precisamente: pré-grego: Hermes na forma de *turms*, Afrodite na forma de *turan*[59]. Onde um é o "soberano" (ὁ τύραννος), a outra é a "soberana" (ἡ τύραννος): formam um casal de deuses muito antigo[60] ou – na camada mais profunda – os dois aspectos do mesmo ser originário.

O mitologema do surgimento da criança divina a partir do estado original aparece entre os gregos relacionado com duas divin-

---

55. OVID, *Metamorphosen* IV 288. Zurique/Düsseldorf: [s.e.], 1995.

56. JOSSELIN DE JONG, J.P.B. "De oorsprong van den goddelijken bedriger". *Mededeel. Akad. Amsterdam, Letterk.* 68, I, 1929, p. 5ss. • WINTHUIS, J. *Das Zweigeschlechterwesen.* Leipzig: [s.e.], 1928. • *Mythus und Kult der Steinzeit.* Stuttgart: [s.e.], 1935. • *Die Wahrheit über das Zweigeschlechterwesen.* Leipzig: [s.e.], 1930. • *Einführung in die Vorstellungswelt primitiver Völker.* Stuttgart: [s.e.], 1931.

57. PAUSANIAS. *Beschreibung Griechenlands...* Op. cit., II 19,6.

58. A festa de Afrodite, chamada "Hybrística", no mês de Hermes. Cf. NILSSON, M.P. *Griechische Feste.* Leipzig: [s.e.], 1906, p. 371ss. • JESSEN. *Paulys Realencyclopädie der classischen Altertumswissenschaft.* Verbete "Hermaphroditus".

59. Cf. CLEMEN, C. *Die Religion der Etrusker.* Bonn: [s.e.], 1936, p. 35.

60. PLUTARCH, *Coniugalia praecepta*, 138d [s.n.t.].

dades: Eros e Afrodite. Correspondentemente, aparece em duas variações: como o nascimento de um ser originário bissexual e como o nascimento de Afrodite. A primeira variação é a "órfica", atribuída ao mítico Orfeu[61]. No princípio, um ser bissexual saiu do ovo original – assim explica essa variação. Orfeu o chamou de Fanes, ao passo que em Aristófanes, no célebre canto coral de *As aves*, o ser originário que sai do ovo original leva o nome de Eros. Não temos razão para suspeitar que a bissexualidade desse ser formava parte de uma doutrina secreta tardia que sempre permaneceu estranha ao helenismo e que foi inventada apenas para uso de uma seita especial. Os citados cultos de Afrodite, por meio do intercâmbio de vestimentas entre homens e mulheres, fazem as diferenciações de sexo parecerem possibilidades intercambiáveis de um e do mesmo ser e coincidem com o sentido do mitologema órfico. A figura alada de Eros, nascido do ovo, tampouco pode ser separada das figuras das antigas deusas aladas das épocas arcaicas, e o sentido dessa figura reside precisamente ali onde se encontra o significado do hermafroditismo do culto e da cosmogonia. Ambos – o ser alado e a bissexualidade – remetem ao mesmo estado original ainda completamente indiferenciado, pré-humano, sim, pré-infantil, que encontra na água original uma de suas formas de expressão. Eros ocupa o primeiro lugar entre os meninos montados sobre um golfinho. Podemos expressar esse fato significativo também da seguinte forma: O menino montado sobre o golfinho, com uma lula na mão[62], é a mesma criança divina que se

---

61. KERN, O. (org.). *Orphicorum fragmenta*, n. 56. [s.n.t.].

62. Medalhão em relevo de um vaso tarentino, reproduzido como vinheta de título por USENER, H. *Sintflutsagen*. Bonn: [s.e.], 1899. • JUNG, C.G. & KERÉNYI, K. *Einführung in das Wesen der Mythologie*. Zurique: [s.e.], 1951, p. 40.

sente em casa na água original – *a criança original* –, cujo nome mais conhecido, entre muitos outros, é "Eros".

Num aspecto, a segunda variação expressa algo ainda mais profundo, pois ela é ainda mais concisa. Trata-se de um mitologema conhecido; na *Teogonia* (168-198), Hesíodo relata o nascimento de Afrodite nos seguintes termos. O nascimento da linhagem dos titãs, a partir do casamento do céu e da terra, de Urano e de Geia, havia sido em vão. Urano impedia a saída de seus filhos do interior da terra, até que Crono, o mais novo deles, com a ajuda da mãe cometeu algo terrível. Quando Urano se aproximou de sua mãe, Crono decepou com uma foice o membro reprodutor de seu pai, e o jogou ao mar. *Daí* surgiu Afrodite e, por conseguinte, emergiu das ondas espumantes. Nessa versão – como numa melodia que expressa o inexprimível –, o ponto inicial e o ponto final do surgimento coincidem um com o outro. Procriação e nascimento são idênticos; assim como idênticos são o procriador e o procriado. O falo é a criança e a criança – Afrodite – é um estímulo eterno para a continuação da procriação original. A imagem dos recém-nascidos expressa aqui a própria criação, a origem atemporal, com a concisão e a abrangência que somente é possível na linguagem da mitologia. O nascimento de Afrodite representa a variação do mitologema da criança original que nos possibilita entender – entender de maneira mitológica – como a pedra em Téspias e Eros, o símbolo cilênico e a criança Hermes, podem ser idênticos. Permite-nos entender como procriação e nascimento hermas e figuras mitológicas – "variações sobre o tema da criança original" –, enquanto símbolos equivalentes que expressam o mesmo aspecto inexprimível.

A herma original foi erguida sobre o monte, em uma caverna onde nasceu a criança Hermes. Essa caverna era um lugar caótico original de natureza idêntica à indicada pelo nome "Delfos". Num local antiquíssimo de culto de Hermes, o deus possuía, além de sua herma, uma fonte com peixes que lhe pertenciam e não podiam ser pescados[63]. No hino homérico falta qualquer traço de antiguidade: a caverna é uma morada digna de uma deusa, a mãe do filho de Zeus. A criança Hermes entra imediatamente no mundo da ordem olímpica e, quando abandona a caverna, nosso sol e nossa lua brilham sobre ela. No hino, *somente* acontecem coisas incomuns, que se tornam possíveis à luz da lua – nesse caso, de fato, numa dupla noite de luar. O poeta homérico é comedido. Sua arte consiste em descrever um aspecto do mundo que, ao mesmo tempo, constitui todo um cosmos para si mesmo, como o mundo de uma criança divina. Em comparação com os deuses adultos, Hermes tem de permanecer dentro dos limites de sua figura infantil, ao passo que as pegadas de uma criança divina hindu são pegadas de gigante, inclusive quando a criança divina é um "anão"[64]. Para tornar plausíveis tais pegadas de gigante em Hermes, o poeta grego recorre a meios astuciosos. E, ao proceder assim, ele, por sua vez, caracteriza apenas a Hermes, o pai de todas as astúcias.

O primeiro encontro de Hermes também faz surgir, nesse mundo homérico-natural, alguma coisa procedente de um mundo primordial e de uma mitologia original. A casualidade do encontro é algo característico de Hermes e pertence ao mundo primordial apenas à medida que a casualidade em geral é uma qualidade inerente ao estado caótico original: esse traço do mundo primordial se conservou na natureza de Hermes do mundo olímpico. A criança Hermes se encontra com uma tartaruga, um animal do mundo primordial. Pelo seu aspecto, inclusive a mais jovem das

---

63. Em Pharai junto a Patrai (Patras). Cf. PAUSANIAS. *Beschreibung Griechenlands...* Op. cit., VII 22, 4.

64. ZIMMER, H. *Maya* – der indische Mythos. Op. cit., p. 202.

A criança divina 93

tartarugas, com seu pescoço flácido e sua face enrugada, poderia ser classificada como o ser mais antigo da terra. Ela é, de fato, um animal mitológico arcaico. Os chineses viam nela apenas a mãe, a verdadeira mãe original entre os animais[65]. Os indianos veneravam em *Kaçyapa*, "o homem tartaruga", um pai divino original[66] e representam o mundo repousando sobre uma tartaruga – um dos avatares de Vishnu: permanecendo nas profundezas do universo, ela sustenta todo o corpo do mundo[67]. Seu nome italiano *tartaruga* mantém viva uma designação da tartaruga do final da Antiguidade: *tartaruchos*, portadora do Tártaro[68]. Ainda que de uma maneira um pouco menos atrativa que o golfinho, ela é, como este, um avatar de Apolo[69]. No entanto, no hino homérico aparece apenas na forma de um animal inofensivo, joguete e vítima de uma criança engenhosa – definitivamente: de uma criança divina. Não parece ser muito mais cósmica do que habitualmente são os joguetes dos deuses em geral, quando os deuses são deuses gregos e não violam a ordem natural do mundo. Somente pode tratar-se de um milagre homérico o que sucede com a tartaruga. Algo divino se revela por meio dela, um possível joguete divino: Hermes a transforma na lira.

No entanto, essa primeira lira inventada pela criança Hermes e oferecida a Apolo como presente não tem algo cósmico? Falamos aqui de uma *substância do mundo* que pode se expressar de forma mitológica assim como filosófica, matemática, musical e artística em geral. Esta possibilidade reside na natureza da substância do mundo, a qual, no plano das ideias, isto é, também espiri-

---

65. Ibid., p. 7.
66. Ibid., p. 206.
67. Ibid., p. 124s.
68. A etimologia de R. Egger.
69. ANTONIUS LIBERALIS 32,2 [s.n.t.].

tual, é apropriada para a forma de expressão filosófica e matemática. É, no entanto, também plástica e musical, e tudo ao mesmo tempo. As expressões musicais são a melhor forma de expressar a riqueza das imagens da mitologia. A natureza musical da substância do mundo pode ser reconhecida na matéria mais pictórica: na grande pintura. Um cientista húngaro, D. Kövendi, demonstrou como o nascimento da nossa criança divina original, em sua qualidade de Eros Proteurythmos, significava precisamente para os gregos a configuração rítmico-musical do universo[70]. O surgimento da lira na mão da criança original expressa essa musicalidade do mundo, inclusive involuntariamente. Ela é característica, antes de tudo, do próprio Hermes. O poeta homérico abrigou a natureza musical da substância do mundo na cor do espectro do mundo atribuída a Hermes. Ele mesmo provavelmente não ambicionava essa música original, mas seu estágio superior, apolíneo. Contudo, quando também o menino montado sobre o golfinho (que leva o nome de Falanto) segura a lira na mão[71], reconhecemos não apenas uma relação entre essa figura e Apolo Delfínio, mas também um nexo mais geral, anterior a qualquer denominação específica, característica do mundo original, entre água, criança e música.

8 Zeus

Zeus, guardião e personificação, soberano e representante da ordem olímpica – uma ordem que é *sua* ordem e que é o oposto do estado fluido original– esse Zeus é ao mesmo tempo o "maior menino" entre os meninos divinos. Também foi uma criança divi-

---

70. D. Kövendi no anuário *Sziget* 3 [húngaro]. Budapeste: [s.e.], 1939, p. 35ss. A outra conforme diálogos com o historiador da arte C. de Tolnay. Cf. seu ensaio *The Music of the Universe*. Baltimore: [s.e.], 1943, p. 83ss.

71. USENER, H. *Sintflutsagen*. Op. cit., p. 159, 3.

na antes de se converter no "pai dos homens e dos deuses". Isso nos obriga a formular uma espécie de pergunta histórica. O que significa esse "antes", aplicado à história das religiões?

Na mitologia, a sucessão biográfica "Deus criança-Deus adulto" tem apenas um significado ocasional. Serve à justaposição de diversos mitologemas, ou somente adquire um sentido especial no caso em que o deus em crescimento personifique o próprio crescimento cósmico – como na criança divina da 4ª égloga. O mesmo ocorre com o morrer de certas divindades: Nunca se trata de um morrer biográfico, mas sempre um morrer cósmico. Zeus não possui uma "biografia", mas, visto que seu poder pertence à sua natureza, há um mitologema que fundamenta seu poder, uma história de luta e vitória e de um novo governo mundial: uma narração em que se desenvolve o *sentido* do novo mundo de Zeus. Na mitologia, a figura da "criança divina" pode existir, de modo independente, ao lado da imagem do "Deus sem idade". Correspondentemente, em si é possível que a idade mais antiga de uma divindade apareça posteriormente na história das religiões. Esse foi o caso da clássica figura jovem daqueles deuses que os gregos, nas épocas arcaicas, conheciam como homens barbudos.

Uma prioridade é não retirar a figura da criança original, cujos diversos reflexos são as "crianças divinas" individuais, da cosmovisão olímpica. Onde a encontramos na mitologia grega, parece ter passado com sucesso pelos obstáculos da ordem do mundo olímpico ou – como no caso do menino montado num golfinho – ter caráter rudimentar. Quando recorri às designações "primordial" ou "arcaico", empreguei-as no mesmo sentido do estudo "Die Geburt der Helena"[72], sem uma acepção cronológica. Com es-

---

72. KERÉNYI, K. "Die Geburt der Helena". *Werkausgabe I* – Humanistische Seelenforschung. Stuttgart: [s.e.], 1996, p. 42ss.

sas expressões, indico uma qualidade atemporal que pode surgir nas épocas posteriores assim como nas mais antigas. Neste aspecto posso me reportar em geral à investigação psicológica – principalmente à de C.G. Jung – que demonstra em todos os passos elementos "arcaicos" na vida anímica do homem atual. O termo "arcaico" empregado nesse caso, assim como as designações "primordial" ou "primitivo" deste estudo, não têm um sentido cronológico, mas, mesmo assim, científico. Ele consiste em que os fenômenos designados desse modo revelam uma semelhança real com aparições *anteriores* da história da humanidade que são cronologicamente determináveis. Figuras híbridas, ou dito de outra maneira: figuras indiferenciadas estão de fato comprovadas num período antigo da história da arte grega.

Através dessas observações, a relativa precocidade da criança original se torna muito plausível, mas não é comprovada. Em geral, não levantei até agora a pergunta pela origem da figura mitológica em questão. A pergunta pela origem seria solucionável apenas planetariamente, ou definida de modo um pouco mais humano: de uma maneira que leve em conta a totalidade da existência humana a partir de qualquer ponto de vista possível. Aqui podemos nos contentar com a possibilidade de que um tema original comum pode existir como pano de fundo em toda a parte onde escutamos o tom fundamental das variações que soam conjuntamente. Sobre o período de origem desse tema original, disse apenas o suficiente para que seja possível remetê-lo a uma época, comparada à não apenas fontes indianas e finlandesas, mas, pelo todo de seu caráter, também à cultura grega, são mais jovens. Não fiz inferências a respeito da época de origem ou do local de origem com base nos paralelos indianos, finlandeses e outros. Diferencio basicamente se aquele local de origem era um lugar ideal, uma possibilidade do espírito humano de perceber, em todas as

A criança divina

partes, um aspecto da substância do mundo na mesma figura, ou se era uma esfera cultural geograficamente determinável em que foram criadas, de uma vez por todas, grandes figuras mitológicas originais. Ali não se trata do lugar de origem, mas apenas da próxima camada mais profunda alcançável sob o mundo da ordem olímpica: no caso da criança Zeus, a precocidade da criança original, definida até agora apenas de modo geral, torna-se compreensível também em termos histórico-religiosos.

Como "menino maior", μέγιστος κοῦρος, Zeus foi invocado num canto de culto que provavelmente foi transformado em poesia no período helênico e, bem mais tarde, esculpido em pedra em Creta[73]. Esse canto de culto é característico da religião cretense da época clássica. Ele saúda o jovem Zeus em seu santuário sobre ou – no caso de se tratar de um santuário na caverna – no Monte Dicta. Ali o deus foi representado na forma de um jovem "imberbe"[74], parece tal qual a criança montada num golfinho estampada nas moedas na jovem figura apolínea. Desse modo correspondia ao gosto clássico e pós-clássico. Originalmente, combinava com esse lugar, citado entre os locais de nascimento de Zeus, a figura de uma criança. Esse é o aspecto realmente característico de Creta[75]. Foram obtidos especialmente dois pontos seguros para a avaliação da situação histórico-religiosa em Creta. Primeiro: que se tem de considerar a criança divina – na linguagem da investigação: *the child-god* – como um fato de Creta[76] ao qual só ulteriormente fo-

---

73. *Anthologia lyrica graeca* II. Leipzig: [s.e.], 1925, p. 279s. Cf. tradução em *Die Antike* 13, 1937, p. 79ss.

74. *Etymologicon magnum*, s. v. "Dikte": O termo *kouros* designa o menino já no ventre da mãe. Cf. HOMERO. *Ilíada* VI 59. [s.n.t.].

75. NILSSON, M.P. *The Minoan-Mycenaean Religion and its Survivals in Greek Religion.* Lund: [s.e.], 1927, p. 471ss.

76. Ibid., p. 469ss.

ram acrescentadas as variações mitológicas localmente distintas. Além do monte mencionado, foram indicados mais dois montes como lugar do nascimento. E Zeus não era em absoluto a única criança divina que, em Creta, foi exposta aos animais e alimentada por eles. Segundo: não só a própria "criança divina" é um fato certo de Creta, mas seu destino de órfão[77] também o é. Para os cretenses, Zeus era, como as "crianças divinas" de um nível mais modesto, uma criança abandonada por sua mãe.

A Ilha de Creta foi o ponto central de uma civilização muito rica e importante que havia precedido a civilização grega no mundo mediterrâneo oriental. É muito difícil conceber as peculiaridades da religião cretense-helênica sem levar em conta aquele período civilizatório mais antigo. Nesse caso, parece que se trata de uma destas peculiaridades. Pretendeu-se supor que o Zeus criança dos cretenses e Zeus, o trovejante e soberano do continente helênico, eram duas divindades de origem completamente diferente[78]. Porém, não recebemos uma resposta satisfatória para a questão de saber como essas figuras tão distintas, ainda que de fato não formassem uma unidade no plano das ideias, puderam ser designadas com o mesmo nome[79]. Tampouco se conseguiu apresentar uma prova de que os locais de nascimento de Zeus no continente realmente são posteriores e secundários, resultantes da rivalidade com os cretenses[80]. Chama muito mais a atenção que traços muito arcaicos estão relacionados aos locais de nascimento de Zeus no continente, traços que, em Creta, ficaram em segundo plano ou desapareceram por completo.

---

77. Ibid., p. 471.

78. WELCKER, F.G. *Griechische Götterlehre* II. Göttingen: [s.e.], 1857, p. 218ss. • NILSSON, M.P. *The Minoan-Mycenaean Religion...* Op. cit., p. 462.

79. Como tenta Nilsson (ibid., p. 469s.).

80. Ibid., p. 463.

A criança divina   99

Muito arcaico é tudo aquilo que foi transmitido sobre o local de nascimento de Zeus na Arcádia, o Monte Liceu[81]. Neste caso, o lugar de nascimento não se restringe a uma caverna: esta nem sequer é mencionada. Isso já parece representar uma oposição a Creta. Quando consideramos mais precisamente as localizações cretenses[82], descobrimos que o próprio monte, como lugar de nascimento, é tão importante quanto a caverna: a caverna pertence ao monte que constitui o lugar sagrado, assim como o Monte Cilene é o santuário de Hermes. Um "sacrifício inominável" no santuário de Dicta é indicado por uma fonte[83]. Descobrimos, por outro lado, o que era ofertado a Zeus sobre o Liceu. Quando os eruditos falam de um "sacrifício humano", expressam-se de forma pouco precisa: sacrificava-se um bebê, aparentemente ao bebê divino[84]. O lugar era um verdadeiro local de morte em que as criaturas não projetavam suas sobras; quem o adentrava devia morrer no prazo de um ano[85]. Outra tradição se refere a um lugar de nascimento de Zeus em Tebas, onde devia se situar a "ilha dos bem-aventurados"[86]. As duas tradições nos explicam por que ninguém podia morrer na caverna de Zeus em Creta e por que também os ladrões que a haviam invadido tinham de se transformar em pássaros[87]. Em tais lugares, a pessoa se encontra fora da distinção entre ser e não ser: ou não se é ou se é eterno, fora do tempo. Também a apa-

---

81. PAUSÂNIAS. *Beschreibung Griechenlands...* Op. cit., VIII 2 e 38, 6s.

82. NILSSON, M.P. *The Minoan-Mycenaean Religion.* Op. cit., p. 462, 2.

83. ATHENAEUS, 376a [s.n.t.].

84. PAUSÂNIAS. *Beschreibung Griechenlands...* Op. cit., VIII 2,3. Cf. sacrifício à criança divina Palêmon em LYKOPHRON, 229, com o comentário.

85. PAUSÂNIAS. *Beschreibung Griechenlands...* Op. cit., VIII 38, 6. Cf. KERÉNYI, K. *Niobe.* Zurique: [s.e.], 1949, p. 200.

86. TZETZES, apud LYKOPHRON, 1.194.

87. ANTONIUS LIBERALIS 19.

rição da água está ligada, na Arcádia, ao nascimento de Zeus: ela flui para que se possa banhar a criança[88]. Ninfas aquáticas – especialmente Neda, a divindade do rio borbotoante – são as primeiras amas do recém-nascido; aparentemente é Neda que o leva para Creta. No local de nascimento de Zeus em Messênia, sobre o Monte Itome, todos os dias levavam ao santuário de Zeus Itomas água da fonte em que se banhou pela primeira vez[89]. A água deve ter desempenhado uma função também no culto cretense a Zeus – junto com o leite e o mel, alimento ritual exemplar do bebê; no entanto, as tradições do continente remetem, *em seu conjunto*, claramente para o tema original.

Este tema original é o mesmo tanto em Creta como no continente: a aparição da criança original num lugar do mundo original, relacionada aos elementos maternos originais, às rochas e à água. Tanto aqui como lá, o caráter original, a idade avançada de seus reflexos, é indubitável. No entanto, não dispomos de base suficiente para concluir que o mitologema e o culto da criança original tenham vindo de Creta para Arcádia, Messênia, Tebas. Comparadas às tradições sobre o culto no Monte Liceu, as tradições cretenses relacionadas com a situação cósmica parecem mais limitadas e concentradas nas cavernas de culto. É inegável que uma camada mais antiga aparece aqui e ali sob uma camada mais nova, de cunho helênico e homérico, mas duas espécies de coisas não combinam. Em primeiro lugar, não se consegue a localização geográfica segura: não se situa a camada mais antiga e o ponto de partida em Creta e nem a camada mais nova e o ponto de recepção na Grécia. Tampouco se consegue uma separação pura entre a religião cretense ou minoico-micênica, por um lado, e a religião gre-

---

88. Cf. CALÍMACO. *Zeushymnus.* [s.n.t.], p. 15-41.

89. PAUSÂNIAS. *Beschreibung Griechenlands...* Op. cit., IV 33,1.

A criança divina 101

ga, por outro lado. Obtemos um ponto de vista útil dessa separação somente quando consideramos também uma outra região do mundo mediterrâneo: o âmbito da religião itálica antiga e romana. "Itálica antiga" e "romana" não significam camadas a serem diferenciadas em termos puramente cronológicos ou simplesmente geográficos, e tampouco podem ser associadas exclusivamente a grupos de imigrantes. Não obstante, o itálico antigo é mais velho e está muito mais mesclado com elementos mediterrâneos antigos que o romano[90]. É mais antigo – mas também contemporâneo. Se nos situamos na Roma da época inicial, encontramos o que será característico de Roma, inclusive na religião, enquanto que, ao mesmo tempo, em locais de culto fora de Roma, continua existindo o estilo itálico antigo da religião. São dois *estilos* que podem ser precisamente diferenciados. Em comparação com o itálico antigo, as características do estilo religioso romano incluem também uma desvantagem: a ausência de mitologemas. Essa ausência foi o resultado de um processo correspondente ao espírito romano, para o qual se cunhou o termo "demitização"[91]. Se com isso se pretendia entender que a verdadeira religião romana estava completamente desprovida de mitos, centrada numa ideia puramente estatal, a designação seria equivocada e enganosa. O fato é que nem a religião romana estava desprovida ela mesma de qualquer espécie de mito[92], nem se mostrou incompatível, em sua forma completamente madura, com os mitos da ordem homérica. Por conseguinte, contra o que se voltou o processo da demitização?

---

90. ALTHEIM, F. *A History of Roman Religion.* Londres: [s.e.], 1938, p. 46ss.

91. KOCH, C. *Der römische Juppiter.* Frankfurt a. M.: [s.e.], 1937, p. 9ss.

92. KERÉNYI, apud *Werkausgabe* VII – *Antike Religion.* Stuttgart: [s.e.], 1995, p. 111-128.

Um exemplo daquilo que foi mantido à distância da religião romana pela demitização é a figura da *Juppiter puer*, a criança Júpiter. A divindade que corresponde ao Zeus grego figurava em Roma apenas como *pater* (pai), como *Jupiter*. Outra manifestação dele, o Vediovis subterrâneo, também era venerada em Roma; mas se buscava mantê-lo o mais separado possível do aspecto de pai celestial de Júpiter. Vediovis, representado como um jovem apolíneo, deve ser apreciado como o Zeus jovem e imberbe de Creta. Originalmente, também ele foi um *Juppiter puer*, como aquele que tinha seu lugar de culto em Preneste, nas cercanias de Roma[93]: um culto subterrâneo que se celebrava nas grutas da montanha rochosa da cidade, junto a uma fonte sagrada, associado ao culto da deusa Fortuna. Grutas, água e rochas, sim, a figura da própria deusa Fortuna, simbolizam aqui aquele estado primordial indiferenciado em que estamos acostumados a ver a aparição da criança original[94].

A aparição da criança original impressiona especialmente no culto de *Juppiter Anxurus* em Terracina, ao sul de Roma. Seu santuário se eleva sobre uma saliência rochosa das cadeias montanhosas voltada para o mundo oceânico do Mar Tirreno. Como figura itálica antiga de Júpiter, ele pertence à mesma série que o Vedionis romano e o *Juppiter puer* de Preneste[95]. Uma descoberta feita por ocasião das escavações realizadas em seu templo revela até que ponto seu culto rememorava a infância do deus[96]. Trata-se de uma coletânea de oferendas votivas de chumbo, que encontram sua melhor de-

---

93. KOCH, C. *Der römische Juppiter*. [s.l]: [s.e.], p. 47ss.

94. Mais detalhes na obra longamente esperada *Fortuna*, de A. Brelich.

95. KOCH, C. *Der römische Juppiter*. Op. cit., p. 82ss.

96. BORSARI, L. "Dei Tempio di Giove Anxure". *Notizie degli Jeavi antichità* – Atti Accad. Lincei, 291 V, II.2. Roma: [s.e.], 1894, p. 96-111.

finição como brinquedos de cozinha infantil[97]. Entre os pequenos utensílios de cozinha ou de sacrifício há quinze bacias, a maioria vazias, mas três com peixes; das duas grelhas da coleção a maior está sem alimento, sobre a menor se encontram dois peixes. Ao que parece essa divindade também recebe peixes como oferenda, o que não fica sem paralelo no culto a Júpiter do estilo itálico antigo[98].

O mitologema da criança original estava tão presente no ambiente itálico antigo como em Creta ou nas camadas arcaicas da religião grega do continente. O mitologema era tão estranho para a ordem homérica dos deuses como era para ordem genuinamente romana ou, melhor dito, havia se tornado igualmente estranha para ela. Não se pode derivá-lo com certeza de Creta e nem atribuí-lo exclusivamente ao ambiente da cultura mediterrânea antiga. Entretanto, pode-se afirmar que existiu um âmbito da civilização mais antiga, que englobava Creta, a Grécia pré-homérica e a Itália Antiga, cujo espírito foi muito mais mitológico original que o espírito de Homero e de Roma. O mitologema da criança original indica um mundo mais antigo. O espírito mitológico original desse mundo é um dado seguro; seus limites temporais e espaciais, porém, são menos seguros. Ele adentra as épocas históricas da Grécia e da Itália.

9 Dioniso

Nosso estudo não pretende abordar todo o universo dos bebês mitológicos do mundo mediterrâneo mais antigo ou mais recente. No entanto, ao lado de Zeus, Apolo e Hermes, uma criança divina deve ser mencionada entre as maiores: Dioniso.

---

97. DÖLGER, F.J. *Ichthys*, quadro 47, e vol. V, 1932, p. 1ss. [A referência de Dölger a Vênus é supérflua].

98. Ibid., II, p. 297ss.

Um belo capítulo do livro que W.F. Otto dedicou a essa divindade[99] trata de sua profunda relação com o "elemento da umidade". A *Ilíada* apresenta o mar como refúgio de Dionísio, onde Tétis recebe o jovem deus como uma ama. Segundo uma variação de seu mitologema, a criança divina foi arrastada, junto com sua mãe, dentro de um cofre do mar para a terra. Outra ama de Dionísio, Ino, a mãe da criança divina Palêmon, aparece igualmente como uma deusa do mar. Em seu culto de Lerna, Dionísio é chamado a sair da profundeza da água. Foi designado também de *Pelagios*, "aquele do mar", *Limnaios*, "aquele do lago", e *Limnagenes*, "aquele que nasceu no lago". Sua epifania sobre o navio, na figura de um menino, caracteriza-o no mesmo sentido que Apolo Delfínios havia sido caracterizado. Até agora havia apenas um ponto que estava pouco claro: Como alguém – mesmo sendo um deus – pôde emergir da *profundeza* do mar sobre um barco que possibilita flutuar *sobre* a água?

Agora sabemos que aquele elemento original, simbolizado pelo mar, possui esta qualidade: flutuar nele e emergir dele significam a mesma coisa. Equivalem à noção de não haver sido excluído do não ser e apesar disso já ser. O menino montado no golfinho – essa figura grega clássica da criança divina original – aparece nas moedas, ora alado, ora segurando a lira, ora a clava de Héracles[100]. Depois, pode ser concebido às vezes como Eros, às vezes como um ser do estilo de Apolo, Hermes ou Héracles. Na arte da Antiguidade tardia, os cupidos portam os atributos dos grandes deuses. Eles são o tom básico que o mundo da Antiguidade tardia, já ensurdecido para melodias mais sutis, continua a escutar. A

---

99. OTTO, W.F. *Dionysos.* 2. ed. Frankfurt a. M.: [s.e.], 1933, p. 148ss. [onde é possível encontrar comprovação para o que segue].

100. USENER, H. *Die Sintflutsagen.* Op. cit., p. 159, 3.

criança original é aquele *motivo original monocorde*, composto ao mesmo tempo de todos os sons, o qual pode se desenvolver em todas as figuras divinas. Em primeiríssima linha, em seu polo oposto: Zeus. Pois o "maior menino" do canto de culto de Creta é aquele que engloba e abraça em maior grau todas as possibilidades *indiferenciadas* e todas as possibilidades *puramente realizadas* em figuras de deuses. Zeus é aquele que está mais próximo da criança original: como seu polo oposto. Um polo oposto sempre pressupõe o outro como possibilidade e forma com ele – a criança Zeus com o pai Zeus – uma unidade superior.

A relação de Dionísio com a criança original é bem diferente. Está tão próximo dela que – para ficar nessa figura e expressar as figuras dos deuses em sons – representa a nota imediatamente mais profunda que se segue ao tom base. O menino montado num golfinho talvez não porte os atributos de nenhum outro deus com tanta frequência como os de Dionísio[101]. Aqui se trata de uma identidade parecida, como encontrada em Hermes. Nesse caso, o deus e a herma eram idênticos. No ciclo dionisíaco há algo oculto numa joeira e é chamado de "aquele que dorme na joeira", o *Liknites*[102]. Trata-se da criança Dionísio, da mesma maneira que o signo cilênico era a criança Hermes. De um modo incompreensível – ou apenas mitológico – Dionísio, por um lado, é idêntico ao símbolo conduzido em seu culto e escondido naquela joeira: o falo[103]. Por outro lado, é o deus barbudo, segundo um de seus epítetos: "homem e mulher" em *uma* pessoa[104]. Era bissexual já em sua origem

---

101. Ibid., p. 155ss.

102. OTTO, W.F. *Dionysos.* Op. cit., p. 76ss.

103. Ibid., p. 152s. Devido às inúmeras evidências do falo na joeira, discordo da concepção.

104. Ibid., p. 163.

e não somente em sua forma "afeminada" conhecida das representações posteriores. A figura abundante de seus acompanhantes arcaicos, os dançarinos demoníacos tocados por ele[105], refletiam *sua* natureza feminino-masculina. Dionísio é um tom mais profundo da escala dos deuses; no entanto, tudo isso ainda não é sua vibração mais profunda. Ela deve soar aqui no final pelo menos mais um instante.

"Väinämöinen velho e verdadeiro" saudou com palavras estranhas o homenzinho de bronze que saía da água: Parece-me...

...dos heróis o mais deplorável,
Apenas melhor que um morto,
Apenas com aparência melhor que um arruinado.

Com isso ele parece indicar o parentesco entre aquele que chegava e os mortos que habitam na água[106]. A relação correspondente do Hermes Psychopompos, do guia das almas, é conhecida: ele é uma divindade tão fantasmagórica quanto infantil. Em sua figura arcaica na Itália Antiga, Apolo mostra o mesmo aspecto sombrio que Vediovis, o Júpiter subterrâneo[107]. A criança Zeus em Creta, alimentada por abelhas, era de certo modo um deus do mundo subterrâneo: Sua caverna, como seu santuário sobre o Liceu, tinham a característica do reino dos mortos. Em Creta se indicava inclusive seu túmulo[108]. O estado que – visto pela figura da criança – podemos formular como: ainda não ser excluído do não ser e, apesar disso, já ser, pode ser reformulado da seguinte maneira: ainda

---

105. Isso explicaria o fenômeno que discuti em KERÉNYI, K. "Satire und satura". *Studie e materiali di storia delle rel.* 9. Roma: [s.e.], 1933, p. 144ss.

106. Sobre mar e alma, cf. WEISWEILER, J. *Indogermanische Forschungen* 57, 1939, p. 31ss.

107. KERÉNYI, K. "Apollon". *Werkausgabe, IV – Apollon und Niobe*. Munique/Viena: [s.e.], 1980, p. 40.

108. Cf. KALLIMACHOS. *Zeushymnos* 8s. [s.n.t.] [com o comentário].

A criança divina

não ser excluído da existência e, apesar disso, não mais ser. É esse estado de isolamento que as figuras de meninos divinos expressam em memoriais de túmulos antigos: a figura de um menino encapuzado, do *genius cucullatus*[109], e a dos inúmeros cupidos. Para o mesmo estado apontam os deuses marítimos e delfins dos mausoléus e sarcófagos. E aqui, no âmbito dos túmulos, chegamos ao mesmo tempo ao matiz mais profundo da cor escura de Dionísio. Seus símbolos aparecem em representações sepulcrais e o trazem à memória. O que o homem da Antiguidade trazia à memória por meio disso era não só o equilíbrio oscilante das duas direções daquele estado – a flutuação das crianças e dos moribundos entre existência e não ser –, mas a virada segura para cima da direção que conduz para baixo: o desenvolvimento para o mais alto, o surgimento da máxima força *a partir da debilidade extrema*.

Falamos da criança órfã dos contos de fada ou, já desde o início, da lacerada criança Dionísio? Ocupamo-nos com uma primitiva visão de sonho com figura religiosa antiga ou com um filosofema original? Evocamos um melodia original ou uma figura original? Isso deve permanecer assim, indefinido em sua essência. Porque este foi nosso objeto: o indefinido original, a criança original.

---

109. EGGER, R. "Genius Cucullatus". *Wiener Praehist. Zs* 19, 1932, p. 311ss. • KERÉNYI, K. "Telephoros". *Egyetemes Philologiai Közlöny*, 57, 1933, p. 156 (em alemão). • HEICHELHEIM, F.M. "Genii Cucullati". *Archaeol. Aeliana* 4, 12, 1935, p. 187ss. • DEONNA, W. *De Télesphore au "moine bourru"*. Bruxelas: [s.e.], 1955.

2 A psicologia do arquétipo da criança*

C.G. Jung

Introdução

O autor[1] do trabalho sobre a mitologia da "criança" ou da divindade-criança pediu-me que comentasse o objeto de seu estudo sob o ponto de vista psicológico. Aceito seu convite com prazer, apesar do empreendimento parecer-me muito ousado, em vista do grande significado do motivo mitológico da criança. A ocorrência deste motivo na Grécia e em Roma foi ampliada pelo próprio Kerényi, a partir paralelos indianos, finlandeses e de outras procedências, indicando assim que a representação (do motivo) seria passível de muitas outras extensões. Uma descrição abrangente não contribuiria com nada de determinante, em princípio; poderia, porém, produzir uma impressão poderosa da incidência e frequência universal do motivo. Até hoje, o tratamento habitualmente dado a motivos mitológicos em diversos campos da ciência independentes uns em relação aos outros, tal como na filologia, et-

---

* Publicado juntamente com uma contribuição de Karl Kerényi (*Das Urkind in der Urzeit*) sob a forma de monografia (*Albae Vigiliae* VI / VII) na Editora Pantheon Akademische Verlagsanstalt, Amsterdan-Leipzig, 1940, sob o título "Das Göttliche Kind". *Mythologischer und Psychologischer Beleuchtung*. A seguir, sob o título: "C.G. Jung und Karl Kerényi". *Einführung in das Wesen der Mythologie. Gottkindmythos/Eleusinische Mysterien*, na mesma editora, 1941. Nova edição com o mesmo título, mas com outro subtítulo: *Das göttliche Kind/das göttliche Mädchen*. Zurique: Rhein-Verlag, 1951.

1. KERÉNYI, K. *Das göttliche Kind*.

3. *Criança com lanterna, vestida com cuculo.*
Romano

A criança divina

nologia, história da civilização e das religiões comparadas, não ajudou realmente a reconhecer sua universalidade; a problemática psicológica que esta última levanta poderia ter sido facilmente posta de lado por hipóteses de migração. Consequentemente, as ideias de Adolf Bastian tiveram pouco êxito em sua época. Já havia então material empírico suficiente para permitir conclusões psicológicas consideráveis, mas faltavam as premissas necessárias. Embora os conhecimentos psicológicos daquele tempo incluíssem em seu âmbito a formação dos mitos conforme testemunha o exemplo de *Völker Psychologie* de Wilhelm Wundt, eles não haviam chegado a provar esse mesmo processo como uma função viva existente na psique do homem civilizado. Do mesmo modo, não conseguiam compreender os motivos mitológicos como elementos estruturais da psique. Fiéis à sua história, em que a psicologia era em primeiro lugar metafísica, depois o estudo dos sentidos e de suas funções e, em seguida, das funções da consciência, identificaram seu objeto com a consciência e seus conteúdos, ignorando completamente a existência de uma alma não consciente. Apesar de vários filósofos, como Leibniz, Kant e Schelling terem indicado claramente o problema da alma obscura, foi um médico que se sentiu impelido a destacar o inconsciente como a base essencial da psique, a partir de sua experiência científica e médica. Estamos falando de Carl Gustav Carus, o precursor de Eduard von Hartmann. Mais recentemente foi novamente a psicologia médica que se aproximou do problema do inconsciente, sem pressuposições filosóficas. Tornou-se claro, a partir de numerosas investigações, que a psicopatologia das neuroses e de muitas psicoses não pode dispensar a hipótese de uma parte obscura da alma, ou seja, do inconsciente. O mesmo se dá com a psicologia do sonho, que é verdadeiramente uma terra intermédia entre a psicologia normal e a patológica. No sonho, tal como nos produtos da psicose, verificam-se inúmeras conexões que podem ser postas em paralelo com associações de ideias mitológicas (ou eventualmente com certas criações poéticas, muitas vezes caracterizadas por tomarem emprestado seus motivos dos mitos, de modo nem sempre consciente). Se uma investigação cuidadosa demonstrasse que na maioria desses casos se trata simplesmente de conhecimentos esquecidos, o médico jamais se teria dado ao trabalho de fazer pesquisas extensas sobre paralelos individuais e coletivos. Verdadeiramente, porém, foram observados mitologemas típicos justamente em indivíduos nos quais esses conhecimentos estavam fora de questão e mesmo sendo impossível uma derivação indireta de ideias religiosas ou de figuras da linguagem popular[2]. Tais conclusões forçam-nos a assumir que se trata de revivescências "autóctones", além de toda tradição e consequentemente da existência de elementos estruturais "formadores de mitos" da psique inconsciente[3].

Estes produtos nunca ou raramente são mitos formados, mas sim componentes de mitos que, devido à sua natureza típica, podemos chamar de "motivos", "imagens primordiais", "tipos" ou "arquétipos", como eu os designei. O arquétipo da criança é um ótimo exemplo. Hoje podemos permitir-nos pronunciar a fórmula de que os arquétipos aparecem nos mitos e contos de fadas, bem como no sonho e nos produtos da fantasia psicótica. O meio que

---

2. JUNG. *Die Struktur der Seele* [§ 317s.].

3. Freud (*Die Traumdentung*, p. 185) fez um paralelo entre certos aspectos da psicologia infantil e o mito de Édipo, cuja "atuação universalmente válida" – dizia – seria explicada por pressupostos infantis muito semelhantes. A elaboração propriamente dita do material mitológico foi assumida posteriormente por meus discípulos (MAEDER. *Essai d'interprétation de quelques rêves*. Märchen: Gebräuchen/Träumen • MAEDER. *Die Symbolik in den Legenden*. Märchen: Gebräuchen/Träumen. • RICKLIN. *Über Gefängnispsychosen* e *Wunscherfüllung und Symbolik im Märchen*. [s.n.t.]. • ABRAHAM. *Traum und Mythus* [s.n.t.]). Seguiu-se o trabalho de Rank, da Escola de Viena, "Der Mythus von der Geburt des Helden". *Transformações e símbolos da libido* (1911), apresentei depois uma pesquisa mais extensa sobre os paralelos psíquicos e mitológicos.

os contém é, no primeiro caso, um contexto de sentido ordenado e quase sempre de compreensão imediata, mas, no segundo caso, uma sequência de imagens geralmente incompreensível, irracional, delirante, que no entanto não carece de uma certa coerência oculta de sentido. No indivíduo, os arquétipos aparecem como manifestações involuntárias de processos inconscientes, cuja existência e sentido só pode ser inferido; no mito, pelo contrário, trata-se de formações tradicionais de idades incalculáveis. Remontam a um mundo anterior originário, com pressupostos e condições espirituais que ainda podemos observar entre os primitivos atuais. Os mitos, neste nível, são em regra geral ensinamentos tribais, transmitidos de geração em geração, através de relatos orais. O estado de espírito primitivo diferencia-se do civilizado principalmente pelo fato de a consciência estar muito menos desenvolvida no sentido da extensão e intensidade. Funções tais como o pensamento, a vontade etc., não estão diferenciadas, mas ainda no estado pré-consciente, o que se evidencia, por exemplo, no caso do pensamento, pelo fato de que não se pensa conscientemente, mas os pensamentos acontecem. O primitivo não pode afirmar que ele pensa, mas sim que "algo pensa dentro dele". A espontaneidade do ato de pensar não está causalmente em sua consciência, mas em seu inconsciente. Além disso, ele é incapaz de qualquer esforço consciente de vontade, devendo colocar-se previamente na "disposição do querer", ou entregar-se a ela: daí, seus *rites d'entrée et de sortie*. Sua consciência é ameaçada por um inconsciente poderosíssimo, daí o temor de influências mágicas que a qualquer momento podem atravessar sua intenção e por esse motivo ele está cercado de poderes desconhecidos aos quais deve ajustar-se de algum modo. Devido ao crônico estado crepuscular de sua consciência, muitas vezes é quase impossível descobrir se ele apenas sonhou alguma coisa ou se a viveu na realidade. A automanifestação do inconsciente com seu arquétipo introduz-se sempre em toda parte na consciência e o mundo mítico dos antepassados, por exemplo, o *alchera* ou *bugari* dos aborígines australianos é uma existência de nível igual ou mesmo superior à natureza material[4]. Não é o mundo tal como o conhecemos que fala a partir de seu inconsciente, mas o mundo desconhecido da psique, do qual sabemos que reflete apenas em parte nosso mundo empírico, e que, por outro lado, molda este último de acordo com o pressuposto psíquico. O arquétipo não provém de fatos físicos, mas descreve como a alma vivencia a realidade física, e aqui ela (a alma) procede muitas vezes tão autocraticamente chegando a negar a realidade tangível a partir de afirmações que colidem com esta última.

A mentalidade primitiva não inventa mitos, mas os vivencia. Os mitos são revelações originárias da alma pré-consciente, pronunciamentos involuntários acerca do acontecimento anímico inconsciente e nada menos do que alegorias de processos físicos[5]. Tais alegorias seriam um jogo ocioso de um intelecto não científico. Os mitos, pelo contrário, têm um significado vital. Eles não só representam, mas também são a vida anímica da tribo primitiva, a qual degenera e desaparece imediatamente depois de perder sua herança mítica, tal como um homem que perdesse sua alma. A mitologia de uma tribo é sua religião viva, cuja perda é tal como para o homem civilizado, sempre e em toda parte, uma catástrofe moral. Mas a religião é um vínculo vivo com os processos anímicos, que não dependem do consciente, mas o ultrapassam, pois acontecem no obscuro cenário anímico. Muitos desses processos incons-

---

4. O fato é conhecido e a respectiva literatura etnológica por demais volumosa para ser mencionada aqui.

5. *Die Struktur der Seele*, § 328s.

A criança divina

115

cientes podem ser gerados indiretamente por iniciativa da consciência, mas jamais por arbítrio consciente. Outros parecem surgir espontaneamente, isto é, sem causas discerníveis e demonstráveis pela consciência.

A psicologia moderna trata produtos da atividade da fantasia inconsciente como autorretratos de processos que acontecem no inconsciente ou como asserções da psique inconsciente acerca de si própria. Podemos distinguir duas categorias em tais produtos. Primeiro: fantasias (inclusive sonhos) de caráter pessoal, que indubitavelmente se reportam a vivências pessoais, a coisas esquecidas ou reprimidas, podendo portanto ser inteiramente explicadas pela anamnese individual. Segundo: fantasias (inclusive sonhos) de caráter impessoal e pessoal, que não podem ser atribuídas a vivências do passado individual e consequentemente não podem ser explicadas a partir de aquisições individuais. Tais imagens da fantasia têm, sem dúvida, uma analogia mais próxima com os tipos mitológicos. Presume-se por este motivo que elas correspondam a certos elementos estruturais coletivos (e não pessoais) da alma humana em geral e que são herdadas tais como os elementos morfológicos do corpo humano. Embora a tradição e a expansão mediante a migração de fato existam, há, como já dissemos, inúmeros casos que não podem ser explicados desse modo, exigindo pois a hipótese de uma revivescência "autóctone". Estes casos são tão numerosos que não podemos deixar de supor a existência de um substrato anímico coletivo. Designei este último por inconsciente coletivo.

Os produtos desta segunda espécie assemelham-se de tal forma aos tipos estruturais dos mitos e dos contos de fadas que somos levados a considerá-los como aparentados. Por isso é muito possível que ambos, tanto os tipos mitológicos como os individuais, surjam em circunstâncias muito similares. Conforme já mencionamos, os produtos da fantasia da segunda espécie (como também os da primeira) surgem em um estado de intensidade reduzida da consciência (em sonhos, sonhos acordados, delírios, visões etc.). Nesses estados cessa a inibição provocada pela concentração da consciência sobre os conteúdos inconscientes, e assim jorra, como que saindo de portas laterais abertas, o material até então inconsciente, para o campo da consciência. Este modo de surgimento é uma regra geral[6].

A intensidade de consciência reduzida e a ausência de concentração e atenção, ou seja, o *abaissement du niveau mental* (Pierre Janet), corresponde quase exatamente ao estado primitivo de consciência, no qual devemos supor a origem da formação dos mitos. Por essa razão é extremamente provável que os arquétipos mitológicos também tenham surgido de maneira semelhante à das manifestações de estruturas arquetípicas individuais que ocorrem ainda atualmente.

O princípio metodológico segundo o qual a psicologia trata dos produtos do inconsciente é o seguinte: conteúdos de natureza arquetípica são manifestações de processos no inconsciente coletivo. Não se referem, portanto, a algo consciente agora ou no passado, mas a algo essencialmente inconsciente. Em última análise, portanto, é impossível indicar aquilo a que se refere. Toda interpretação estaciona necessariamente no "como se". O núcleo de significado último pode ser circunscrito, mas não descrito. Mesmo assim, a simples circunscrição já denota um progresso essencial no conhecimento da estrutura pré-consciente da psique, que já existia quando ainda não havia qualquer unidade pessoal (que no primitivo atual ainda não é uma posse assegurada), nem qualquer

---

6. Certos casos de visões espontâneas, *automatismes teléologiques* (Flournoy) e os procedimentos referentes ao método da "imaginação ativa" por mim indicados constituem uma exceção.

A criança divina

vestígio de consciência. Podemos observar tal estado pré-consciente na primeira infância e são justamente os sonhos dessa época que frequentemente trazem à luz conteúdos arquetípicos extremamente importantes[7].

Quando se procede segundo o princípio anterior, não se trata mais de indagar se um mito se refere ao Sol ou à Lua, ao pai ou à mãe, à sexualidade, ao fogo ou à água, mas trata-se unicamente da circunscrição e da caracterização aproximada de um núcleo de significado inconsciente. O sentido deste núcleo nunca foi consciente e nunca o será. Sempre foi e será apenas interpretado, pois toda a interpretação que se aproxima de algum modo do sentido oculto (ou – do ponto de vista do intelecto científico – sem sentido, o que é o mesmo) sempre reivindicou não só a verdade e a validade absolutas, mas também reverência e devoção religiosa. Os arquétipos sempre foram e são forças da vida anímica, que querem ser levados a sério e cuidam de valorizar-se da forma mais estranha. Sempre foram portadores de proteção e salvação, e sua violação tem como consequência os *perils of the souls*[8], tão conhecidos na psicologia dos primitivos. Além disso, também são causas infalíveis de perturbações neuróticas ou até psicóticas ao se comportarem exatamente da mesma forma que órgãos corporais ou sistemas de funções orgânicas negligenciadas ou maltratadas.

Um conteúdo arquetípico sempre se expressa em primeiro lugar metaforicamente. Se falar do Sol e com ele identificar o leão, o rei, o tesouro de ouro guardado pelo dragão, ou a "força vital de saúde" do homem, não se trata nem de um, nem de outro, mas de um terceiro desconhecido, que se expressa mais ou menos ade-

---

7. O material correspondente encontra-se apenas em relatórios não impressos do Seminário de Psicologia da Eidgenössischen Technischen Hochschule. Zurique, 1936-1939.

8. Perigos da alma.

quadamente por meio dessas metáforas, mas que – para o intelecto é um perpétuo vexame – permane desconhecido e não passível de uma formulação. Por essa razão, o intelecto científico sempre sucumbe de novo a tendências iluministas, na esperança de banir definitivamente o fantasma do inexplicável. Não importa se esses esforços são chamados de evemerismo, apologética cristã, iluminismo no sentido estrito da palavra, ou de positivismo, sempre haverá oculto por trás um mito em roupagem nova e desconcertante que, segundo um modelo arcaico e venerável, dava-lhe um cunho de conhecimento definitivo. Na realidade nunca nos libertaremos legitimamente do fundamento arquetípico, a não ser que estejamos dispostos a pagar o preço de uma neurose, da mesma forma que não nos livraremos de nosso corpo e de seus órgãos sem cometer suicídio. Já que não podemos negar os arquétipos ou torná-los inócuos de algum modo, cada nova etapa conquistada na diferenciação cultural da consciência confronta-se com a tarefa de encontrar uma nova interpretação correspondente a essa etapa, a fim de conectar a vida do passado, ainda existente em nós com a vida do presente, se este ameaçar furtar-se àquele. Se esta conexão não ocorrer, cria-se uma consciência desenraizada que não se orienta pelo passado, uma consciência que sucumbe desamparada a todas as sugestões, tornando-se suscetível praticamente a toda epidemia psíquica. Com a perda do passado, tornado "insignificante", desvalorizado, impossível de recuperar seu valor, também se perde o salvador, pois este é o próprio insignificante, ou dele surge. Ele aparece sempre de novo na "transformação da figura dos deuses" (Ziegler), como profeta ou primogênito de uma nova geração e se manifesta inesperadamente nos lugares mais improváveis (nascimento da pedra e da árvore, sulco de arado, água etc.) e também sob uma forma ambígua (pequeno polegar, anão, criança, animal etc.).

A criança divina 119

Este arquétipo da "criança divina" é extremamente disseminado e intimamente misturado a todos os outros aspectos mitológicos do motivo da criança. Não é necessário aludir ao Menino Jesus, vivo ainda, que na lenda de Cristóvão mostra também aquele aspecto típico de ser "menor que pequeno" e "maior que grande". No folclore o motivo da criança aparece sob a forma de anões, elfos, como personificações de forças ocultas da natureza. A figura do homenzinho de metal[9] do classicismo tardio também pertence a essa esfera, homenzinho que animava até a Alta Idade Média as galerias das minas[10] por um lado, e por outro representava os metais alquímicos[11] e, principalmente, o Mercúrio renascido em sua forma perfeita (como hermafrodita, *filius sapientiae* ou como *infans noster*[12]). Graças à interpretação religiosa da "criança", alguns testemunhos da Idade Média foram conservados, mostrando que a "criança" não é simplesmente uma figura tradicional, mas também uma visão vivenciada espontaneamente (enquanto irrupção do inconsciente). Menciono a visão do "menino nu", de Mestre Eckhart e o sonho do Irmão Eustáquio[13]. Há também relatos interessantes acerca de tais vivências espontâneas em histórias de fantasmas na Inglaterra, nas quais se trata da visão de um Radiant Boy, supostamente visto em um lugar de ruínas romanas[14]. Tal fi-

---

9. BERTHELOT. *Collection des anciens alchimistes grecs*, III, XXXV, p. 201.

10. AGRICOLA. *De animantibus subterraneis*. • KIRCHER. *Mundus subterraneus*, VIII, 4.

11. MYLIUS. *Philosophia reformata* [s.n.t.].

12. "Allegoria super librum turbae". *Artis auriferae* I. [s.n.t.], p. 161.

13. *Texte aus der deutschen mystik des 14. und 15. Jahrhunderts*, p. 143s. e 150s.

14. INGRAM. *The Haunted Homes and Family Traditions of Great Britain*. Londres: [s.e.], 1897, p. 43s.

gura é tida como de mau agouro. Até parece tratar-se da figura de um *puer aeternus*, que se tomou desfavorável através de "metamorfoses"; portanto, ele participou do destino dos deuses da Antiguidade e germânicos, os quais se tornaram cruéis. O caráter místico da vivência também é confirmado na segunda parte do *Fausto* de Goethe, em que o próprio Fausto se transforma no menino e é admitido no "Coro dos meninos abençoados", isto como "fase larvar" do Doutor Mariano[15].

Na estranha história intitulada *Das Reich ohne Raum*, de Bruno Goetz, aparece a figura de um *puer aeternus* chamado Fo (igual a Buda) com coros completos de meninos "desgraçados" de significado nefasto. (É melhor deixar de lado fatos contemporâneos.) Menciono apenas o caso anterior para demonstrar a vitalidade permanente deste arquétipo.

O motivo da criança ocorre não raro no campo da psicopatologia. A criança delirante é comum entre mulheres doentes mentais e é geralmente interpretado no sentido cristão. Homunculi também aparecem, como no famoso caso Schreber[16], onde se manifestam em bandos e maltratam o doente. Mas a manifestação mais clara e significativa do motivo da criança na terapia das neuroses dá-se no processo da maturação da personalidade, induzido pela análise do inconsciente, que eu denominei processo de individuação[17]. Trata-se aqui de processos pré-conscientes, os quais passam

---

15. Há uma antiga autoridade da alquimia, chamada Morienes, Morienus ou Marianus ("De compositione alchemiae". In: MANGETUS. *Bibliotheca chemica curiosa* I. [s.n.t.], p. 509s.). Devido ao caráter pronunciadamente alquímico de Fausto, Segunda parte, uma tal conexão não seria totalmente inesperada.

16. *Denkwürdigkeiten eines Nervenkranken.*

17. Descrição geral em: "Consciência, inconsciente e individuação" [OC, 9/1]. Fenomenologia especial nos capítulos seguintes, bem como em: *Psicologia e alquimia* [OC, 12] e Estudo empírico do processo de individuação [OC, 9/1].

A criança divina

pouco a pouco, sob a forma de fantasias mais ou menos estruturadas, diretamente para a consciência, ou se tornam conscientes a partir dos sonhos ou, finalmente, por meio do método da imaginação ativa[18]. Estes materiais contêm abundantes motivos arquetípicos, entre os quais, frequentemente, o da criança. Muitas vezes a criança é formada segundo o modelo cristão, porém mais frequentemente ela se desenvolve a partir de níveis antigos não cristãos, ou seja, a partir de animais ctônicos, tais como crocodilos, dragões, serpentes ou macacos. Às vezes a criança aparece no cálice de uma flor, sai de um ovo dourado ou constitui o ponto central de um mandala. Nos sonhos, apresenta-se como filho ou filha, como menino, jovem ou uma virgem. Ocasionalmente, parece ter origem exótica: chinesa, indiana, de pele escura ou mais cósmica sob as estrelas, ou ainda com a fronte cingida por uma coroa de estrelas, filho do rei ou de uma bruxa com atributos demoníacos. Como um caso especial do motivo do "tesouro difícil de atingir"[19], o motivo da criança é extremamente mutável, assumindo todos os tipos de formas possíveis, pedra preciosa, pérola, flor, vaso, ovo dourado, quaternidade, esfera de ouro etc. Pode ser intercambiada com essas imagens e outras semelhantes.

1 A psicologia do arquétipo da criança

1.1 O arquétipo como estado pretérito

No que diz respeito à psicologia do motivo ou tema da criança, devo ressaltar que toda afirmação que ultrapasse os aspectos puramente fenomênicos de um arquétipo expõe-se necessariamente à crítica anteriormente expressa. Em momento algum deve-

---

18. *O eu e o inconsciente* [OC, 7/2], 2ª parte, III.
19. *Símbolos da transformação* [OC, 5], cf. verbete.

mos sucumbir à ilusão de que um arquétipo possa ser afinal explicado e com isso encerrar a questão. Até mesmo a melhor tentativa de explicação não passa de uma tradução mais ou menos bem-sucedida para outra linguagem metafórica (de fato, a linguagem nada mais é do que imagem!). Na melhor das hipóteses, sonha-se a continuidade ao mito, dando-lhe uma forma moderna. O que quer que uma explicação ou interpretação faça com o mito, isso equivalerá ao que fazemos com nossa própria alma, e haverá consequências correspondentes para nosso próprio bem-estar. O arquétipo – e nunca deveríamos esquecer-nos disso – é um órgão anímico presente em cada um. Uma explicação inadequada significa uma atitude equivalente em relação a este órgão, por meio do qual este último pode ser lesado. O último que sofre, porém, é o mau intérprete. A "explicação" deve portanto levar em conta que o sentido funcional do arquétipo precisa ser mantido, isto é, uma conexão suficiente e adequada quanto ao sentido da consciência com o arquétipo deve ser assegurada. Este último é um elemento da estrutura psíquica, representando portanto um componente vitalmente necessário à economia anímica. Ele representa ou personifica certos acontecimentos instintivos da psique primitiva obscura, das verdadeiras, mas invisíveis raízes da consciência. O elementar significado da conexão com essas raízes é-nos mostrado pela preocupação da mente primitiva em relação a certos fatos "mágicos", os quais nada mais são do que aquilo que designamos por arquétipos. Esta forma originária da *religio* constitui ainda hoje a essência atuante de toda vida religiosa e assim permanecerá, qualquer que seja a forma futura dessa vida.

Não há substitutivo "racional" para o arquétipo, como também não há para o cerebelo ou os rins. Podemos examinar órgãos somáticos anatomicamente, histologicamente e embriologicamente. Isto corresponderia à descrição da fenomenologia arquetípica

A criança divina 123

e à apresentação da mesma em termos histórico-comparativos. O sentido de um órgão somático só pode ser obtido a partir do questionamento teleológico. Daí surge a pergunta: Qual é a finalidade biológica do arquétipo? Da mesma forma que a fisiologia responde à pergunta no que diz respeito ao corpo, cabe à psicologia responder à mesma pergunta em relação ao arquétipo.

Afirmações tais como "o motivo da criança é apenas um vestígio da memória da própria infância" e outras explicações similares só nos fazem fugir da questão. Se, ao contrário – com uma pequena modificação dessa frase – dissermos que "o motivo da criança é o quadro para certas coisas que esquecemos da própria infância" já nos aproximamos mais da verdade. No entanto, uma vez que o arquétipo é sempre uma imagem que pertence à humanidade inteira e não somente ao indivíduo, talvez seja melhor formular a frase do seguinte modo: "O motivo da criança representa o aspecto pré-consciente da infância da alma coletiva"[20].

Não é um erro imaginar esta afirmação, de início, como histórica, em analogia a determinadas experiências psicológicas, que mostram como certas fases da vida individual se tornam autôno-

---

20. Talvez não seja supérfluo mencionar um preconceito de caráter leigo, que sempre tende a confundir o motivo da criança com a experiência concreta da "criança", como se a criança real fosse o pressuposto causal da existência do motivo da criança. Na realidade psicológica, porém, a representação empírica da "criança" é apenas um meio de expressão (e nem mesmo o único!) para falar de um fato anímico impossível de apreender de outra forma. Por este motivo, a representação mitológica da criança não é de forma alguma uma cópia da "criança" empírica, mas um símbolo fácil de ser reconhecido como tal: trata-se de uma criança divina, prodigiosa, não precisamente humana, gerada, nascida e criada em circunstâncias totalmente extraordinárias. Seus feitos são tão maravilhosos ou monstruosos como sua natureza ou constituição corporal. É unicamente graças a essas propriedades não empíricas que temos necessidade de falar de um "motivo da criança". Além disso, a "criança" mitológica varia: ora é Deus, gigante, ora o Pequeno Polegar, o animal, etc., o que aponta para uma causalidade que é tudo menos racional ou concretamente humana. O mesmo vale para os arquétipos "pai" e "mãe", os quais, mitologicamente falando, são símbolos irracionais.

mas, podendo personificar-se na medida em que resultam numa visão de si mesmo: por exemplo, a própria pessoa se vê como criança. Experiências visionárias deste tipo – quer ocorram em sonho ou em estado de vigília – são, como sabemos, condicionadas ao fato de ter havido uma dissociação prévia entre o estado presente e o passado. Tais dissociações ocorrem devido a incompatibilidades, por exemplo, entre o estado presente que entrou em conflito com o estado da infância. Talvez tenha havido uma separação violenta na pessoa de seu caráter originário, a favor de uma *persona* arbitrária, voltada para a ambição[21]. Assim ela tornou-se carente de infância, é artificial, tendo perdido suas raízes. Isto representa a oportunidade favorável para um confronto veemente com a verdade originária.

Em vista do fato de que até hoje a humanidade não cessou de fazer afirmações acerca da criança divina, podemos talvez estender a analogia individual à vida da humanidade, chegando à conclusão de que esta provavelmente também entra sempre de novo em contradição com sua condição infantil, isto é, com o estado originário inconsciente, instintivo, e de que há o perigo de uma tal contradição perturbar a visão da "criança". O exercício religioso, isto é, a repetição das palavras e do ritual do acontecimento mítico, tem por isso a finalidade de trazer a imagem da infância e tudo o que a ela está ligado diante dos olhos da consciência, com o objetivo de não romper a conexão com o estado originário.

1.2 A função do arquétipo

O motivo da criança não representa apenas algo que existiu no passado longínquo, mas também algo presente; não é somente

---

21. *Tipos psicológicos* [OC, 6], § 879s., definições, cf. alma. · *O eu e o inconsciente*. Op. cit., 1ª parte, cap. 3.

A criança divina 125

um vestígio, mas um sistema que funciona ainda, destinado a compensar ou corrigir as unilateralidades ou extravagâncias inevitáveis da consciência. A natureza da consciência é de concentrar-se em poucos conteúdos, seletivamente, elevando-os a um máximo grau de clareza. A consciência tem como consequência necessária e condição prévia a exclusão de outros conteúdos igualmente passíveis de conscientização. Esta exclusão causa inevitavelmente uma certa unilateralidade dos conteúdos conscientes. Uma vez que a consciência diferenciada do homem civilizado possui um instrumento eficaz para a realização de seus conteúdos por meio da dinâmica da vontade, com o crescente fortalecimento desta última ma há um perigo maior de perder-se na unilateralidade desviando-se das leis e raízes do seu ser. Por um lado, isso representa a possibilidade da liberdade humana, mas, por outro, é a fonte de infindáveis transgressões contra os instintos. O homem primitivo se caracteriza, pois – pelo fato de estar mais próximo do instinto, como o animal –, pela neofobia (terror do que é novo) e pelo tradicionalismo. Em nossa opinião, ele é lamentavelmente atrasado enquanto nós exaltamos o progresso. Mas nossa valorização do progresso possibilita, por um lado, uma quantidade das mais agradáveis realizações do desejo; no entanto, por outro, acumula uma culpa prometeica, igualmente gigantesca, que exige de tempos em tempos uma expiação sob a forma de catástrofes fatais. Há muito a humanidade sonhava com o voo e agora já chegamos aos bombardeios aéreos! Sorrimos hoje da esperança cristã no além e nós mesmos acabamos caindo em quiliasmos cem vezes mais ridículos do que a ideia de um além-morte prazeroso! A consciência diferenciada é continuamente ameaçada de desenraizamento, razão pela qual necessita de uma compensação através do estado infantil ainda presente.

Os sintomas de compensação são caracterizados pelos defensores do progresso de modo pouco lisonjeiro. Vistos superficialmente, trata-se de um efeito retrógrado, o que faz com que se fale em inércia, atraso, ceticismo, criticismo, conservadorismo, timidez, mesquinharia etc. Na medida em que a humanidade tem, em alto grau, a capacidade de livrar-se dos próprios fundamentos, também pode ser arrastada acriticamente por unilateralidades perigosas até a catástrofe. O ideal retrógrado é sempre mais primitivo, mais natural (tanto no bom como no mau sentido) e "mais moral", posto que se atém fielmente a leis tradicionais. O ideal progressista é sempre mais abstrato, antinatural e mais "amoral", na medida em que exige infidelidade à tradição. O progresso conquistado pela vontade é sempre convulsivo. A característica retrógrada é mais próxima da naturalidade, sempre ameaçada, porém, de um despertar doloroso. A concepção mais antiga tinha consciência de que um progresso só é possível *Deo* concedente, o que prova encontrar-se consciente dos opostos, repetindo os antiquíssimos *rites d'entrée et de sortie* em nível superior. Quanto mais a consciência se diferencia, tanto maior o perigo de sua separação da raiz. A separação completa ocorre quando é esquecido o *Deo* concedente. Ora, é um axioma da psicologia que uma parte da alma cindida da consciência só é aparentemente desativada; de fato, esta conduz a uma possessão da personalidade, cujas metas são falsificadas no interesse da parte anímica cindida. Quando, pois, o estado infantil da alma coletiva é reprimido até a total exclusão, o conteúdo inconsciente se apodera da meta consciente, o que inibe, falsifica ou até destrói sua realização. Um progresso viável porém só pode ocorrer a partir da cooperação de ambos.

1.3 O caráter futuro do arquétipo

Um aspecto fundamental do motivo da criança é seu caráter de futuro. A criança é o futuro em potencial. Por isso, a ocorrên-

A criança divina

cia do motivo da criança na psicologia do indivíduo significa em regra geral uma antecipação de desenvolvimentos futuros, mesmo que pareça tratar-se à primeira vista de uma configuração retrospectiva. A vida é um fluxo, um fluir para o futuro e não um dique que estanca e faz refluir. Não admira, portanto, que tantas vezes os salvadores míticos são crianças divinas. Isto corresponde exatamente às experiências da psicologia do indivíduo, as quais mostram que a "criança" prepara uma futura transformação da personalidade. No processo de individuação, antecipa uma figura proveniente da síntese dos elementos conscientes e inconscientes da personalidade. É, portanto, um símbolo de unificação dos opostos[22], um mediador, ou um portador da salvação, um propiciador de completitude. Devido a este significado, o motivo da criança também é capaz das inúmeras transformações anteriormente mencionadas: pode ser expresso, por exemplo, pelo redondo, pelo círculo ou pela esfera, ou então pela quaternidade como outra forma de inteireza[23]. Designei esta inteireza que transcende a consciência com a palavra si-mesmo (Selbst)[24]. A meta do processo de individuação é a síntese do si-mesmo. Observado por outro ponto de vista, prefere-se o termo "enteléquia" ao de "síntese". Há uma razão empírica pela qual a expressão "enteléquia" possa parecer mais adequada: os símbolos da totalidade ocorrem frequentemente no início do processo da individuação e até podem ser observados nos sonhos iniciais da primeira infância. Esta observação intercede a favor de uma existência apriorística da potencialidade

---

22. *Tipos psicológicos.* Op. cit., § 315s.

23. "Símbolos oníricos do processo de individuação". *Psicologia e alquimia* [OC, 12], 2º parte. • *Psicologia e religião* [OC 11/1], § 108s.

24. *O eu e o inconsciente.* Op. cit., § 398s. Cf. tb. *Aion* [OC, 9/2], cap. 4.

da inteireza[25], razão pela qual o conceito de enteléquia é recomendável. Na medida, porém, em que o processo de individuação transcorre empiricamente como uma síntese, é como se paradoxalmente algo já existente dependesse ainda de uma montagem. Deste ponto de vista, o termo "síntese" também é aplicável.

1.4 Unidade e pluralidade do motivo da criança

No âmbito da fenomenologia multifacetada da "criança", temos que distinguir a unidade e a pluralidade de suas respectivas manifestações. Tratando-se, por exemplo, de muitos *homunculi*, anões, meninos etc., que não apresentam características individuais, existe a probabilidade de uma dissociação. Encontramos por isso tais formas especialmente na esquizofrenia, que é em essência uma fragmentação da personalidade. Numerosas crianças representam um produto da dissolução da personalidade. Se a pluralidade, porém, ocorre em pessoas normais, então trata-se da representação de uma síntese da personalidade ainda incompleta. A personalidade (ou seja, o "si-mesmo") encontra-se ainda no estágio da pluralidade, isto é, um eu talvez esteja presente, mas ainda não pode experienciar sua totalidade no quadro de sua própria personalidade, a não ser no âmbito da família, da tribo ou da nação; encontra-se ainda no estágio da identificação inconsciente com a pluralidade do grupo. A Igreja leva na devida conta esta condição comumente difundida a partir da doutrina do *corpus mysticum*, do qual o indivíduo é membro por sua natureza.

Se no entanto o tema da criança aparece sob a forma da unidade, trata-se de uma síntese da personalidade inconsciente que já

---

25. *Psicologia e alquimia.* Op. cit., § 328s.

A criança divina   129

se completou provisoriamente, a qual, na prática, como tudo o que é inconsciente, não significa mais do que uma possibilidade.

1.5 A criança-deus e a criança-herói

A criança ora tem o aspecto da divindade criança, ora o do herói juvenil. Ambos os tipos têm em comum o nascimento miraculoso e as adversidades da primeira infância, como o abandono e o perigo da perseguição. Por sua natureza, o primeiro é inteiramente sobrenatural e o segundo é humano, porém elevado ao limite do sobrenatural (é semidivino). O deus, especialmente em sua íntima afinidade com o animal simbólico, personifica o inconsciente coletivo ainda não integrado em um ser humano, ao passo que o herói inclui a natureza humana em sua sobrenaturalidade, representando desta forma uma síntese do inconsciente ("divino", isto é, ainda não humanizado) e da consciência humana. Significa consequentemente uma antecipação potencial de uma individuação que se aproxima da totalidade.

Os destinos da "criança" podem por isso ser considerados como representações daqueles acontecimentos psíquicos que ocorrem na enteléquia ou na gênese do si-mesmo. O "nascimento miraculoso" procura relatar a maneira pela qual essa gênese é vivenciada. Como se trata de uma gênese psíquica, tudo tem que acontecer de um modo não empírico, como por exemplo através de um nascimento virginal, por uma concepção milagrosa ou então por um nascimento a partir de órgãos não naturais. O motivo da "insignificância", do estar exposto a, do abandono, perigo etc., procura representar a precariedade da possibilidade da existência psíquica da totalidade, isto é, a enorme dificuldade de atingir este bem supremo. Caracteriza também a impotência, o desamparo daquele impulso de vida o qual obriga tudo o que cresce a obedecer à lei da máxima autorrealização; neste processo as influências do ambiente colocam os maiores e mais diversos obstáculos, dificultando o caminho da individuação. A ameaça da própria singularidade por dragões e cobras, o inconsciente, indica de modo particular o perigo de a consciência recentemente adquirida ser tragada pela alma instintiva. Os vertebrados inferiores há muito são símbolos prediletos do substrato psíquico coletivo[26], cuja localização anatômica coincide com os centros subcorticais, o cerebelo e a medula espinal. Estes órgãos constituem a serpente[27]. Sonhos com serpentes ocorrem, por este motivo, geralmente por ocasião de desvios da consciência de sua base instintiva.

O tema "menor do que pequeno e no entanto maior do que grande" complementa a impotência da "criança" com seus feitos igualmente maravilhosos. Este paradoxo pertence à essência do herói e perpassa como um fio vermelho todo o seu destino. Ele enfrenta o maior perigo, mas no entanto sucumbe a algo insignificante: Baldur perece pelo visco, Maui pelo riso de um pequeno pássaro, Siegfried pelo único ponto vulnerável, Héracles pelo presente de sua esposa, outros por uma traição vulgar etc.

O ato principal do herói é vencer o monstro da escuridão: a vitória esperada da consciência sobre o inconsciente. Dia e luz são sinônimos da consciência, noite e escuridão, do inconsciente. A tomada de consciência é provavelmente a experiência mais forte dos tempos primordiais, pois é a partir dela que se fez o mundo, de cuja existência ninguém suspeitava antes. "E Deus disse: Faça-se a luz !" É a projeção daquela vivência imemorial da consciên-

---

26. Vertebrados superiores simbolizam especialmente as emoções.

27. Este significado da serpente já se encontra em HIPÓLITO. *Refutatio*, IV, 49-51. Cf. tb. LEISEGANG. *Die Gnosis*. Leipzig: [s.e.], p. 146.

A criança divina 131

cia se destacando do inconsciente. Ainda hoje, a posse da alma é algo precário entre os primitivos, e a "perda da alma" é uma doença anímica típica, que leva a medicina primitiva a tomar múltiplas medidas psicoterapêuticas. Por isso, a "criança" já se destaca por feitos que indicam a meta da vitória sobre a escuridão.

2 A fenomenologia especial do arquétipo da criança

2.1 O abandono da criança

A criança enjeitada, seu abandono e o risco a que está sujeita são aspectos que configuram o início insignificante, por um lado, e o nascimento misterioso e miraculoso da criança, por outro. Essa afirmação descreve uma certa vivência psíquica de natureza criativa, cujo objetivo é a emergência de um conteúdo novo, ainda desconhecido. Na psicologia do indivíduo trata-se sempre, em tal circunstância, de uma situação de conflito doloroso aparentemente sem saída – para a consciência, pois para esta sempre vale o *tertium non datur*[28]. Desta colisão dos opostos a psique inconsciente sempre cria uma terceira instância de natureza irracional, inesperada e incompreensível para a consciência. Apresenta-se ela sob uma forma que não corresponde nem ao sim, nem ao não, sendo portanto rejeitada pelos dois. A consciência nada sabe além dos opostos e por isso também não reconhece aquilo que os une. Mas como a solução do conflito pela união dos opostos é de vital importância e também desejada pela consciência, o pressentimento de criação significativa abre caminho. Disso resulta o caráter numinoso da "criança". Um conteúdo importante, mas desconhecido, exerce sempre um efeito fascinante e secreto sobre a consciência. A nova configuração é o

---

28. *Tipos psicológicos.* Op. cit., § 249s. – Não existe um terceiro.

vir a ser de uma totalidade, isto é, está a caminho da totalidade, pelo menos na medida em que ela excede em "inteireza" a consciência dilacerada pelos opostos, superando-a neste sentido em completitude. Por esse motivo, todos os "símbolos unificadores" também possuem um significado redentor.

A "criança" surge desta situação como um conteúdo simbólico manifestamente liberto do pano de fundo (da mãe), isto é, isolado, incluindo às vezes também a mãe na situação perigosa, quando é ameaçado, por um lado, pela atitude de recusa da consciência e, por outro, pelo horror do inconsciente, pronto para devorar de novo todos os seus nascimentos, uma vez que o inconsciente produz estes últimos apenas ludicamente e que a destruição é uma parte inevitável do jogo. Nada no mundo dá as boas-vindas a este novo nascimento, mas apesar disso ele é o fruto mais precioso e prenhe de futuro da própria natureza originária; significa em última análise um estágio mais avançado da autorrealização. É por isso que a natureza, o próprio mundo dos instintos, encarrega-se da "criança": esta é alimentada ou protegida por animais.

"Criança" significa algo que se desenvolve rumo à autonomia. Ela não pode tornar-se sem desligar-se da origem: o abandono é, pois, uma condição necessária, não apenas um fenômeno secundário. O conflito não é superado, portanto, pelo fato de a consciência ficar presa aos opostos; por este motivo, necessita um símbolo que lhe mostre a exigência do desligamento da origem. Na medida em que o símbolo da "criança" fascina e se apodera do inconsciente, seu efeito redentor passa à consciência e realiza a saída da situação de conflito, de que a consciência não era capaz. O símbolo é a antecipação de um estado nascente de consciência. Enquanto este estado não se estabelece, a "criança" permanece uma projeção mitológica que exige uma repetição pelo culto e uma renovação ritual. O Menino Jesus, por exemplo, permanece

A criança divina 133

uma necessidade cultual, enquanto a maioria das pessoas ainda é incapaz de realizar psicologicamente a frase bíblica: "A não ser que vos torneis como as criancinhas". Tratando-se aqui de desenvolvimentos e transições extremamente difíceis e perigosos, não surpreende que tais figuras permaneçam vivas por centenas ou milhares de anos. Tudo o que o homem deveria, mas ainda não pode viver em sentido positivo ou negativo, vive como figura e antecipação mitológica ao lado de sua consciência, seja como projeção religiosa ou – o que é mais perigoso – conteúdos do inconsciente que se projetam então espontaneamente em objetos incongruentes, como, por exemplo, em doutrinas e práticas higiênicas e outras "que prometem salvação". Tudo isto é um substitutivo racionalizado da mitologia que, devido à sua falta de naturalidade, mais prejudica do que promove a pessoa humana.

A situação de conflito sem saída, que gera a criança como um *tertium* irracional, é sem dúvida uma fórmula que corresponde apenas a um grau de desenvolvimento psicológico moderno. Não se aplica essa fórmula à vida anímica do primitivo; e isso porque o âmbito da consciência infantil do primitivo ainda exclui todo um mundo de possibilidades de vivências psíquicas. O conflito moral moderno, no estágio natural do primitivo, ainda é uma calamidade objetiva que ameaça a própria vida. Não raro, há figuras de criança que são portadoras de cultura e por isso identificadas com fatores que promovem a cultura, tais como o fogo[29], o metal, o trigo, o milho etc. Como portadoras de luz, ou seja, amplificadoras da consciência, essas figuras de criança vencem a escuridão, ou seja,

---

29. Até mesmo o Cristo é de natureza ígnea *Qui iuxta me est, iuxta ignem est* etc. (Quem está perto de mim, está perto do fogo): ORÍGENES. Homiliae in Ieremiam, XX, 3, apud PREUSCHEN, E. *Antilegomena*. Giessen: [s.e.], 1901, p. 44. Tb. o Espírito Santo.

o estado inconsciente anterior. Uma consciência mais elevada, ou um saber que ultrapassa a consciência atual, é equivalente a estar sozinho no mundo. A solidão expressa a oposição entre o portador ou o símbolo da consciência mais alta e seu meio ambiente. Os vencedores da escuridão retornam a tempos remotos, o que indica (juntamente com muitas outras lendas) que também existia uma carência psíquica originária, ou seja, a inconsciência. O medo "irracional" da escuridão dos primitivos atuais provém provavelmente desta fonte. Encontrei em uma tribo no Monte Elgon uma forma de religião que correspondia a um otimismo panteísta. Esta convicção, porém, era sempre abolida das seis da tarde até às seis da manhã e substituída por medo, pois de noite domina Ayik, o ser da escuridão, o "autor do medo". Durante o dia não havia serpentes gigantes naquela região, mas de noite elas espreitavam à beira de todos os caminhos. De noite toda a mitologia estava à solta!

2.2 A invencibilidade da criança

Chama a atenção o paradoxo presente em todos os mitos da criança pelo fato de ela estar entregue e indefesa frente a inimigos poderosíssimos, constantemente ameaçada pelo perigo da extinção, mas possuindo forças que ultrapassam muito a medida humana. Esta afirmação se relaciona intimamente com o fato psicológico de a "criança" ser "insignificante" por um lado, isto é, desconhecida, "apenas" uma criança, mas, por outro, divina. Do ponto de vista da consciência, parece tratar-se de um conteúdo insignificante sem nenhum caráter liberador ou salvífico. A consciência fica aprisionada em sua situação de conflito e os poderes que aí se digladiam parecem ser tão grandes que o conteúdo "criança" emerge isolado, sem relação alguma com os fatores da consciência. Por isso, ele não é notado, podendo retornar facilmente ao inconsciente. Pelo menos é o que deveríamos temer, se as coisas se comportassem de acordo com nossas expectativas conscientes. O mito enfatiza, porém, que não é este o caso, mas que a "criança" é dotada de um poder superior e que se impõe inesperadamente, apesar de todos os perigos. A "criança" nasce do útero do inconsciente, gerada no fundamento da natureza humana, ou melhor, da própria natureza viva. É uma personificação de forças vitais, que vão além do alcance limitado da nossa consciência, dos nossos caminhos e possibilidades, desconhecidos pela consciência e sua unilateralidade, e uma inteireza que abrange as profundidades da natureza. Ela representa o mais forte e inelutável impulso do ser, isto é, o impulso de realizar-se a si mesmo. É uma impossibilidade de ser-de-outra-forma, equipada com todas as forças instintivas naturais, ao passo que a consciência sempre se emaranha em uma suposta possibilidade de ser-de-outra-forma. O impulso e compulsão da autorrealização é uma lei da natureza e, por isso, tem uma força invencível, mesmo que seu efeito seja no início insignificante e improvável. A força manifesta-se nos atos milagrosos da criança-herói e mais tarde nas *athla* (nas "obras") da figura do serviçal (do tipo Héracles) em que, apesar do herói ter ultrapassado o estágio da impotência da "criança", ainda ocupa uma posição insignificante. A figura do serviçal conduz geralmente à epifania propriamente dita do herói semidivino. Por estranho que pareça, temos na alquimia uma variante do tema muito parecida e isso nos sinônimos da *lapis*. Como matéria-prima, ela é a *lapis exilis et vilis*. Como substância de transmutação, ela aparece como *servus rubeus* ou *fugitivus*, e atinge finalmente numa verdadeira apoteose a dignidade de um *filius sapientiae*, ou *deus terrenus*, uma "luz acima de todas as luzes", um poder que contém todas as forças das regiões superiores e inferiores. Ela torna-se o *corpus glorificatum* que alcançou a incorruptibilidade eterna, tornando-se por isso uma panaceia (o "portador da cura")[30]. A grandeza e a invencibilidade da "criança" começa na especulação indiana acerca do ser do Atmã. Este corresponde ao que é "menor do que pequeno e maior do que grande": o si-mesmo, como fenômeno individual, "menor do que pequeno", mas como equivalente do mundo, "maior do que grande"[31]. O si-mesmo, enquanto polo oposto, ou o absolutamente "Outro" do mundo, é a *conditio sine qua non* do conhecimento do mundo e da consciência de sujeito e objeto. É a alteridade psíquica que possibilita verdadeiramente a consciência. A identidade não possibilita a consciência. Somente a separação, o desligamento e o confronto doloroso a partir da oposição pode gerar consciência e conhecimento. A introspecção indiana reconheceu muito cedo este fato psicológico e por isso pôs em pé de igualdade o sujeito da cognição e o sujeito da existência em geral. De acordo com a atitude predominantemente introvertida do pensamento indiano, o objeto perdeu até mesmo o atributo de realidade absoluta, tornando-se frequentemente mera ilusão. A mentalidade greco-ocidental não podia se livrar da convicção da existência absoluta do mundo. Isto acontecia, no entanto, às custas do significado cósmico do si-mesmo. Hoje é difícil ainda para o homem ocidental reconhecer a necessidade psicológica de um sujeito transcendente do conhecer, como um polo oposto do universo empírico, embora o postulado da existência de um si-mesmo em confronto com o mundo, pelo menos como um ponto refletor, seja logicamente indispen-

---

30. *A pequena pedra insignificante – o escravo vermelho ou fugaz – filho da sabedoria – deus terreno – corpo glorificado.* O material encontra-se resumido em *Psicologia e alquimia.* Op. cit, partes II e III. Mercúrio como servo na parábola de FILALETES, I. *Erklärung der Hermetisch Poetischen Werke Herrn Georgii Riplaei.* [s.n.t.], p. 131s.

31. Cf. Katha-Upanishad. In: Sacred Books of the East, XV, p. 11, traduzido e comentado em: *Tipos psicológicos.* Op. cit., § 342.

A criança divina 137

sável. Independentemente da atitude de rejeição ou de aprovação condicional da respectiva filosofia, há uma tendência compensatória em nossa psique inconsciente para produzir um símbolo do si-mesmo em seu significado cósmico. Estes esforços ocorrem nas formas arquetípicas do mito do herói, como podem ser facilmente observados em todo processo de individuação.

A fenomenologia do nascimento da "criança" sempre remete de novo a um estado psicológico originário do não conhecer, da escuridão ou crepúsculo, da indiferenciação entre sujeito e objeto, da identificação inconsciente de homem e mundo. Deste estado de indiferenciação surge o ovo dourado, o qual é tanto homem quanto mundo; no entanto não é nenhum dos dois, mas um terceiro, irracional. Para a consciência crepuscular do homem primitivo, é como se o ovo saísse do útero do vasto mundo, sendo por isso um acontecimento cósmico e objetivo externo. Para a consciência diferenciada, ao contrário, parece evidente que este ovo nada mais é do que um símbolo nascido da psique, ou – o que é pior – uma especulação arbitrária e portanto "nada mais do que" um fantasma primitivo desprovido de qualquer "realidade". A psicologia médica atual considera diferentemente o fenômeno deste *phantasmata*. Sabe que perturbações das funções corporais importantes, por um lado, e consequências psíquicas devastadoras, por outro, resultam de meras "fantasias". "Fantasias" são expressões naturais da vida do inconsciente. Uma vez que este é a psique de todos os complexos autônomos funcionais do corpo, suas "fantasias" têm um significado etiológico que não deve ser menosprezado. Sabemos pela psicopatologia do processo de individuação que a formação dos símbolos é frequentemente associada a perturbações somáticas psicógenas, as quais em certas ocasiões podem ser sentidas como "verdadeiras". No campo da medicina, as fantasias são coisas reais, as quais o psicoterapeuta tem que levar seriamente em conta. Ele não pode negar a legitimidade daqueles *phantasmata* primitivos, cujo conteúdo é tão real que devido a isso são projetados no mundo exterior. Em última análise, o corpo humano também é constituído da matéria do mundo e é nela que as fantasias se tornam manifestas; sim, sem ela, as "fantasias" não podem ser experienciadas. Sem matéria, elas seriam mais ou menos como grades abstratas de cristal dentro de uma solução de lixívia em que o processo de cristalização ainda não começou.

Os símbolos do si-mesmo surgem na profundeza do corpo e expressam sua materialidade tanto quanto a estrutura da consciência discriminadora. O símbolo é o corpo vivo, *corpus et anima*; por isso, a "criança" é uma fórmula tão adequada para o símbolo. A singularidade da psique é uma grandeza em vias de realização, nunca de um modo total, mas aproximativo, a qual é ao mesmo tempo o fundamento imprescindível de toda consciência. As "camadas" mais profundas da psique vão perdendo com a escuridão e fundura crescentes a singularidade individual. Quanto mais "baixas", isto é, com a aproximação dos sistemas funcionais autônomos, tornam-se gradativamente mais coletivas, a fim de se universalizarem e ao mesmo tempo se extinguirem na materialidade do corpo, isto é, nas substâncias químicas. O carbono do corpo é simplesmente carbono. Em seu nível "mais baixo", a psique é pois simplesmente "mundo". Neste sentido, dou toda razão a Kerényi quando este diz que no símbolo fala o próprio mundo. Quanto mais arcaico e "mais profundo", isto é, mais fisiológico o símbolo, tanto mais ele é coletivo e universal, tanto "mais material". Quanto mais abstrato, diferenciado e específico, tanto mais se aproxima da natureza da unicidade e singularidade consciente e tanto mais se desfaz de seu caráter universal. Em plena consciência ele corre o perigo de tornar-se mera alegoria, que em parte alguma ul-

A criança divina 139

trapassa os limites da compreensão consciente, ficando então exposta a todas as tentativas possíveis de explicação racionalista.

2.3 O hermafroditismo da criança

É um fato digno de nota que talvez a maioria dos deuses cosmogônicos seja de natureza bissexual. O hermafrodita justamente significa uma união dos opostos mais fortes e estranhos. Essa união remete em primeiro lugar a um estado de espírito primitivo, em cujo estado crepuscular as diferenças e contrastes ainda se encontram indistintos ou confusos. Com a clareza crescente da consciência, porém, os opostos afastam-se de modo distinto e irreconciliável. Assim, se o hermafrodita fosse apenas um produto da indiferenciação primitiva, seria de esperar-se sua eliminação com o desenvolvimento da cultura. Isto não acontece de forma alguma; pelo contrário, esta representação ocupou também a fantasia em níveis culturais elevados e máximos, sempre de novo, tal como podemos observar na filosofia do gnosticismo do helenismo tardio e sincrético. A *rebis* hermafrodita desempenha um papel significativo na filosofia da natureza da Idade Média. E na época atual ouvimos falar da androginia de Cristo na mística católica[32].

Aqui não pode mais tratar-se da persistência de um fantasma primitivo, de uma contaminação originária de opostos. A representação primordial, como podemos constatar nas obras medievais[33], tornou-se o símbolo da união construtiva de opostos, um símbolo "unificador" propriamente dito. Em seu significado funcional, o símbolo não aponta mais para trás, mas para a frente, para

---

32. KOEPGEN. *Die Gnosis des Christentums*. [s.n.t.], p. 315s.
33. A *lapis* como *mediator* e *medium*; cf. Tractatus aureus cum scholiis. In: MANGETUS. *Bibl. chem.* I, p. 408b. • *Art. Aurif.*, p. 641.

uma meta ainda não atingida. Sem ater-nos à sua monstruosidade, o hermafrodita tornou-se pouco a pouco, inequivocamente, um portador de cura, superador de conflitos, significado este que ele já alcançara em fases bem anteriores da cultura. Este significado vital explica por que a imagem do hermafrodita não se apaga nos primeiros tempos, mas, pelo contrário, pôde afirmar-se com a profundidade crescente do conteúdo simbólico através dos séculos. O fato de uma representação tão arcaica ter-se elevado a um tal nível de significado indica não só a vitalidade das ideias arquetípicas em geral como, também, demonstra o acerto do princípio de que o arquétipo é o mediador e unificador de opostos entre os fundamentos inconscientes e a consciência. Ele constrói uma ponte entre a consciência do presente, ameaçada de desenraizamento, e a totalidade natural inconscientemente instintiva dos tempos originários. Por meio dessa mediação a unicidade, a singularidade e a unilateralidade da atual consciência individual são conectadas sempre de novo com a condição prévia natural e da raça. Progresso e desenvolvimento são ideais inegáveis; mas perdem o sentido se o homem chegar a seu novo estado apenas como um fragmento de si mesmo, deixando para trás, na sombra do inconsciente, todo o essencial que constitui seu pano de fundo, a um estado de primitividade, ou até de barbárie. A consciência cindida de seus fundamentos, incapaz de preencher o sentido de um novo estado, torna a cair com muita facilidade em uma situação bem pior do que aquela da qual a mudança quis libertá-la – *exempla sunt odiosa!* Friedrich Schiller foi quem pela primeira vez viu com clareza este problema; mas nem seus contemporâneos, nem seus sucessores tiveram a capacidade de tirar qualquer conclusão deste fato. Pelo contrário, as pessoas tendem mais do que nunca a educar apenas crianças. Por isso eu suspeito que o *furor paedagogicus* seja um atalho bem-vindo que circunda o problema central tratado por

Schiller, ou seja, a educação do educador. As crianças são educadas por aquilo que o adulto é, e não por suas palavras. A crença geral nas palavras é uma verdadeira doença da alma, pois uma tal superstição sempre afasta o homem cada vez mais de seus fundamentos, levando-o à identificação desastrosa da personalidade com o *slogan* em que acredita naquele momento. Enquanto isso, tudo o que foi superado e deixado para trás pelo chamado progresso resvala cada vez mais para dentro do inconsciente profundo, ocasionando a volta à condição primitiva da identificação com a massa. E este estado torna-se então realidade em lugar do progresso esperado.

Na medida em que a cultura se desenvolve, o ser originário bissexual torna-se símbolo da unidade da personalidade do si-mesmo, em que o conflito entre os opostos se apazigua. Neste caminho, o ser originário torna-se a meta distante da autorrealização do ser humano, sendo que desde o início já fora uma projeção da totalidade inconsciente. A totalidade humana é constituída de uma união da personalidade consciente e inconsciente. Tal como todo indivíduo provém de genes masculinos e femininos e seu sexo é determinado pela predominância de um ou outro dos genes, assim também na psique só a consciência, no caso do homem, tem um sinal masculino, ao passo que o inconsciente tem qualidade feminina. Na mulher, dá-se o contrário. Apenas redescobri e reformulei este fato em minha teoria da *anima*[34], que já há muito era conhecida.

A ideia da *coniunctio* do masculino e feminino, que se tornou um conceito técnico na filosofia hermética, já aparece no gnosticismo como um *mysterium iniquitatis* provavelmente com a influência do "casamento divino" do Antigo Testamento, tal como

---

34. *Tipos psicológicos*. Op. cit., definições, cf. alma. • *O eu e o inconsciente*. Op. cit., 2ª parte, cap. II, § 296s.

foi realizado por exemplo por Oseias[35]. Tais coisas não são apenas indicadas por certos costumes tradicionais[36], mas também são citações do Evangelho que encontramos na Segunda Epístola de Clemente: "Quando os dois se tornarem um, e o que está fora (tornar-se) como o que está dentro, o masculino com o feminino tornar-se-ão nem masculino, nem feminino"[37]. Este *logion* é introduzido por Clemente de Alexandria por meio das seguintes palavras: "Quando tiverdes calcado com os pés a veste da vergonha..."[38], o que se refere provavelmente ao corpo, pois Clemente assim como Cassiano (do qual a citação foi tirada) como também o Pseudo-Clemente interpretaram a palavra num sentido espiritual, ao contrário dos gnósticos, os quais, ao que parece, tomaram a *coniunctio* literalmente. No entanto, tiveram o cuidado, por meio da prática do aborto e de outras restrições, de não permitir que o sentido biológico de seu comportamento prevalecesse sobre o significado religioso do rito. Enquanto na mística eclesiástica a imagem primordial do *hieros gamos* era sublimada ao máximo e só se aproximava ocasionalmente da *physis*, pelo menos emocionalmente, como por exemplo no caso de Mectilde de Magdeburgo[39], a imagem se manteve inteiramente viva, continuando como objeto de preocupação psíquica especial. Os desenhos simbólicos de Opicinus de Canistris[40] nos dão sob este aspecto uma ideia interessante do modo pelo qual esta imagem primordial servia como instru-

---

35. Os 1,2s.

36. Cf. FENDT, L. *Gnostische Mysterien*. Munique: [s.e.], [s.d.].

37. HENNECKE. *Neutestamentliche Apokryphen*. [s.n.t.], p. 176, 12.

38. CLEMENTE. *Stromata*, III, 13, 92. • HENNECKE. *Neutestamentliche Apokryphen*. Op. cit., p. 23.

39. Das fliessende Licht der Gottheit.

40. SALOMON, R. *Opicinus de Canistris*. Londres: [s.e.], 1936.

A criança divina 143

mento de união dos opostos, até mesmo no estado patológico. Por outro lado, na filosofia hermética dominante da Idade Média, a *coniunctio* realizava-se inteiramente no campo da *physis* a partir da teoria abstrata *coniugium Solis et Lunae*, a qual, apesar da fantasia imagística, dava ensejo à antropomorfização.

Isto só é compreensível quando a imagem originária reaparece sob a forma da oposição homem-mulher na psicologia moderna do inconsciente, ou seja, como consciente masculino e inconsciente personificado no feminino. Com a conscientização psicológica, porém, o quadro complicou-se consideravelmente. Enquanto a antiga ciência era quase exclusivamente uma área em que só o inconsciente do homem podia projetar-se, a nova psicologia teve de reconhecer também a existência de uma psique feminina autônoma. No entanto, trata-se aqui do caso inverso: uma consciência feminina opõe-se a uma personificação masculina do inconsciente, que já não podemos chamar de *anima*, mas, sim, de *animus*. Esta descoberta complicou também o problema da *coniunctio*.

Originariamente, este arquétipo era vivido inteiramente no campo da magia da fertilidade, permanecendo portanto durante muito tempo um fenômeno puramente biológico, sem outra finalidade a não ser a da fecundação. Mas já na remota Antiguidade o significado simbólico do ato parece ter-se ampliado. Assim, por exemplo, a realização do *hieros gamos* como um ritual do culto tornou-se não só um mistério, como também uma abstração[41]. Já vimos que o gnosticismo também se esforçou seriamente no sentido de subordinar o fisiológico ao metafísico. Na Igreja, finalmen-

---

41. Cf. denúncia do Bispo Astério. In: FOUCART, P. *Mystères d'Eleusis*. Paris: [s.e.], cap. XX. Segundo relato de Hipólito, o hierofante ficou impotente mediante a ingestão de uma dose de cicuta. As autocastrações dos sacerdotes a serviço da deusa-mãe têm um significado semelhante.

te, a *coniunctio* é totalmente suprimida do plano da *physis*, e na filosofia da natureza tornou-se uma teoria abstrata. Este desenvolvimento significa uma transformação gradual do arquétipo em um processo anímico que podemos designar teoricamente por uma combinação de processos conscientes e inconscientes[42]. Na prática, porém, a coisa não é tão fácil, pois em geral o inconsciente feminino do homem é projetado em uma parceira feminina, e o inconsciente masculino da mulher em um homem. A elucidação desta problemática, porém, é especialmente psicológica e já não se refere mais ao esclarecimento do hermafrodita mitológico.

2.4 A criança como começo e fim

Depois de sua morte, Fausto é perseguido, como menino, no "coro dos meninos bem-aventurados". Não sei se Goethe se referia, com essa estranha ideia, aos cupidos dos antigos sepulcros. Isto não seria inconcebível. A figura do *cucullatus* indica o gênio encapuçado, isto é, invisível, do morto, que agora reaparece na ciranda infantil de uma nova vida, cercado de figuras marinhas dos golfinhos e dos deuses do mar. Este é o símbolo querido do inconsciente, a mãe de tudo o que vive. Tal como a "criança" tem, em certas circunstâncias (por exemplo, no caso de Hermes e dos dáctilos) uma relação muito próxima com o falo enquanto símbolo do genitor, assim ela aparece de novo no falo sepulcral como símbolo da concepção renovada.

A "criança" é, portanto, também *renatus in novam infantiam*, não sendo, portanto, apenas um ser do começo, mas também um ser do fim. O ser do começo existiu antes do homem, e o

---

42. Mais sobre o confronto com o inconsciente, cf. *O eu e o inconsciente*. Op. cit., cap. II, § 221s.

ser do fim continua depois dele. Psicologicamente, esta afirmação significa que a "criança" simboliza a essência humana pré-consciente e pós-consciente. O seu ser pré-consciente é o estado inconsciente da primeiríssima infância; o pós-consciente é uma antecipação *per analogiam* da vida além da morte. Nesta ideia se exprime a natureza abrangente da totalidade anímica. Esta nunca está contida no âmbito da consciência, mas inclui a extensão do inconsciente, indefinido e indefinível. A totalidade é, pois, empiricamente uma dimensão incomensurável, mais velha e mais nova do que a consciência, envolvendo-a no tempo e no espaço. Esta constatação não é uma simples especulação, mas uma experiência anímica direta. O processo da consciência não só é constantemente acompanhado, mas também frequentemente conduzido, promovido e interrompido por processos inconscientes. A vida anímica estava na criança ainda antes de ela ter consciência. Mesmo o adulto continua a dizer e fazer coisas cujo significado talvez só se torne claro mais tarde, ou talvez se perca. No entanto, ele as disse e fez como se soubesse o que significavam. Nossos sonhos dizem constantemente coisas que ultrapassam nossa compreensão consciente (razão pela qual são tão úteis na terapia das neuroses). Temos pressentimentos e percepções de fontes desconhecidas. Medos, humores, intenções e esperanças nos assaltam, sem causalidade visível. Tais experiências concretas fundamentam aqueles sentimentos de que nós nos conhecemos de modo muito insuficiente e a dolorosa conjetura de que poderíamos ter vivências surpreendentes com nós mesmos.

O homem primitivo não é um enigma para si mesmo. A pergunta acerca do homem é sempre a última que ele se propõe. Mas o primitivo tem tanto de anímico projetado fora de sua consciência que a experiência de algo psíquico fora dele é muito mais familiar do que para nós. A consciência protegida a toda volta por poderes psíquicos, sustentada, ameaçada ou traída por eles, é uma experiência primordial da humanidade. Essa experiência projetou-se no arquétipo da criança que expressa a totalidade do ser humano. Ela é tudo o que é abandonado, exposto e ao mesmo tempo o divinamente poderoso, o começo insignificante e incerto e o fim triunfante. A "eterna criança" no homem é uma experiência indescritível, uma incongruência, uma desvantagem e uma prerrogativa divina, um imponderável que constitui o valor ou desvalor último de uma personalidade.

Conclusão

Tenho a consciência de que um comentário psicológico do arquétipo da criança sem uma documentação detalhada não passa de um esboço. Uma vez, porém, que se trata de um território novo na psicologia, o que em primeiro lugar me preocupou foi delimitar o âmbito possível da problemática levantada pelo arquétipo em questão e descrever resumidamente seus diferentes aspectos. Delimitações agudas e formulações estritas de conceitos são praticamente impossíveis neste campo, pois a interpenetração recíproca e fluida pertence à natureza dos arquétipos. Estes só podem ser circunscritos na melhor das hipóteses de modo aproximativo. Seu sentido vivo resulta mais de sua apresentação como um todo do que de sua formulação isolada. Toda tentativa de uma apreensão mais aguda pune-se imediatamente pelo fato de apagar a luminosidade do núcleo inapreensível de significado. Nenhum arquétipo pode ser reduzido a uma simples fórmula. Trata-se de um recipiente que nunca podemos esvaziar, nem encher. Ele existe em si apenas potencialmente e, quando toma forma em alguma matéria, já não é mais o que era antes. Persiste através dos milênios e sempre exige novas interpretações. Os arquétipos são os elementos inabaláveis do inconsciente, mas mudam constantemente de forma.

A criança divina

É praticamente impossível arrancar um arquétipo isolado do tecido vivo da alma e seu sentido, mas, apesar de seu entrelaçamento, os arquétipos constituem unidades que podem ser apreendidas intuitivamente. A psicologia como uma das múltiplas manifestações de vida da alma opera com ideias e conceitos que, por sua vez, são derivados de estruturas arquetípicas, gerando um mito algo abstrato. A psicologia traduz, portanto, a linguagem arcaica do mito em um mitologema moderno ainda não reconhecido como tal, o qual constitui um elemento da "ciência" do mito. Esta atividade "inútil" é um mito vivo e vivido, sendo por isso satisfatório e até benéfico para as pessoas de temperamento imaginativo, na medida em que estavam cindidas dos fundamentos da alma por uma dissociação neurótica.

Encontramos o arquétipo da "criança" empiricamente em processos de individuação espontâneos e induzidos terapeuticamente. A primeira manifestação da "criança" é, em geral, totalmente inconsciente. Neste caso há uma identificação do paciente com seu infantilismo pessoal. Depois ocorre, "sob a influência da terapia", uma separação e objetivação mais ou menos gradual da "criança" e, portanto, uma dissolução da identidade, acompanhada de uma intensificação "às vezes tecnicamente apoiada" de figurações fantasiosas, em que traços arcaicos, isto é, mitológicos, tornam-se cada vez mais visíveis. O processo de transformação que se segue corresponde ao mito do herói. Em geral, o motivo dos grandes feitos não comparece; em compensação, as ameaças míticas desempenham um papel maior. Na maioria das vezes reaparece, nesse estágio, uma identificação com o papel do herói, que por diversos motivos é um polo de atração. Tal identificação é frequentemente obstinada e preocupante para o equilíbrio anímico. Se essa identificação puder ser dissolvida a partir da redução da consciência à sua medida humana, a figura do herói diferenciar-se-á gradativamente até o símbolo do si-mesmo.

Na realidade prática, porém, trata-se certamente não de um mero saber acerca de tais desenvolvimentos, mas da vivência das transformações. O estágio inicial do infantilismo pessoal mostra a imagem de uma criança "abandonada", ou seja, "incompreendida" e tratada injustamente, a qual tem pretensões exageradas. A epifania do herói, isto é, a segunda identificação manifesta-se em uma inflação correspondente: a pretensão exagerada torna-se convicção de que se é algo especial; ou a impossibilidade de satisfazer a pretensão é prova da própria inferioridade, o que favorece o papel do herói sofredor (numa inflação negativa). Apesar de serem contraditórias, ambas as formas são idênticas, porque à megalomania consciente corresponde uma inferioridade compensatória inconsciente e, a uma inferioridade consciente, uma megalomania inconsciente. (Nunca encontramos uma sem a outra.) Se o recife da segunda identificação for circum-navegado com êxito, o acontecimento consciente pode ser separado nitidamente do inconsciente, e este último pode ser observado objetivamente. Disso resulta a possibilidade de um confronto com o inconsciente e, assim, de uma síntese possível dos elementos conscientes e inconscientes do conhecimento e da ação. Ocorre novamente o deslocamento do centro da personalidade do eu para o si-mesmo[43].

Nesse quadro psicológico ordenam-se os temas do abandono, da invencibilidade, do hermafroditismo, e do ser do começo e do fim, enquanto categorias da vivência e da compreensão, facilmente discerníveis.

---

43. *O eu e o inconsciente*. Op. cit.

3 A jovem divina

K. Kerényi

Dedicado a Dildil e Lúcia

---

1 A Anadiômene

O Renascimento florentino teve maior apreço pelos *hinos homéricos* do que pelas duas grandes epopeias. Marsílio Ficino, o tradutor de Platão, traduziu em primeiro lugar os hinos, os homéricos e os órficos. Sabemos que ele também os cantava à maneira antiga, acompanhado pelo alaúde. Em suas estrofes, Ângelo Poliziano, outro notável espírito do humanismo florentino, reescreve um hino a Afrodite – nem o mais longo nem o mais curto dos hinos atribuídos a Homero. Diríamos que o pintou no estilo do *quattrocento*, se não existisse o pintor que, com a contribuição poética de Poliziano, o fez realmente: Botticelli[1]. *O nascimento de Vênus* não é um título adequado para esse quadro. Antes representa, de acordo com o hino homérico, a chegada de Afrodite a Chipre, a chegada de Afrodite a nós, aos tempos modernos, segundo o signi-

---

[1]. Os detalhes sobre todos esses pontos se encontram em WARBURG, A.M. *Die Erneuerung der heidnischen Antike*. Leipzig: [s.e.], 1932, p. 6ss.

4. *Core com o peplo*
Acrópole, por volta de 540 a.C.

A criança divina

ficado e a importância dessa obra-prima para nossa educação. O quadro de Botticelli contém pelo menos tanta mitologia viva como o hino homérico[2].

O nascimento de Afrodite é distinto: rude e comovente, de uma maneira igualmente arcaica, destoa tanto do estilo da poesia homérica como do de Botticelli. A mutilação de Urano, sua masculinidade jogada ao mar, toda a terrível pré-história, a mitologia titânica do estado anterior ao princípio foi, de certo modo, removida. A unidade do instante mitológico original, em que o procriador e o procriado eram idênticos no ventre materno da água[3], dissolveu-se já em Hesíodo e se converteu em acontecimento e em história. Também Hesíodo já falava do ser levado – como no mito da criança divina dos polinésios, o Maui[4] –, do longo ser levado pelas ondas. No final, a espuma branca havia parido a menina, que daí recebe seu nome: ἀφρός designa a espuma e Afrodite a deusa. Essa etimologia antiga, já de Hesíodo, obtém sua plausibilidade a partir de um grande espetáculo mitológico, que deve ser ainda mais antigo: da figura de Anadiômene, a deusa que emerge das ondas. As representações da chegada de Afrodite já foram além disso. A brisa suave transporta a grande deusa, já nascida, para uma de suas ilhas sagradas ou – na pintura de Botticelli – para a terra firme.

A espuma tênue em que Afrodite é levada é um símbolo de seu nascimento que combina com o estilo homérico, como a concha combina com o estilo de Botticelli. É entre os poetas romanos que lemos pela primeira vez que Vênus nasceu de uma concha, ou que ela se move numa concha sobre o mar. Representações anti-

---

2. "Mitologia" no sentido original [cf. p. 13-15]. Para os hinos sobre Afrodite, cf. *Homerische Hymnen*: a Afrodite.

3. Cf. p. 90s.

4. Cf. p. 77s.

152 Coleção Reflexões Junguianas

gas a mostram como se nascesse de uma concha. Não precisamos supor, como quer o grande filólogo Usener[5], que a origem da pérola seja o fundamento e ponto de partida do símbolo. Mais tarde, também aquele símbolo será fundido com esse de modo bem original. Entretanto, na origem o animal sagrado de Afrodite em Cnido[6] era de um tipo de concha bem diferente, e não essa espécie de molusco nobre. A concha é, em geral, o exemplo mais expressivo e a expressão mais imediata das qualidades afrodíseas do elemento úmido. Um poema de estilo homérico é muito espiritual para que pudesse acolher esse símbolo. Poliziano era muito sensual e, portanto, não podia esquecê-lo. Na obra de Botticelli, o modo como Vênus sai da concha indica-nos que a concha faz parte da deusa; a Anadiômene, no entanto, a abandona – como sucede em toda a mitologia original que Poliziano, segundo Hesíodo, ainda pôde relatar.

Do alto-mar, surgida de uma concha, levada pelos ventos e recebida pela deusa Terra com suas vestes coloridas, chega Afrodite Anadiômene. Trata-se de um aspecto da jovem original, da Protógone Core. A pintura de Botticelli permite ao homem moderno evocar a Anadiômene. E é ela que temos de evocar se quisermos entender as deusas dos gregos. É ela que se encontra mais próxima da origem.

2 O paradoxo da ideia mitológica

Para o homem religioso do mundo grego, as divindades já aparecem, desde Homero, em sua perfeição clássica. No entanto,

---

5. Cf. suas *Vorträge und Aufsätze* (Leipzig: [s.e.], 1914, p. 119ss.), onde podem ser encontrados os documentos antigos. A estátua, nossa foto 4 [JUNG, C.G. & KERÉNYI, K. *Einführung in das Wesen der Mythologie*, 1951] ainda não lhe era conhecida.

6. PLINIUS. *Naturalis Historia*. Vol. 4. [s.n.t.], p. 80.

A criança divina   153

é indubitável que apareceram não como meras invenções ou criações artísticas, mas como deidades vivas e verdadeiras. A melhor forma de entendê-las é como figuras eternas, como grandes realidades do mundo. "O fundamento da grandiosidade de todas essas figuras reside em sua veracidade"[7]. Como psicólogo, gostaria de enfatizar que aquela veracidade é sempre uma realidade que surge da alma[8]; como historiador, gostaria de acrescentar que a fascinante realidade psíquica dessa verdade – como qualquer verdade – se modifica com o tempo[9]; a partir do conhecimento de todo ser vivo, poderíamos qualificar de morte natural as modificações daquela força fascinante: a estrutura interior, convincente por si mesma, dessas figuras dos deuses gregos permanece inabalável e atemporal.

É natural sua comparação com as formas que expressam intensa e claramente o equilíbrio das imensas forças do mundo, que concebem cada um dos aspectos do mundo como uma situação limítrofe e o apresentam ao espírito como se a menor alteração daquele equilíbrio fosse provocar o colapso do universo. Toda lei da natureza representa um desses aspectos do equilíbrio do mundo e, ao mesmo tempo, é concebível pelo espírito como a fórmula matemática de uma situação limítrofe.

O mesmo sucede com essas figuras divinas. Em Apolo, a clareza mais elevada e a escuridão devastadora da morte se equilibram nos limites exteriores, nas profundidades se enfrentam com

---

7. OTTO, W.F. *Der europäische Geist und die Weisheit des Ostens*. Frankfurt a. M.: [s.e.], 1931, p. 21.

8. KERÉNYI, K. *Apollon*. 2. ed. Amsterdam/Leipzig: [s.e.], 1941, p. 51ss. • *La religione antica*. 2. ed. Roma: [s.e.], 1951, p. 38ss. • *Die antike Religion*. Düsseldorf: [s.e.], 1942, p. 45.

9. KERÉNYI, K. *Die antike Religion*. Op. cit.

uma perfeita igualdade[10]; em Dionísio, se equilibram a vida e a morte[11]; em Zeus, a força e o direito[12] – para citar apenas os três maiores. Em sua relação com o cosmos inteiro, essas figuras de deuses são aspectos do mundo; em si, porém, são totalidades[13], "mundos" que, por sua vez, têm seus aspectos; aspectos contrapostos precisamente porque reúnem em sua estrutura esses opostos em equilíbrio.

Esses deuses somente podem resplandecer no espírito como ideias, isso é, podem ser reconhecidos apenas em revelação imediata[14]. Não podem surgir gradualmente a partir de alguma coisa de qualidade completamente distinta. E o contrário também é verdade: nenhum deus é concebível ou digno de fé se não apareceu ao espírito, se nunca foi uma revelação espiritual imediata. A possibilidade das figuras de deuses gregos, a base de sua credibilidade, reside nisto: elas são ideativas, portadoras de ideias.

Se o historiador ousa assumir o ponto de vista que corresponde a essa noção – se ousa conceber espiritualmente o espiritual, a religião como religião –, de imediato se depara com algo paradoxal. Consegue penetrar tão facilmente e tão longe na pré-história das divindades gregas que aquele equilíbrio se desfaz, de certo modo, diante de seus olhos e desaparece a nitidez dos contornos definidos. Ártemis está presente tanto na virgindade dos animais jovens como nas angústias do parto. Na figura clássica da deusa, estas angústias e essa pureza virginal estão nos limites; estão em

---

10. KERÉNYI, K. *Apollon*. Op. cit., p. 47ss.

11. OTTO, W.F. *Dionysos*. Frankfurt a. M.: [s.e.], 1933, p. 186.

12. KERÉNYI, K. *Die antike Religion*. Op. cit., p. 78s.

13. OTTO, W.F. *Die Götter Griechenlands*. Frankfurt a. M.: [s.e.], p. 207.

14. OTTO, W.F. *Dionysos*. Op. cit., p. 29. • KERÉNYI, K. *Die antike Religion*. Op. cit., p. 43.

A criança divina

equilíbrio[15]. Quanto mais se penetra na pré-história da deusa, mais se percebe como esses contornos, associados ao nome "Ártemis", desaparecem. A situação limítrofe se amplia para uma área fronteiriça entre a maternidade e a virgindade, entre a alegria de viver e o desejo de assassinar, entre a fecundidade e o mundo dos infernos. Quanto mais cresce a consciência de que a divindade das figuras divinas pode ser experimentada espiritualmente apenas no resplendor das ideias, apenas na revelação imediata, mais se sente aqui uma dificuldade. A maior parte dos investigadores, quando pensa em certas coisas menos ideativas da pré-história acessível da religião grega, recusam-se em geral a reconhecer figuras ideativas de deuses.

O que encontramos aqui é um paradoxo, mas não uma impossibilidade: o resplendor de algo que, comparado a uma ideia, é obscuro; comparado às cegas sensações, porém, é ideativo – a revelação de alguma coisa que lembra a natureza inviolada de um botão de flor. As ideias mitológicas mais arcaicas são tal espécie de broto. Antes de tudo está a ideia da gênese e da origem: uma ideia que todo ser experimenta em sua própria gênese e, por isso, a realiza sempre de novo. Esta ideia toma corpo, de maneira mitológica, em seres primitivos maravilhosos. Ou de modo que o pai e o filho, o procriador original e o primeiro procriado, apareçam como idênticos no ser originário; ou de modo que o destino de mulher se converta em parábola e expressão da gênese e da origem. Zeus, Apolo, Dionísio, Hermes, Asclépio e Héracles – todos podem ser considerados os desenvolvimentos de uma criança original mitológica que, no princípio, compreendia em si o procria-

---

15. KERÉNYI, K. *Apollon*. Op. cit., p. 62.

dor e o procriado[16]. A mesma ideia, em seu aspecto de destino de mulher, também apareceu aos gregos numa figura de botão de flor. A natureza de renovo associada à essência dessa figura se expressava já no fato de ser chamada, na maioria das vezes, simplesmente de Core: a "jovem" divina.

A deusa Core é uma figura adequada para tornar compreensível uma ideia mitológica original em sua natureza de renovo – devido à sua capacidade de desenvolvimento, por um lado, e de síntese e de formação de um cosmos singular, por outro. Essa ideia é comparável também com um núcleo. Precisamos, de certo modo, compreender a estrutura oculta no "abismo do núcleo". No entanto, nunca devemos perder completamente de vista a imagem de Anadiômene. Ela constituirá a garantia da fidelidade de nosso entendimento, quando a estrutura espiritual concebida permanece conciliável com a imagem da deusa.

3 Figuras de jovens divinas

As deusas jovens caracterizam a religião grega muito mais que os meninos divinos, talvez mais até que as figuras dos jovens. As jovens divinas são de tal maneira um traço característico desta religião que ela não pode ser definida como uma "religião paternal" nem como uma "religião maternal", e tampouco, como a união de ambas. Aparentemente, a ordem olímpica empurrou para o segundo plano as grandes deusas maternas de épocas passadas apenas para dar maior destaque às "Cores" divinas. No âmbito interior da ordem dos deuses gregos – tanto sobre o Olimpo como no pequeno mundo de algumas cidades –

---

16. Cf. a respeito das primeiras quatro divindades, p. 45-47.

A criança divina

não é tanto Hera, a esposa, que divide o poder com Zeus, mas a figura andrógina de Palas Atená.

No Peloponeso era venerada também como "Atená mãe"[17], e nos estados de Ática era, de modo bem particular, a "mãe"[18]. No entanto, essa designação não faz alusão à sua essência; esta não podia encontrar melhor denominação que Core. É assim que era chamada e não pelo outro termo que designa a virgem: Partenos. Inclusive a moeda, que trazia sua efígie, era conhecida pelos atenienses como a "Core"[19]. Porém, seu "estado virginal" não se concebia relacionado com uma mãe da qual teria sido filha. A deusa Métis, que poderia ter sido sua mãe, desapareceu em Zeus, e Palas surgiu do pai[20]. Ainda menos se entendia seu "estado virginal" relacionado com um homem a que ela estivesse prometida ou, como outras jovens, pudesse ser submetida. A ideia grega de Deus não parece ter-se livrado de todo traço sexual a não ser na virgindade de Atená, sem haver perdido por isso um traço do caráter que de outra maneira era próprio das divindades masculinas, como Zeus e Apolo: a força espiritual pura[21].

No âmbito exterior da ordem olímpica predomina uma outra figura de jovem: Ártemis. Também ela é Core e Partenos. Porém, por meio de sua virgindade, comparada a de Atená, expressa-se algo distinto[22]. Seu mundo é o mundo da natureza selvagem, e as realidades do mundo que nele se encontram em equilíbrio – a pu-

---

17. PAUSÂNIAS. *Beschreibung Griechenlands*. Vol. III. Zurique: [s.e.], 1954.
18. EURÍPIDES. *Herakliden*, [s.n.t.], p. 771.
19. HYPERIDES, apud POLLUX, LX 74.
20. HESÍODO, *Theogonie*... 2. ed. Zurique/Düsseldorf: [s.e.], 1997, p. 886ss.
21. Cf. OTTO, W. *Die Götter Griechenlands*. Frankfurt a. M.: [s.e.] p. 55ss.
22. Ibid., p.102ss.

reza virginal e as angústias do parto – são poderosas em um aspecto do mundo puramente natural e feminino[23]. A possibilidade de ser vítima do homem fica excluída pela virgindade de Atená: aqui essa possibilidade é pressuposta pela virgindade. A ligação de Core Ártemis com sua mãe parece mais solta que a de Core Perséfone com Deméter. No entanto, Leto também não é esquecida quando se relembra a aparição de sua filha: ela está presente para se alegrar com a dança de Ártemis[24]. Grandes mitólogos da Antiguidade, como Ésquilo[25], e conhecedores de antigos mitologemas, como Calímaco[26], também ousaram insinuar que aqui somente se tratava de uma Core e de uma mãe: da filha de Deméter, que se chama Ártemis ou Perséfone.

Perséfone, a deusa dos gregos designada principalmente de Core ou Pais (ἡ παῖς), distingue-se de Atená da mesma maneira que Ártemis. Ela é Core não por estar acima de toda relação de feminilidade – acima da relação com a mãe e com o homem –, mas para mostrar essas relações como duas formas de existência levadas ao limite mais extremo: num equilíbrio em que uma forma de existência (a filha junto à mãe) aparece como a vida, a outra (a mulher jovem junto ao homem) aparece como a morte. Mãe e filha constituem aqui uma unidade vital em situação limítrofe: uma unidade natural que igualmente carrega em si naturalmente a possibilidade de sua destruição. Como jovem, Perséfone é uma figura do estilo de Ártemis. Ela poderia ter sido uma daquelas amigas de Ártemis que foram infiéis à sua virgindade e, por isso, padeceram a morte. Realiza essa possibilidade como a base fundamental de sua natureza: sem culpa própria. Atená

---

23. KERÉNYI, K. *Apollon*. Op. cit., p. 62.

24. HOMERO. *Odisseia*, VI. [s.n.t.], p. 106.

25. HERÓDOTO & WILAMOWITZ. *Hellenistische Dichtung* II. [s.n.t.], p. 48.

26. SCHNEIDER (org.). *Callimachea* II. [s.n.t.], p. 197ss.

A criança divina

e Ártemis, companheiras de Perséfone, estavam presentes por ocasião de seu rapto[27]: assim o mesmo mito reúne numa cena as três variações do tema "Core". Ártemis e Perséfone aparecem como dois aspectos da mesma realidade. Ártemis é a realidade ativa. Carrega em si mesma a morte como assassinato: segundo Homero, é uma leoa para as mulheres[28], assim como era uma ursa na Arcádia e na Ática[29]. Perséfone é completamente passiva. Colhia flores quando foi atacada pelo senhor do reino da morte. Eram flores de aroma forte; flores do desmaio como o narciso[30]. Os poetas nunca ignoraram o significado profundo dessa cena. Para um[31], essas flores eram os "cães do inferno": *"hellbounds on her beels"*. Para outro[32]: *"Persephone gathering flowers, Herself a fairer flower"*. A Core, em si mesma, é uma criatura destinada a levar uma existência de flor, uma existência que não poderia ser descrita melhor do que o faz um dos poetas mencionados[33]:

> *a little torrent of life*
> *leaps up to the summit of the stem, gleams, turns*
> *over round*
> *the bend*
> *of the parabola of curved flight,*
> *sinks, and is gone, like a comet curving into the*
> *invisible.*

---

27. Cf. *Homerische Hymnen*: an Demeter. [s.n.t], p. 124; passagens paralelas. In: ALLEN & SIKES. *The Homeric Hymns*. Londres: [s.e.], 1904. Dados adicionais em MALTEN, L. "Altorphische Demetersage". *ArchRW* 12, 1909, p. 422ss.

28. HOMERO. *Ilíada* XXI. [s.n.t.], p. 483.

29. FARNELL, L.R. *The Cults of the Greek States*. Vol. II. Oxford: [s.e.], p. 435ss.

30. *Homerische Hymnen*: an Demeter. Op. cit., p. 5ss. • PRELLER, R. & PRELLER, L. *Griechische Mythologie*. Vol. I. Berlim: [s.e.], p. 760.

31. LAWRENCE, D.H. "Purple Anemones". *Poems* II. [s.n.t.].

32. MILTON, apud ALLEN & SIKES. *The Homeric Hymns*. Op. cit., para o verso 17.

33. LAWRENCE, D.H. "Fidelity". *Pansies*. [s.n.t.].

Esta parece ser a natureza de Perséfone: existir nas fronteiras do Hades, de que faz parte – para que se converta numa existência num nível mais elevado – também o fato de que estava aí e já passou. Assim, essa figura de Core seria completamente ideativa, seria uma imagem poética tão pura e clara como uma fórmula matemática – caso aqui tudo fosse somente alegoria. Alegoria do destino da mulher: as fronteiras do Hades seriam alegoria da linha divisória entre virgindade e a "outra" vida, e o raptor, o rei do reino do Hades, apenas uma forma de expressão do noivo e homem terreno. Contudo, esse não é o caso. Os monumentos do culto a Perséfone comprovam que tudo isso também tem um sentido inverso. Essa Core é venerada com toda a seriedade como a rainha dos mortos; o rapto da noiva é, nessa esfera, alegoria da morte. A perda da virgindade e ultrapassar os limites do Hades são, enquanto alegorias, equivalentes: uma pode representar a outra e vice-versa.

Tal equivalência reside sempre apenas no interior de uma determinada esfera, no interior de um nexo espiritual reconhecido imediatamente que foi capaz de unificar na ideia sintetizadora os elementos mais distintos, como aqui o casamento e a morte. Ideias mitológicas são condensações em forma de botão de flor desse tipo de nexos. E elas contêm sempre mais do que seria concebível também em termos não mitológicos. O mesmo acontece com a Core, que até aqui consideramos apenas em sua forma humana. Como o ser que se encontra no auge da vida virginal e ali cai vítima de seu destino – assim Perséfone aparece agora para nós –, um destino que significa sua morte na consumação e no domínio da morte.

4 Hécate

O relato mais antigo do rapto da Core se encontra no princípio do hino homérico a Deméter. O poeta desconhecido começa a

A criança divina 161

enaltecer Deméter, a grande divindade maternal, "ela e a sua filha". As "duas deusas" – τὼ θεώ –, assim eram chamadas em Elêusis, naquele lugar sagrado cuja glória é descrita pelo hino. Elas devem ser concebidas como uma figura dupla, em que uma metade complementa e fundamenta a outra em conformidade com a ideia. Nessa relação, Perséfone é essencialmente a Core de sua mãe: sem ela Deméter não seria *meter*.

Segundo a ideia, ela aparece também numa outra relação: como a metade de uma outra figura dupla – o casal que governa os infernos. Como a Core de seu prometido (a figura tessálica correspondente se chama "Core de Admeto"[34]), ela pertence ao homem, a Hades, ao qual foi concedida por Zeus. A tríade – mãe, Core, raptor – está clara e naturalmente ordenada no mundo de Zeus. Clareza, naturalidade e ordenação no mundo de Zeus são próprios do estilo homérico do hino.

Uma terceira deusa também desempenha um importante papel ao lado da mãe e da filha. Segundo o hino, o rapto ocorreu em algum lugar distante, na planície junto ao monte mitológico de Nisa, onde Perséfone brincava com as filhas de Oceano. Porém, sempre se trata ainda do nosso mundo, em que brilha o nosso sol, a mais fidedigna testemunha ocular do rapto a qual Deméter pode se dirigir. Como o sol, a terceira deusa, Hécate, também parece pertencer a este mundo. Ela estava em sua caverna quando o sol viu o rapto. Ela só ouviu a voz da raptada. Acredita-se poder reconhecer nela a representante da lua, especialmente porque ela também mantinha normalmente relações estreitas com esse corpo celeste[35].

---

34. HESYCHIUS s. v. [s.n.t.].
35. Os documentos se encontram em FARNELL, L.R. *The Cults of the Greek States*. Op. cit. Vol. II, p. 598s.

Por outro lado, Hécate aparece como a dublê da própria Deméter e, assim como esta, também ouve a voz da raptada. Vai ao encontro de Deméter "com a luz na mão" e pergunta pelo raptor com palavras que, segundo uma versão órfica do hino, são as palavras da própria Deméter. Segundo o poeta homérico, ambas procuram o sol – a testemunha ocular. Contudo, havia duas variações do mitologema, uma delas conduzia a Deméter[36], a outra a Hécate[37], ao mundo dos infernos, à procura de Perséfone. Em seguida, quando mãe e filha haviam se unido de novo, Hécate aparece outra vez no hino para receber a Core e, desde então, permanece sua acompanhante: tão inseparável de Perséfone como Deméter. No hino, Geia, a mãe Terra, de modo algum está unida a Deméter, mas ajuda o raptor. Desse modo, impressiona ainda mais o vínculo estreito de Hécate com a figura dupla de Deméter e Core.

Estas três deusas – a mãe, a filha e a deusa da lua Hécate – formam no hino um grupo estreitamente unido, uma tríade de figuras excepcionais e inconfundíveis. Nos monumentos de culto elas podem ser confundidas mais facilmente, também porque a tocha aparece como atributo de cada uma delas. Esse sinal característico concorda com o epíteto de Fósforo que Hécate recebe em mais de uma ocasião[38]. Por conseguinte, é denominada expressamente a "portadora da luz". No hino homérico, a tocha em sua mão é designada como σέλας ("luz"), e não como um meio de pu-

---

36. KERÉNYI, K. "Zum Verständnis von Vergilius Aeneis B". VI. *Hermes*, 66, 1931, p. 422 [confirmado por um fragmento do poeta Philikos; cf. KÖRTE, A. *Hermes*, 66, 1933, p. 450s.

37. Kallimachos no escólio a Theocritus II 12. In: SCHNEIDER (org.). *Callimachea*. [s.n.t.], p. 691.

38. Comentário a Theocritus II 12: EURÍPIDES. *Helena*. [s.n.t.], p. 569, frag. 959.

A criança divina 163

rificação, tal qual os modernos gostariam de conceber esse símbolo tangível. "Trazer luz" pertence sem dúvida à natureza da deusa. Porém, a tocha é característica não apenas de Hécate, mas desempenha um papel importante e significativo no culto de Deméter e Perséfone. Encontramos uma tocha, duas tochas na mão da mesma deusa, três tochas uma ao lado da outra[39], tochas com bastões cruzados no alto e quatro luzes (*crossed torch*) como atributo de Deméter e de Perséfone[40], e essa riqueza de formas prova que aqui se trata de uma expressão e não de uma utilização, de um símbolo e não de um meio para um fim prático. No próprio hino, Deméter aparece com duas tochas acesas[41]. Uma investigação mais profunda, fora do âmbito do mundo de Zeus estritamente homérico, deixa claro que a aparência não engana e que Hécate é de certo modo uma segunda Deméter.

No curso da história da religião grega, inclusive nas esferas em que há muito tempo já havia se imposto o domínio de Zeus na religião homérica, aparecem figuras de deuses que se conservaram em sua primitiva originalidade pré-homérica nas periferias do mundo da civilização helênica. Assim, a grande deusa da cidade tessálica de Feras, a Fereia, vem para Atenas como uma divindade "estranha". Os atenienses reconheceram nessa deusa portadora da tocha a sua Hécate[42], enquanto que em seu lugar de origem, na

---

39. Representação de uma oferenda a Perséfone sobre uma figura de vaso ática. Cf. DEUBNER, L. *Attische Feste*. Berlim: [s.e.], 1932, quadro 2.

40. Documentos em KERÉNYI, K. "ΑΝΟΛΟΣ-Darstellung in Brindisi, mit einem Zodiakus von II Zeichen". *ArchRW* 30, 1933, p. 279.

41. *Homerische Hymnen*: an Demeter. Op. cit., p. 48. Igualmente Hécates sobre um relevo em Tasos, cf. FARNELL, L.R. *The Cults of the Greek States*. Op. cit. Vol. II, quadro XXXIXa.

42. HESYCHIUS s. v. [s.n.t.].

Tessália, a Fereia nada mais era que a própria Deméter[43]. Contudo, conhecia-se também a filha de Fereia como Hécate; era, na verdade, outra Hécate, diferente da grande deusa de Feras, e, no entanto, muito parecida com sua mãe[44]. Numa forma mais antiga do que a homérica e a ática, Deméter e sua filha apresentavam traços essenciais com os quais ambas podiam aparecer como Hécate. Ou visto a partir de outro ângulo: com o nome Hécate, os gregos designaram uma deusa que reunia em si mesma as relações com a lua, uma natureza de Deméter e os traços de Core – os traços não só de Perséfone, mas também os de Ártemis. Ela era invocada como filha de Deméter e como filha de Leto[45]. Na literatura da Antiguidade, Hécate e Ártemis, Trivia e Diana são utilizados com tanta frequência como nomes equivalentes que não podemos considerar o fato como algo completamente infundado. Muito menos a conhecida equiparação de Perséfone com a lua[46], de Diana com a Luna[47].

A ideia em forma de botão de flor do nexo entre três aspectos do mundo – um virginal, um maternal e um lunar – fica clara no transfundo da tríade de deusas do hino homérico. Hécate desempenha aí um papel secundário, correspondente à sua situação no limite do mundo de Zeus. E, inclusive sob o domínio de Zeus e em sua posição subordinada, ela conserva o signo daquela figura pri-

---

43. Identificado por ECKHEL, J. *Doetrina Nummorum Veterum* II. [s.n.t.], p. 147. Cf. LOBECK. *Aglaophamus*. Vol. II. [s.n.t.], p. 1.213. Uma fundamentação detalhada da identidade, que concorda com Eckhel, mas é independente dele, foi feita por PHILIPPSON, P. *Thessalische Mythologie*. Zurique: [s.e.], 1944, p. 69ss.

44. Escólio a Lykophron, *Alexandra*. [s.n.t.], p. 1.180.

45. EURÍPIDES. *Ion*. [s.n.t.], p. 1.048. • *Phoinissen*. [s.n.t.], p. 108.

46. KERÉNYI, K. *Pythagoras und Orpheus*. 3. ed. Zurique: [s.e.], 1950, p. 79.

47. KRETSCHMER, P. "Dyaus, Ζευς, Diespiter und die Abstrakta im Indogermanischen". *Glotta*, 13, 1924, p. 111ss. Tudo isso fala contra WILAMOWITZ-MOELLENDORF, U. *Der Glaube der Hellenen* (Vol. II. Berlim: [s.e.] 1932, p. 174), que pretende excluir a lua.

mitiva que precede a Hécate das épocas históricas. Um desses signos permanece, sobretudo, a figura tripla, que permeia a representação artística da deusa só relativamente mais tarde[48], mas que foi sugerida de forma indireta já por Hesíodo. O poeta da *Teogonia* celebra nela a grande soberana das três esferas: da terra, do céu e do mar[49]. Hesíodo diz também que a deusa já possuía esse triplo domínio na época titânica, anteriormente a Zeus e à sua ordem. O novo soberano do mundo a honrou deixando-a com o poder que detinha anteriormente.

A figura da Hécate clássica aparece, no mundo grego, rígida e estranha: erigida sobre um triângulo, com as faces voltadas para as três direções. Buscou-se superar a rigidez de tais estátuas de Hécate ao se dissolver, de certo modo, a figura tripla da deusa única nas figuras de três jovens dançarinas. A época posterior – mais ainda que a época clássica de Hesíodo – se ateve à base fundamental da estrutura, ao característico número três. O fato de que tais *Hekateia* foram erguidas em cruzamentos de três caminhos e que esses pontos foram considerados como especialmente consagrados a Hécate não se contrapõe à concepção cósmica que Hesíodo tinha do número três: todos os cruzamentos de três caminhos atestam de modo claro e evidente a possibilidade de uma tripartição do mundo. No entanto, Hécate, a senhora dos espectros, adverte os gregos ao mesmo tempo em que a tripartição deve deixar espaço, ao lado do mundo ordenado de Zeus, também para um âmbito caótico em que o estado amorfo do mundo original se conserva como mundo dos infernos. Para o mundo helênico, o polimorfismo como o de Hécate se identificava com o mundo dos infernos.

---

48. FARNELL, L.R. *The Cults of the Greek States*. Op. cit. Vol. II, p. 449ss.
49. HESÍODO. *Theogonie*. [s.n.t.], p. 411ss.

Porém, numa época anterior, antes que as três faces de Hécate houvessem se cristalizado na conhecida *Hekateia*, esses aspectos eram – assim parece – tanto aspectos do mundo e âmbitos, como possibilidades de desenvolvimento de uma e da mesma ideia condensada em forma de botão de flor. É por isso que se concebia a vinculação interior entre as três figuras, Deméter, Core, Hécate – e também a ideia basilar e profunda do mitologema que se desenvolve no hino –, na figura da deusa que parecia ser a menor, a mais subordinada das três.

Independentemente da natureza da Core, da relação com a lua e com um reino dos espectros infernal, uma espécie de sentimento maternal também fazia parte da ideia de Hécate. Como Ártemis ou a própria mãe Terra, ela era κουροτόφος, ama e sustentadora de todos aqueles que haviam nascido depois dela[50]. No hino, é Deméter que se apresenta nesse papel: em Elêusis, ela é a ama do filho mais jovem do rei. O estudo de Hécate conduz assim à figura de Deméter. Em sua figura estão contidos também aqueles elementos que, além dos já mencionados, ainda se ocultam na ideia fundamental do hino. Contudo, nem por um instante devemos esquecer disto: o que melhor corresponde àquela ideia fundamental não é a ideia da Hécate clássica ou da mais tardia, mas a ideia original de uma Deméter e Hécate reunidas em *uma* pessoa.

5 Deméter

No hino a Deméter, a esfera das realidades humanas – como a virgindade e a maternidade – se amplia por meio da figura de Hécate, uma vez que, dessa maneira, sugere-se também uma relação com a lua. A figura de Deméter parece nos reconduzir à esfera pu-

---

50. Ibid., p. 450ss. Comentário a ARISTOPHANES. *Wespen*. [s.n.t.], p. 804.

A criança divina 167

ramente humana. *"La déesse mère vouée à l'éternel regret de sa fille desparue"* – assim um historiador das artes plásticas gregas caracteriza sua célebre estátua descoberta em Cnido[51]. Com as mesmas palavras pode-se caracterizar também a Deméter do hino. O poeta descreve o rapto no princípio e, a partir daí, o poema está cheio da dor e do pesar da mãe divina. Também na reunificação ainda resta bastante amargura: Perséfone comeu uma romã com seu marido, ela tem de passar um terço de cada ano com ele[52]. A mãe jamais terá sua filha de volta completamente.

É um sofrimento humano – mas não unicamente humano. Durante o seu pesar, a deusa não permitiu que os cereais crescessem; com a esterilidade da terra, força os deuses a lhe devolverem sua filha. Por outro lado, é ela que – reconciliada – permite que as frutas, as folhas e as flores cresçam novamente. Ela "permite" que tudo isso "cresça"[53], ela, a adorada como Anesidora, Chloe ("a verdejante") e Karpophoros ("a fertilizadora"). Como Horephoros, ela traz também a estação propícia. A ciência não sabe se deve equipará-la com a terra ou com o cereal ou concebê-la como um poder do mundo dos infernos. Entre os especialistas, há defensores de cada uma dessas três concepções. Para poder se definir por uma delas, deve-se compreender precisamente o ponto de vista do poeta homérico.

Deméter apresenta a si mesma no hino como "o maior benefício e a maior alegria dos deuses e dos homens"[54]. Nenhuma palavra

---

51. COLLIGNON, L.M. *Histoire de la sculpture grecquei*. Vol. II. Paris: [s.e.], p. 362.

52. Segundo tradição posterior (Ovid e Hygin), a metade do ano. Não nos ocuparemos com essa versão de fácil compreensão, uma vez que aparentemente não é a primária.

53. *Homerische Hymnen*: an Demeter. Op. cit., p. 471, ἀνῆκεν.

54. Ibid., p. 268s.

168 Coleção Reflexões Junguianas

afirma que ela ensina ao homem o benefício da agricultura e a alegria nos cereais. Ela poderia fazê-lo (segundo outras fontes, também o faz), assim como Afrodite também poderia ensinar "suas obras" – o amor, caso considerasse que fazer isso fosse necessário. Porém, Afrodite compreende o amor em si mesma; ela, a grande deusa, é o fundamento cósmico e a ideia concebível das obras que possibilita e implementa. Onde Afrodite se torna a realidade psíquica, o amor constitui uma obviedade inevitável. Para o poeta homérico, com a mesma obviedade a ideia de Deméter compreende em si mesma a ideia da agricultura; seu destino, o destino do cereal.

A deusa também não revela como se deve lidar com o cereal. O que ela revela, depois que a terra novamente produziu frutos, são os mistérios de Elêusis. O rei mítico do lugar e seu filho aprendem dela os rituais secretos do culto, que o poeta não pode revelar. Feliz é aquele que viu aquelas obras inexprimíveis de Deméter: os não iniciados não terão um destino destes na escuridão da morte[55].

Por meio do poeta homérico sabemos o seguinte: o cereal constitui para ele uma dádiva evidente da deusa. Aquilo que ainda é especialmente mostrado aos homens por Deméter, digno de menção, mas não de denominação, é a ἄρρητον. Dificilmente conseguimos imaginar o hino homérico sem a alusão à suprema dádiva secreta da deusa. Não se faz uma poesia, pensamos, para dizer aquilo que já está pressuposto tacitamente, como aqui o vínculo entre Deméter e o cereal[56]. Esse vínculo pertence certamente ao fundamento do hino, juntamente com os demais vínculos apresentados: o entre casamento e morte e o entre jovem e lua. Sobre esse fundamen-

---

55. Ibid., p. 473-480.
56. Cf. a análise do hino, apresentada por WILAMOWITZ-MOELLENDORF, U. *Der Glaube der Hellenen.* Op. cit. Vol. II, p. 47ss. • KERÉNYI, K. "Dramatische Gottesgegenwart". *Eranos-Jahrbuch.* Zurique: [s.e.], 1951.

A criança divina 169

to sólido repousa o elemento distintivo do que a deusa faz e indica. Um símbolo, indicado depois da instrução de Deméter nos mistérios eleusinos, foi a espiga ceifada[57]. A dádiva natural da deusa serve de forma de expressão daquilo que ela revela somente aos iniciados. O núcleo mais profundo da ideia de Deméter tem o cereal e a maternidade como seu invólucro e revestimento natural. Todos os três aspectos – o caráter da deusa mãe, o da deusa do cereal e o da deusa de um conhecimento secreto – fazem parte da figura de Deméter; nenhum dos três seria descartável, e especialmente os últimos dois estão estreitamente relacionados no hino.

No hino, o comportamento peculiar de Deméter como ama parece repousar igualmente sobre esse último aspecto. Quando a deusa chegou incógnita a Elêusis, ofereceu seus serviços de ama às amáveis filhas do rei. Assim ela recebe sob seus cuidados Demofonte, o filho mais jovem do rei. Todas as noites ela o deita secretamente no fogo: um procedimento peculiar para provê-lo de imortalidade. O poeta homérico compara a criança nessa situação com um pedaço de madeira em chamas ou com uma tocha (δαλός). Talvez aí contribuam as lembranças da grande importância da tocha nas celebrações noturnas de Elêusis. A imagem mitológica da criança no fogo[58] também está em consonância com o fato de que nos mistérios o nascimento de uma criança divina era celebrado com o brilho de uma grande luz. Ao ser surpreendida no ato enigmático e terrível, a deusa fala na forma de uma revelação mística da ignorância dos homens[59]. Se tivessem discernimento entre o

---

57. HIPPOLYTUS. *Refutatio*. Vol. 8. [s.n.t.], p. 39.

58. Cf. p. 58-61.

59. *Homerische Hymnen*: an Demeter. Op. cit., p. 256s. As locuções utilizadas aqui por Deméter continuam a ter efeito na versão órfica (frag. 49, p. 95s.), em um poema órfico posterior (frag. 223) e em *Carmen aureum Pythagorae* 54. Cf KERÉNYI, K. *Niobe*. Zurique: [s.e.], 1948, p. 75ss.

bem e o mal, teriam reconhecido também o sentido daquele ato só aparentemente mortal.

O sentido – o bem oculto no mal – é aqui a imortalidade. Isso é inquestionável. É dispensável afirmar especificamente que o procedimento de Deméter não é "antropomorfo". Ser colocado no fogo e apesar disso continuar vivo, sim, alcançar a imortalidade: esse não é um destino humano. Será que a deusa transpõe os limites da medida humana em virtude de sua esfera mais ampla de domínio, que compreende em si também o destino dos cereais? Ela faz isso não apenas em virtude de seu poder, mas do de seu aspecto? É o que parece, quando consideramos que todo fruto que provém de Deméter alcança no fogo sua consumação como alimento humano. Quer sejam secos ou assados como pão, a morte pelo fogo faz parte do destino dos cereais. Apesar disso, todo tipo de cereal é eterno. "Não estou morto – canta o deus do milho dos indígenas Cora do México depois de ser entregue ao fogo[60]. – Meus irmãos menores (os homens) só aparecem uma vez. Não morrem para sempre? Porém, eu jamais morro, apareço eternamente (na terra) [...]" Em outra tribo indígena do México, os Tahumaras, com os meninos, no terceiro dia depois de seu nascimento, faz-se algo parecido com o que os Cora fazem com as espigas de milho, que representam o deus do milho: com os talos das espigas se faz uma grande fogueira e, por três vezes, carrega-se a criança através da fumaça em todas as quatro direções dos pontos cardeais. Faz-se isso – segundo a explicação atual – para que a criança cresça e seja bem-sucedida na vida, isto é: *in raising corn*[61].

---

60. PREUSS, K.T. *Der religiose Gehalt der Mythen*. Tübingen: [s.e.], 1933, p. 8.

61. LUMHOLTZ, C. *Unknown Mexico*. Vol. I. Londres: [s.e.], 1903, p. 272.

A criança divina 171

De todos os casos reunidos[62], essa analogia parece ser a que mais se aplica ao caso em questão. Deméter procede com Demofonte como se fora um cereal. Mas não para fazer dele um camponês bem-sucedido. A história de Demofonte indica, assim como o hino todo, que uma espécie de imortalidade faz parte dos dons de Deméter e que essa imortalidade pertence ao mesmo gênero que é próprio dos cereais. Aqui ressurgem antigas questões: A maternidade de Deméter não deveria, na origem, ser entendida metaforicamente? Antes de se tornar completamente antropomorfa, não era a deusa a "mãe dos cereais", isto é, o cereal maduro concebido como um ser maternal? Por conseguinte, sua filha não seria só aparentemente uma jovem, na realidade ela seria uma espécie vegetal? No final da Antiguidade, interpretava-se a palavra κόρη como a forma feminina de κόρος (renovo, broto de planta)[63]. Com o mesmo espírito, uma outra interpretação antiga via na filha raptada de Deméter o grão destinado à semeadura[64]. O desaparecimento, semelhante à morte, e o retorno, parecido com a ressurreição, falavam muito em favor dessa compreensão. No entanto, essas interpretações pareciam, inclusive na Antiguidade, meras explicações racionais, que nas esferas religiosas eram entendidas em sentido inverso: Para o homem religioso da Antiguidade, o cereal era a expressão de uma realidade divina inexpressável, mas não representava a grande deusa, a filha de Deméter, vista como a expressão figurada do cereal. A figura de jovem característica da deusa pode ser alegoricamente equivalente à figura do cereal; po-

---

62. Frazer em sua versão do *Appolodoros*. Vol. II. Londres: [s.e.], 1921, p. 311ss. A citação de Lumholtz deve-se a ele.

63. PROPHYRIOS, apud EUSEBIOS. *Praeperatio Evangelica*. Vol. III. [s.n.t.], p. 11,7, 9.

64. CÍCERO. *De natura deorum*. Vol. II. [s.n.t.], p. 66.

rém, elas são de tal maneira equivalentes que uma pode aparecer no lugar da outra e vice-versa. As duas figuras fazem alusão apenas àquela figura inexpressável à qual se refere também o qualificativo dessa Core, como ἄρρητος κούρα, a jovem inominável[65]. A filha separada da mãe e a espiga ceifada são dois símbolos de algo indizivelmente doloroso que encerra em si o aspecto de Deméter do mundo; contudo, também são símbolos de algo muito apaziguador. A ideia de Deméter compreende em si igualmente esse elemento apaziguador, e é desse modo que a deusa o revela em Elêusis. A totalidade da ideia de Deméter não se limita a formas e relações puramente humanas, nem se esgota na grande realidade do mundo: os cereais. No entanto, nas formas dessa realidade não humana ela é mais abrangente que nas formas puramente humanas. A figura do cereal é a da origem e do resultado, da mãe e da filha; ela indica, para além do caso individual, o aspecto geral e eterno. Sempre é "o cereal" aquele que afunda na terra e retorna, aquele que é ceifado em sua maturidade dourada e que, no entanto, permanece intacto como grão inteiro e sadio, mãe e filha em um.

O valor simbólico do cereal na religião a Deméter é, de qualquer forma, um fato. A espiga ceifada em Elêusis, cinco belas espigas de trigo em um pequeno templo pintadas sobre um vaso de Apulia[66] – evidências abundam. As duas grandes deusas – também chamadas Δαμάτερες, no plural[67] – não ficam diminuídas em seu aspecto de cereais, mas engrandecidas, mais abrangentes, mais

---

65. EURÍPIDES. *Helena.* Op. cit., p. 1.307, frag. 63. · KARKINOS, apud DIODORUS SICULUS. Vol. 5. [s.n.t.], p. 1. Cf. ἄφραστος. In: HESYCHIUS, s. v. · "Ἑκάτη "Αφραστος". *Jahrbuch f. Phil. Suppl.* 27, 1900, p. 111.

66. FARNELL, L.R. *The Cults of the Greek States.* Op. cit. Vol. III, quadro IIIb com a explicação de Lernomant. In: DAREMBERG & SAGLIO. *Dictionnaire.* Vol. I. [s.n.t.], p.1.066.

67. Cf. NILSSON, M.P. "Die eleusinischen Gottheiten". *ArchRW,* 32, 1935, p. 87.

A criança divina   173

cósmicas. Aqui reside o autêntico valor religioso de tudo aquilo que, referido ao destino dos cereais, poderia recordar aos gregos o destino de Perséfone. E o que poderia não fazê-los recordar? Basicamente nada há que possa negá-lo. Impossível é só o contrário: reduzir unicamente ao destino do cereal e entender de maneira puramente alegórica todo o mitologema da mãe e da filha, as inúmeras correlações da ideia condensada em forma de broto que se desenvolveu naquele mitologema. A ideia nunca se limita estritamente a um processo natural: ela se enriquece em tais processos e também os enriquece por sua parte. A ideia toma da natureza e dá a ela: nesse sentido deve se conceber a relação do mito de Perséfone com o destino do cereal.

Em Ática havia – além dos pequenos mistérios de Agra e dos grandes em Elêusis – inúmeras festas relacionadas com o destino de Perséfone. Duas delas eram celebradas na época da semeadura: os mistérios de Elêusis e um festa para as mulheres que excluía os homens: as tesmofórias. Em ambas se praticava o jejum, no que o jejum de Deméter era o modelo: as duas festas estavam relacionadas, pois, com o desaparecimento da Core, fato que ensejava aquele jejum. Daí se conclui que é a semeadura o que recordava aos gregos o rapto da Core.

A relação entre semeadura e desaparecimento no mundo subterrâneo é confirmada por uma outra concordância entre mito e culto. As variações órficas do mitologema transferem as ações do hino homérico para um cenário primitivo original[68]. Um criador de porcos com o nome infernal de Eubuleo desempenha aí um papel; é testemunha do rapto da Core, visto que no mesmo momento seus porcos são engolidos pela terra. Corresponde a essa narra-

---

68. Cf. MALTEN, L. "Altorphische Demetersage". Op. cit., p. 429ss.

ção – como indicam as próprias fontes[69] – que, em homenagem às duas deusas, se jogasse leitões em abismos subterrâneos. Sabemos disso a partir das tesmofórias, porém mesmo sem essa referência estaria claro que existe uma analogia entre esse procedimento com os leitões e a semeadura.

O porco é o animal de sacrifício característico de Deméter. Num contexto em que ele se torna decisivo para os eleusínios, chama-se δέλφαξ[70]: o "animal útero" da terra, do mesmo modo que o golfinho é o animal útero do mar[71]. Costumeiramente Deméter recebia em sacrifício uma porca prenhe[72]: o animal mãe combina com a deusa mãe; os leitões jogados no abismo combinam com a filha raptada. Como símbolos da deusa, porco e trigo formam um paralelismo perfeito. Até mesmo a decomposição dos animais jogados no abismo é incluída no contexto do culto: os restos decompostos são trazidos novamente para a superfície, depositados sobre o altar e utilizados para tornar a semeadura mais efetiva[73]. Porém, se destacamos dessa maneira a decomposição no paralelismo entre porco e trigo, certamente somos lembrados que também o trigo se decompõe sob a terra, ao indicar – nesse estado de morte fecunda – a permanência transitória da Core no reino dos mortos.

Assim, inclusive o elemento da decomposição relacionada à estada subterrânea da Core não está ausente na ideia de Deméter. Vista a partir do mito de Perséfone, a morte fecunda do trigo – su-

---

69. CLEMENS ALEXANDRINUS. *Protrepticus.* Vol. II. [s.n.t.], p. 17,1. • Escólio a LUCIAN. *Scholien.* [s.n.t.], 1906, p. 275.

70. EPICHARMOS, frag. 100.

71. Cf. p. 82s.

72. FARNELL, L.R. *The Cults of the Greek States.* Op. cit. Vol. III, p. 330, 91; 365, 246.

73. Escólio a LUCIAN. Op. cit., p. 275.

A criança divina

blinhada no culto pelos detalhes do sacrifício dos porcos – adquire um valor simbólico. De modo similar, a morte – a partir de uma outra ideia – se converteu em uma parábola: "Se o grão de trigo não cair na terra e não morrer, ficará só; mas se morrer, produzirá muito fruto"[74]. Trigo e leitão, tragados pela terra e vitimados pela decomposição, indicam um acontecimento mitológico e, vistos a partir desse acontecimento, tornam-se claros e transparentes.

Os acontecimentos do processo natural e o desenvolvimento da ideia mitológica coincidem até esse ponto, mas não mais adiante. Perséfone passa um terço de cada ano no mundo subterrâneo. A morte fecunda do trigo também dura tanto tempo? A nova semeadura já floresce bem antes na superfície da terra[75]; Deméter – a mãe adornada com espigas douradas, orgulhosa de sua filha, a fruta madura – aparece bem mais tarde. Conforme o mito, os grãos de trigo tiveram de cair novamente na terra logo após a separação de sua mãe, no mesmo local de sua morte e de sua ressurreição. Nas condições da origem, quando os cereais ainda cresciam em estado selvagem, esse era o caso. O mitologema que lhe corresponde pode muito bem ser tão antigo e reportar-se antes a um processo natural que a um artificial. Pois é verdade que, já na Alta Antiguidade, conservava-se os cereais habitualmente durante quatro meses[76], em celeiros e recipientes, quase da mesma forma como se enterravam os mortos. Porém, dessa maneira conservavam-nos da decomposição e do renascimento. Isso não tem nada a ver com o mito. O trigo nos celeiros de Elêusis perten-

---

74. Jo 12,24.

75. Essa objeção se atribui a NILSSON, "Die eleusinischen Gottheiten". Op. cit., p. 107.

76. De acordo com Cornford, é nesse ponto que Nilsson (op. cit., p. 108), encontra a explicação para o Mito de Perséfone.

cia ao acervo do templo de Deméter e estava destinado para períodos mais longos...

O terço do ano não se explica dessa maneira – como a simples alegoria de um processo agrícola. A tripartição está naquela forma original da grande deusa Deméter, em que ela também podia ser chamada de Hécate e ser considerada a soberana de todas as três partes do mundo. As relações com a lua, o trigo e o reino dos mortos formam os três traços fundamentais de seu ser. E o número sagrado da deusa é particularmente aquele do mundo subterrâneo: na Antiguidade, o número três rege o culto ctônico[77]. No Mito de Perséfone, a tripartição do ano corresponde não ao processo natural, mas a uma ideia mitológica.

6 Perséfone

Uma divindade com vários aspectos aparece facilmente como se fosse apenas aquele aspecto com o qual é figurada no momento pelo seu observador. Esse é o caso da deusa original, que também podia ser chamada Hécate. Em seu aspecto de Perséfone, ela pertence à ideia grega do não ser[78]; em seu aspecto de Deméter, é uma forma helênica da ideia da parideira universal. Aquele que está disposto a considerar as divindades gregas como meras figuras deverá ater-se aqui a uma dualidade de deusas fundamentalmente distintas. No entanto, também terá de convir que a ideia religiosa grega do não ser constitui ao mesmo tempo o aspecto radical da ideia do ser[79]. Essa compreensão torna inteligível para ele a

---

77. DIELS, H. *Sibyllinische Blatter*. Berlim: [s.e.], 1890, p. 40.

78. KERÉNYI, K. *Die antike Religion*. Op. cit., p. 220ss.

79. KERÉNYI, K. *Dionysos und das Tragische in der Antigone*. Frankfurt a.M.: [s.e.], 1935, p. 10.

A criança divina 177

unidade radical daquelas duas figuras diferentes e, no entanto, estreitamente vinculadas.

É evidente que não há qualquer testemunha dessa associação tardia; a própria relação não é nada mais que exterior. Justamente ali, onde as concepções modernas acreditam que tenha se realizado essa associação, em Elêusis, percebe-se quão intimamente a Core está ligada a Deméter. Não é possível conceber a filha como deusa independente da mãe na origem; no entanto, é possível conceber – como veremos – a identidade original da mãe e da filha. A natureza de Perséfone se esgota aqui em um acontecimento que é simltaneamente a história dos sofrimentos de Deméter. O ser da filha resplandece no ser da mãe, para apagar-se de novo

> *turns over round the bend*
> *of the parabola of curved flight*
> *sinks, and is gone...*

A Core ao lado de Deméter pode ser comparada aqui com a Hebe ao lado da grande deusa Hera. Hera também aparecia na Arcádia arcaica[80] sob três aspectos: como jovem (παῖς), como mulher em sua plenitude (τελεία) e como mulher em estado de sofrimento e de tristeza (χήρα). Em Hebe ela conserva, como τελεία, de certo modo, sua própria figura de jovem, a ῞Ηρα παῖς, como acompanhante ao seu lado[81]. Essa é a expressão figurada e estática daquilo que se relata de forma mitológica e dinâmica; Hera, depois de banhar-se na fonte de Cánato, sempre reaparece como vir-

---

80. Em Estinfalo. Cf. PAUSÂNIAS. *Beschreibung Griechenlands*. Op. cit. Vol. VIII, 22.

81. Ou do ponto de vista de Hebe: "Parece que Hebe, como filha, teria se separado gradualmente da deusa, como divindade independente dela, teria sido originalmente um aspecto da própria Hera" (PHILIPPSON, P. *Griechische Gottheiten in ihren Landschaften*. Oslo: [s.e.], 1939 (= *Symbolae Osloenses fasc. suppl.* 9), p. 48.

gem[82]: como mãe de Hebe, ela sempre encerra Hebe em si mesma. Como χήρα, por fim, assume os traços que lembram a Deméter enlutada e rancorosa.

Deixaremos constar aqui a comparação de Hera e sua filha como se fosse uma simples analogia e não discutiremos se também elas devem ser consideradas como desenvolvimentos da mesma ideia mitológica: a ideia de uma deusa que seria ao mesmo tempo mãe original e filha original. As antigas figuras de Deméter comprovam de maneira imediata que elas sempre encerravam em si mesmas sua própria figura de jovem. Na Arcádia se conheciam duas dessas figuras de Deméter, ou, melhor dito, apenas uma figura com dois epítetos: uma deusa original sombria que, por seu rancor, correspondia ao mesmo tempo à "Ηρα χήρα e à mãe enlutada de Elêusis[83]. Em Figália se chamava a negra (Δημήτηρ μέλαινα); em Telpusa se chamava Deméter Erínia. Em ambos os lugares, contava-se a seu respeito a mesma história sagrada: uma história que expressa de forma mitológica, mas nem por isso de maneira menos clara, a unidade radical da Deméter original e da Core original.

Trata-se do mitologema do casamento da rebelde deusa original, cuja variação mais conhecida se encontra no princípio da epopeia cíclica da *Cípria*[84]. Nessa variação, a noiva – a Core original – se chamava Nêmesis; o noivo e raptor era Zeus. Perseguida pela importunação amorosa do deus, a deusa se transforma em animais da terra, do mar e do ar. E nessa última forma de pássaro selvagem de um mundo pantanoso original – ela como gansa, ele como cisne –,

---

82. PAUSÂNIAS. *Beschreibung Griechenlands*. Op. cit. Vol. II, p. 38,2.

83. Ibid. Vol. VIII, p. 25 e 42, nossa fonte para o que segue. A credibilidade da descrição feita por Pausânias da estátua de Deméter de Figália é respaldada pelos mitologemas e monumentos artísticos arcaicos (contra WILAMOWITZ-MOELLENDORF, U. *Der Glaube der Hellenen*. Op. cit. Vol. I, p. 402s).

84. Cf. KERÉNYI, K. *Die Geburt der Helena*. Zurique: [s.e.], 1946, p. 9ss.

A criança divina

os dois seres divinos originais celebram o rapto nupcial da jovem. Pois esse casamento foi e continua sendo um rapto. A deusa não se deixou abrandar pelo amor, mas sucumbiu à violência e se converteu para sempre na vingadora rancorosa: Nêmesis. A Core que ela deu à luz se chama Helena. A filha possui traços de Ártemis, que lhe vêm de sua mãe, a noiva rebelde de Zeus, tão parecida a Ártemis; e possui traços de Afrodite, que eram a causa de seus repetidos raptos. Mas também no rapto e na respectiva vingança, que cobrou tantas vítimas entre os mortais, reitera-se apenas a natureza da mãe. Helena é aquela que eternamente atrai para o rapto nupcial e eternamente vinga esse ato: é a jovem Nêmesis.

Na Arcádia se relatava algo parecido sobre Deméter, cujo epíteto Erínia tem o mesmo significado de Nêmesis. Também ela foi perseguida por um deus, por Posídon, cujo nome indica simplesmente que foi o marido de Deméter[85]. Também ela se transformou em figura de animal para se esconder do raptor. Nossa fonte somente relata sua transformação numa égua, o aspecto em que ela foi vencida por Posídon, o cavalo. Porém, sua imagem de culto na caverna de Figália não se caracteriza apenas por uma cabeça de cavalo "engrandecida por serpentes e outros animais", mas também por um golfinho e um pássaro, aparentemente uma pomba. Um animal aquático e um habitante do ar indicavam, pois, os outros dois domínios do mundo onde, afora a terra, as transformações da deusa perseguida ainda podem ter acontecido. Em Figália, a Core que nasceu desse casamento de Nêmesis se chamou a "senhora" ($\Delta\acute{\epsilon}\sigma\pi\sigma\iota\nu\alpha$), ou seja, um nome de culto de Perséfone. Nossa fonte observa ainda que em Figália a filha não era uma égua; em Telpusa, teria sido um ser que não devia ser chamado

---

85. KRETSCHMER, P. "Zur Geschichte der griechischen Dialekte". *Glotta*, 1, 1909, p. 28ss.

pelo nome na presença de não iniciados e ainda teria por irmão o cavalo Aríon. A deusa original Deméter parece ter renascido em sua misteriosa filha com o irmão hipomorfo, da mesma maneira que Nêmesis renascera em Helena.

O mais surpreendente é a fundamentação do caráter sombrio de Erínia que encontramos na deusa: ao mesmo tempo guarda rancor por causa do rapto de sua filha e do rapto nupcial que ela mesma sofreu. A história sagrada relata que a deusa, durante a procura pela filha raptada, foi violada por Posídon. O relato mitológico redobra o rapto; a deusa o sofreu em si mesma como Core e não só em uma jovem já separada dela. Uma filha, a "senhora" ou a "inominável", nasce desse rapto. A deusa se torna mãe, se enfurece e se entristece por causa da Core, que lhe foi raptada de seu próprio ser e que ao mesmo tempo também lhe foi restituída – em que ela renasce a si mesma. A ideia da deusa mãe original e filha original formando uma unidade radical é ao mesmo tempo a ideia do renascimento.

Entrar na figura de Deméter significa ser perseguido, roubado, sim, raptado e, sem entender, guardar rancor e se enlutar para, contudo, mais tarde restabelecer-se e renascer. Qual o significado disso tudo? Não se trata de realizar a ideia geral dos seres vivos, o destino dos mortais? O que resta aqui para a figura de Perséfone? Além desse drama do nascer e perecer que se repete infinitamente, resta sem dúvida aquilo que distingue a estrutura do ser vivo: a saber, a singularidade do ser individual e sua pertença ao não ser. Singularidade e não ser não são concebidos filosoficamente, mas vistos como figuras ou, para expressá-lo melhor, o não ser em estado amorfo, no reino do Hades. É ali que reina Perséfone, a eterna singular, decaída ao não ser. Sua singularidade forma aquele τι (algo) – assim poder-se-ia expressar filosoficamen-

A criança divina 181

te – em relação ao qual também o não ser é (ἔστι κατά τι[86]). Se aquela singularidade não tivesse existido, se jamais tivesse resplandecido algo no não ser, também o reino do Hades não teria existido; não teria sido, sob nenhum aspecto, nem sequer com o aspecto do passado.

Homero imagina o reino do Hades tão desprovido de forma como isso seja possível para um grego: isto é, somente privado de formas e contornos, sem linhas de coerência. Ele também renuncia ao recurso da arte arcaica para expressar o mortal: a criação de figuras híbridas e assustadoras, o aspecto horripilante. Tais figuras não combinam com seu estilo nem com sua concepção do reino dos mortos. Não é uma figura assustadora a que impede a alma de Pátroclo de passar a porta do Hades e de atravessar o rio do Hades. (A porta do Hades, o rio do Hades e inclusive a casa do Hades, onde a alma de Pátroclo perambula errante, são imagens fluidas, sem contornos, que se mesclam umas às outras; somente quando comparadas com o reino dos vivos formam algo completamente diferente.) Em lugar de uma só figura, é todo o reino dos mortos que aqui se opõe ao ingresso da alma de alguém ainda insepulto, é o reino dos mortos sem contornos, concebido como a totalidade das almas – τῆλέ με εἴργουσι ψυχαὶ εἴδωλα καμόντων[87].

Tomadas individualmente, as almas não são desprovidas de forma: são os reflexos dos falecidos (εἴδωλα καμόντων), mas não reflexos cadavéricos. Elas têm pouco a ver com o "cadáver vivente"[88] que aparece na crença nos fantasmas presente em muitos po-

---

86. Aqui se emprega a expressão platônica no mesmo sentido que em KERÉNYI, K. *Die antike Religion.* Op. cit., p. 234.

87. HOMERO. *Ilíada.* Op. cit. Vol. XXIII, p. 72.

88. Nem ao menos com o "cadáver espiritualizado e desmaterializado de forma misteriosa", como W.F. Otto (*Die Manen.* Berlim: [s.e.], 1923, p. 37) concebe aquela imagem que, em sua opinião, corresponde ao "espírito dos mortos" homérico.

vos. A alma de Pátroclo continua sempre com os belos olhos do herói, que na condição de cadáver há muito tempo já estão mudados[89]. Os εἴδωλα do reino dos mortos representam, por assim dizer, a medida minimamente concebível de figurabilidade; são aquela imagem com a qual o ser individual falecido enriqueceu em sua singularidade o universo[90]. Sobre os reflexos daquilo que existiu uma vez – reflexos incontáveis e, em seu conjunto, por outro lado, volatilizados numa massa indefinida e descaracterizada –, reina Perséfone, a eternamente única.

Onde ela é mencionada na *Ilíada*, recebe o epíteto de επαινή, que pode encerrar igualmente seu enaltecimento e o susto diante dela, e forma com o soberano do reino dos mortos um sólido casal. Seu marido tem ora o nome de Hades, ora o do "Zeus subterrâneo". Sem dúvida, a esposa dessa figura de Zeus é considerada uma grande deusa, a quem estão subordinados todos os mortais e aquele Zeus – considerado o soberano do mundo a partir de seu aspecto mortal. Ela é superior a todos os poderes mortais, esses são seus aspectos mais horripilantes, que apenas são indicados no hino homérico e que – de forma alusiva – estão associados com ela (ou com ela e seu marido: com o casal indiviso de soberanos do mundo subterrâneo). A linha de associação não é um contorno definido de uma figura plástica, por exemplo, de uma figura assus-

---

89. Compare-se isso com o estado terrível de Heitor, quando seu espírito aparece a Eneias (cf. *Eneida*. Vol. II, p. 270ss., de Virgílio). Parece, de fato, como observa F. Altheim, que os romanos também na morte retinham a figura histórica e os gregos a figura ideal.

90. Segundo os pitagóricos, a lua recebe a imagem daquela mescla única dos elementos que formou o ser humano individual e que jamais se repete (KERÉNYI, K. *Pythagoras und Orpheus*. 3. ed. Amsterdam: [s.e.], 1950, p. 84ss.). Toda figura humana individual não apenas está armazenada no passado do mundo concebido em termos temporais – formado pelo que foi e pelo que é –, mas está também num determinado lugar do cosmos concebido em termos espaciais. Um "armazém" desse tipo é a casa do Hades, o *thesaurus* Orci dos romanos.

A criança divina
183

tadora, como era a imagem de culto da Deméter negra em Figália. Homero não esboça uma figura horripilante, mas deixa a relação se expressar ainda mais claramente. Trata-se de uma correspondência inequívoca à que existe no canto IX da *Ilíada*. Na primeira vez, invocam-se as Erínias, no plural. A maldição, porém, não é atendida e cumprida por espíritos vingativos indefinidos, mas pelo Zeus subterrâneo e por Perséfone[91]. Na segunda vez, a maldição se dirige ao casal de soberanos do mundo subterrâneo. Aquele que amaldiçoa golpeia a terra com as mãos. É ouvido por Erínia, que perambula errante na neblina, a deusa que vive lá embaixo nas trevas do inferno, o Érebo[92].

Há duas maneiras de refletir sobre tais relações como essa entre as Erínias e o casal de soberanos do mundo subterrâneo. Uma forma de pensar parte do estado disperso dos aspectos divinos e acredita em combinações mitológicas posteriores, no que a mitologia é entendida, no melhor dos casos, como uma atividade ordenadora e decorativa. O nosso modo de reflexão se opõe àquela. Ela parte de ideias mitológicas que podem ser identificadas em sua plenitude de conteúdo e em sua versatilidade. A mitologia é concebida aí como aquele acontecimento no espírito humano que cria figuras de deuses, no sentido da palavra "criar", quando ela significa a produção de alguma coisa em nosso mundo como realmente válido[93]. As realidades que se abrem ao espírito são atemporais. As formas, nas quais elas se tornam acessíveis, são etapas do desenvolvimento, e cada desenvolvimento finalmente se aproxima da dissolução. Para nós, o elemento primário não é o estado dissolvido, não são as Erínias como espíritos vingativos e Perséfone e Deméter existindo por si mesmas uma ao lado da outra, mas a

---

91. HOMERO. *Ilíada.* Op. cit. Vol. IX, p. 454-457.

92. Ibid., p. 569-572

93. KERÉNYI, K. *Apollon.* Op. cit., p. 120. • *Die antike Religion.* Op. cit., p. 65.

Deméter Erínia historicamente atestada, que contém em si mesma também sua própria figura de Core, a Perséfone.

A *Odisseia* confirma que os poderes mortais do inferno homérico podem ser considerados alusões a essa deusa original. A cabeça da Górgona possui um poder desse tipo – o poder do horror, de transformar todo ser vivo em morto, em pedra. Nisto pensa Odisseu quando vê a multidão incontável dos mortos marchar em sua direção: talvez Perséfone mande a cabeça da Górgona para fora do Hades[94]. A totalidade das almas e essa figura horripilante aparecem aqui como uma forma definida e indefinida do reino dos mortos. O reino dos mortos pertence a Perséfone e a seu marido: essa forma definida, porém, é a de uma Deméter original.

Traços típicos da Górgona revelou também a imagem de culto da Deméter negra, que teve com Deméter Erínia uma história sagrada comum: a deusa era caracterizada pela cabeça de cavalo "engrandecida por serpentes e outros animais". A cabeça da Górgona com corpo de cavalo está associada a uma representação do assassinato da Medusa[95]. Esta, com sua cabeça da Górgona, era, como Deméter, uma noiva de Posídon. Como Deméter, ela também pariu um cavalo: Pégaso, e o filho misterioso de nome Crisaor, o epíteto de Deméter Crisaor. Considerando mais em detalhe, os principais traços do destino da Medusa são comuns aos de Perséfone: também ela era aquela figura divina em sua tríade divina – na tríade das Górgonas – que foi vítima do reino dos mortos de forma solitária e violenta[96].

---

94. HOMERO. *Odisseia*. Vol. XI. [s.n.t.], p. 634s

95. Relevo beócio de *pithos* em Paris. Cf. HAMPE, R. *Frühe griechische Sagenbilder in Böotien*. Atenas: [s.e.], 1936, quadros 36 e 38.

96. HESIOD. *Theogonie*. [s.n.t.], p. 276-282. · *Apollodori Bibliotheca*. Vol. II. [s.n.t.], p. 4, 2.

A criança divina

O rapto da Core e o assassinato da Medusa também estão vinculados pelo nome do assassino. Perséfone – *Persephoneia* na língua de Homero, *Persephatta* no dialeto de Ática – pode ser um termo remodelado pelos gregos: o mais provável é que esteja relacionado com o nome de Perseu, o assassino da Medusa[97], que igualmente é pré-helênico e era o nome da deusa que formava par com ele[98]. Perseu tem traços comuns com Hades (ele também portava o capuz de Hades, que torna invisível); em Lerna, inclusive era idêntico a Hades. Ele submergiu Dionísio nas águas que, nesse caso, certamente significavam o mundo dos infernos[99]. As semelhanças entre o destino de Dionísio e o de Perséfone não residem unicamente nesse ponto de contato. Porém, agora não pretendemos aprofundar isso, mas iremos nos concentrar numa única característica do assassinato da Medusa.

A cabeça de Górgona da deusa é cortada com uma foice: uma ferramenta mitológica original com a qual também Urano foi mutilado por Crono[100]. Se algo pode esclarecer o sentido da utilização precisamente de uma foice, esse algo é o simples fato de que essa ferramenta em forma de lua nova foi utilizado desde tempos imemoriais para cortar aquele que é o portador de sementes, o cereal. Por meio de um instrumento de formato lunar, parece corresponder à morte algo lunar. Em todo caso, no destino da Medusa transparecem traços que relacionam essa deusa com o aspecto da noiva, do cereal e da morte que, igualmente, encontram-se em Perséfone.

---

97. WILAMOWITZ-MOELLENDORF, U. *Der Glaube der Hellenen*. Op. cit. Vol. I, p. 108s. Mais detalhes em ALTHEIM, F. "Persona". *ArchRW*, 27, 1929, p. 45s.

98. Como θεόπομπος com o significado de "o enviado de Deus".

99. ROBERT, C. Die griechische Heldensage. Vol. I. In: PRELLER, R. & PRELLER, L. *Griechische Mythologie*. Op. cit. Vol. II, p. 243.

100. HESIOD. *Theogonie*. Op. cit., p. 174-181.

Por outro lado, podemos dizer que a Górgona abre caminho através da figura de Perséfone, a rainha altiva do Hades. Aquilo que na essência de Perséfone poderia ser concebido filosoficamente como o não ser aparece na mitologia como uma horrível cabeça de Górgona que a deusa envia dos infernos e que ela inclusive portou em sua forma mais primitiva. No entanto, não se trata do puro não ser, mas daquele não ser diante do qual o ser vivo recua espantado, como se estivesse diante de um ser com sinais negativos: uma careta que ocupa o lugar daquilo que podemos imaginar de mais belo; o lado noturno de algo, quando o mais desejável é seu lado diurno.

Se quiséssemos responder à pergunta pela origem desse símbolo, teríamos de penetrar mais na pré-história também das outras duas grandes figuras da Core: Ártemis e Atená. Encontraríamos também ali a cabeça da Górgona. Atená a leva no peito e, em monumentos arcaicos, Medusa aparece como uma forma primitiva de Ártemis, a senhora dos animais selvagens[101]. Leva também as asas de Nêmesis. Ártemis, representada em seu estado mais antigo como Medusa e Nêmesis, revela-se idêntica a Deméter original e, por outro lado, também a Perséfone. A representação do assassinato da Medusa sobre a cumeeira do arcaico templo a Ártemis em Corfu – a forma mais primitiva do destino de Perséfone – é um memorial desse estado mitológico original[102].

Desse estado original se eleva a figura clássica de Perséfone, tão pura e bela, parecida a Ártemis e a Afrodite, como a filha de Nêmesis. Os traços típicos da Górgona permanecem em segundo

---

101. KERÉNYI, K. *Die Geburt der Helena*. Op. cit, p. 19. • *Journal of Hellenistic Studies*, 1885, quadro 59.

102. As inscrições mencionam Ártemis. Cf. WILHELM, K. *Erinnerungen an Korfu*. Berlim: [s.e.], 1924, p. 105.

A criança divina

plano. Sobre uma maravilhosa tabuleta votiva proveniente de um templo a Perséfone[103] da Itália Meridional se representa, além do rapto da Core, também sua retirada. Esse quadro seria digno de Afrodite: cupidos alados puxam o carro da deusa. Não se pensaria que é Perséfone, mas a própria Afrodite que ali celebra seu triunfo. Poderíamos nos referir a Afrodite Empitymbidia ou Tymborychos[104], uma deusa dos túmulos e dos mortos. Na figura de Perséfone há motivo para a máxima beleza como havia para a maior feiúra. O próprio não ser pode adquirir traços atrativos para o ser vivo e a deusa da morte aparecer com um aspecto de hetaira. Assim eram as sereias, Circe e Calipso, mas não a Perséfone grega. O motivo de sua beleza afrodísea reside naquilo que denominamos sua singularidade.

No mundo dos seres vivos e dos mortais – portanto, no mundo de Deméter e de Perséfone – existe uma relação íntima entre singularidade e máxima beleza. Pode-se considerar essa relação do ângulo da beleza, como o faz Winckelmann, falando inconscientemente no sentido de Perséfone: "A rigor se pode dizer: é só por um instante que o ser humano belo é belo". E se pode concebê-lo partindo daquele instante depois do qual, como um abismo escuro, segue-se imediatamente o não ser. Em tais momentos, quando o belo reluz com a máxima beleza, é que uma jovem mortal – como Antígona se dirigindo para sua câmara nupcial, a sepultura – se converte na imagem da "bela Perséfone"[105].

---

103. De Lokroi Epizephyroi. Cf. QUAGLIATI, Q. (org.). "Rilievi votivi arcaici in terracotta di Lokroi Epizephyroi". *Ausonia*, 3, 1908, p. 188.

104. PLUTARCH. *Quaestiones Romanae*. Vol. XXIII. [s.n.t.]. • CLEMENS ALEXANDRINUS. *Protrepticus*. Vol. XXXVIII. [s.n.t.].

105. KERÉNYI, K. *Dionysos und das Tragische in der Antigone*. Op. cit., p. 12ss. • *Die antike Religion*. Op. cit., p. 239. Vergil (*Eneida*. Vol. VI, p. 142) chama Perséfone de Pulchra Proserpina. Καλας e Καλλίστα são sobrenomes de Ártemis, cf. PRELLER, R. & PRELLER, L. *Griechische Mythologie*. Op. cit., p. 301, 3.

7 Figuras de Cores da Indonésia

O paradoxo das ideias mitológicas, do qual partiram nossas considerações, parece aqui se intensificar até se tornar algo incompreensível. Por trás da dupla figura de Deméter e Core supomos uma ideia sintetizadora que reúne em si mesma, como um botão de flor, as relações mais estranhas e que se desdobra em três figuras divinas: Hécate, Deméter e Perséfone. Incompreensível não é esse desenvolvimento. Sua possibilidade é demonstrada por exemplos da mitologia: a figura híbrida e a mudança de aspecto da Deméter original e de Nêmesis. Difícil de compreender são aquelas estranhas relações, visto que aparecem sem precedentes.

Aí se encontra a estranha equivalência de casamento e morte, de sepultura e câmara nupcial. Por um lado, o casamento possui nessa esfera o caráter de assassinato. O raptor violento é o deus da morte em pessoa. Por outro lado, o casamento conserva também aqui seu significado verdadeiro: é a união do homem e da mulher. Habitualmente ele não evoca o luto dos celebrantes, mas estimula conversas e risos obscenos motivados por atos obscenos. A própria Deméter dera um exemplo disso – assim como dera para o luto – quando permitiu que uma anciã desavergonhada a divertisse. (O nome da mulher, que no hino é Iambe, indica seu falar indecente; seu nome de Baubo, "a barriga", e seu comportamento na variante órfica[106] aludem ao agir indecente.) Agora se pode falar de um relação entre morte e fertilidade, e conceber a fertilidade como algo tão animalesco que inclusive uma porca prenhe pode aparecer como seu símbolo.

Outra relação estranha é aquela entre o acontecimento ambíguo do rapto de Core e Hécate. No centro da esfera de domínio de

---

106. KERN, O. (org.). *Orphicorum fragmenta*. [s.n.t.], p. 52.

Hécate se encontra a lua. Aquilo que a lua ilumina é, por sua vez, muito ambíguo: por um lado, aparece ali a preocupação maternal e a assistência ao crescimento de todo aquele que vive; por outro lado, aparece algo indecente e mortal[107]. Porém, não no sentido de noivado e de morrer para viver, mas no de bruxaria e de natureza fantasmagórica. A Hécate pertence o cão, o animal que uiva nas noites de lua e que ao mesmo tempo representa para os gregos o máximo grau de indecência. O aspecto lunar do mundo de Deméter – assim se poderia definir esse mundo de Hécate. No entanto, caberia acrescentar que simultaneamente forma um aspecto distorcido do mundo de Ártemis, a grande caçadora e dançarina. O mundo da fertilidade e da morte está relacionado aqui com os aspectos do mundo regidos pela lua.

Uma terceira relação estranha é aquela com as plantas que servem de alimento para o homem. Nesse caso, não se trata de uma simples alegoria (o símbolo do trigo não consegue abarcar, por si só, a totalidade da ideia da deusa original mãe e filha), nem de um vínculo causal entre a lua e certos fenômenos da vida humana e vegetal. A lua não é aqui um *primum movens*, já que também ela suporta o mesmo que o homem e a planta. Trata-se de um acontecer em nosso cosmos que a mitologia expressa indistintamente com o símbolo da lua, da mulher e do cereal. Ela o faz de tal modo que pode falar de um ao mesmo tempo em que apresenta a imagem de outro. Para alcançar esse propósito, escolhe com especial preferência a figura da jovem, da Core.

Isso sucede não apenas no mundo grego, mas também em uma região tão distante das antigas civilizações mediterrâneas, como é o caso do arquipélago indonésio. Ali se encontram figuras

---

107. Cf. KERÉNYI, K. *Apollon.* Op. cit., p. 149ss.

de Core que nos mostram que justamente aquilo que nos parece incompreensível estava presente não apenas em um caso e nem só em uma mitologia. De modo inesperado, esses exemplos surgem como resultado de uma expedição de Frobenius à ilha de Ceram. O líder da expedição e editor do tesouro de mitos coletados, A.E. Jensen, não imaginou naquela ocasião o impacto que a assustadora semelhança de sua Hainuwele, a jovem divina, com base na qual ele designa a nova coletânea de mitos[108], causaria nos pesquisadores que naquele momento se ocupavam com o estudo de Perséfone. Isso apenas realça a importância das observações antecipadas em seu livro.

Essas observações não se baseiam apenas no material etnológico indonésio, mas num mais abrangente, predominantemente africano. A primeira observação é que muitos povos da terra não conseguem conceber a realidade da morte sem a realidade da reprodução, da multiplicação do homem. Também os habitantes de Ceram contam que os primeiros homens não podiam morrer enquanto não tivessem apreciado o coco. Somente quando tivessem feito isso, poderiam também casar. "Nos casos em que se expressa no mito a relação entre morte e fertilidade – essa é a segunda observação –, realça-se a relação entre o homem e a planta." Nesse sentido, pode-se entender que – conforme o grande mitologema de Hainuwele – a primeira morte entre os homens foi um assassinato, e que é somente a partir desse assassinato que há plantas aproveitáveis. Acrescenta-se ainda a constatação do vínculo estreito da jovem Hai-

---

108. JENSEN, A.E. (org.). *Hainuwele* – Volkserzählungen von der Molukken-Insel Ceram. Frankfurt a.M.: [s.e.], 1939. Sobre a introdução de Jensen e o mitologema de Hainuwele, cf. JENSEN, A.E. "Eine ost-indonesische Mythe als Ausdruck einer Weltanschauung". *Paideuma*, 1, 1938, p. 199ss. Cf. informações adicionais nas seguintes obras de Jensen: *Das religiöse Weltbild einer früheren Kultur*. Stuttgart: [s.e.], 1948, p. 33ss. • *Die drei Ströme*. Leipzig: [s.e.], 1948, p. 114ss.

A criança divina

nuwele com a lua. Como quadro geral resulta "que no centro da cosmovisão mítica dos habitantes de Ceram se encontra a relação entre a morte e a reprodução, e que ela, como em muitos povos da terra, é vista e vivida também aqui à luz da forma de existência das plantas e da aparição da lua que morre e retorna".

Portanto, os etnólogos confirmam – com base na visão de mundo de vários povos – todo o sistema das relações que servem de base para o mitologema de Perséfone. Porém, os detalhes do mitologema das Cores indonésias são ainda mais surpreendentes que a concordância dos traços essenciais, não somente porque indicam a mesma ideia fundamental, em forma de botão de flor, mas inclusive revelam uma ampla semelhança no desenvolvimento. Isso fica bem evidente quando colocamos lado a lado as duas variantes principais: o rapto de Rabie e o assassinato de Hainuwele. Rabie é o nome da jovem-lua. Às vezes também Hainuwele recebe o nome Rabie-Hainuwele; no entanto, nela se destaca mais a identidade com as plantas, enquanto que Rabie apresenta mais claramente as características da lua.

Tuwale, o homem-sol, cortejava Rabie. Os pais não queriam entregá-la a ele. Em seu lugar, sobre o leito nupcial colocaram um porco morto. Tuwale pegou de volta o dinheiro do dote e se afastou. Alguns dias mais tarde, Rabie saiu do povoado e pisou sobre a raiz de uma árvore. "Quando ela estava parada sobre a raiz – prossegue o relato – esta afundou lentamente na terra, e Rabie afundou junto com ela. Apesar de todos os esforços, ela não conseguia sair da terra e afundou cada vez mais. Gritou por ajuda, e os aldeões acudiram depressa. Tentaram desenterrar Rabie, mas quanto mais se esforçavam, mais ela afundava. Quando já estava enterrada até o pescoço, disse à sua mãe: "É Tuwale que vem me buscar. Abatei um porco e celebrai uma festa, pois eu agora morro. Passados três dias, ao cair da noite, olhai todos para o céu, pois ali aparecerei para vós em forma de luz [...]" Os pais e os moradores do povoado regressaram para casa e abateram um porco. Durante três dias celebraram uma festa fúnebre em honra de Rabie e ao terceiro dia todos olharam para o céu. E foi então que, pela primeira vez, a lua cheia saiu pelo leste..."[109]

No mitologema de Hainuwele, o nome do pai Ameta, no qual está contido o significado "negro, escuro, noite", é o que em primeiro lugar indica o caráter lunar da jovem; em seguida, contudo, menciona também a aparição de um porco. Em outro relato[110], a jovem-lua se salva depois do casamento do sol e da lua, afunda-se num lago e passa a viver na forma de uma porca, com seu filho, um leitão. O mitologema de Hainuwele inicia como se a heroína – que tem por nome "folha de coqueiro" (pois esse é o significado da palavra "Hainuwele") – fosse a Core Rabie, reaparecida, a jovem da lua que também tem uma forma suína.

Isso sucedia numa época primitiva marcada por nove famílias de homens e nove locais sagrados de dança. A partir de seus destinos ulteriores, fica claro que aqueles homens ainda não eram simples mortais, mas seres divinos originais: quando deviam morrer, somente uma parte deles era destinada para a existência humana, muitos se transformaram em animais e espíritos. Entre esses homens originais vivia então o solitário homem da noite, Ameta, que não tinha mulher nem filhos. "Um dia ele foi – assim o relato – com seu cão para a caçada. Depois de algum tempo, o cão farejou um porco no mato e o perseguiu até um lago. O porco entrou correndo na água do lago; o cão, porém, se deteve na margem. Logo o porco não conseguia mais nadar e se afogou. Entrementes o homem Ameta havia chegado e tirou o porco morto da água. E no

---

109. *Hainuwele*. Op. cit., p. 48ss.
110. Ibid., p. 235.

A criança divina   193

dente canino do porco encontrou um coco. Naquela época, porém, ainda não havia coqueiros na terra."

Ameta levou o coco para casa. Ele o cobriu de maneira semelhante à que usualmente se faz em Ceram com os recém-nascidos. E, quando o plantou, num tempo admiravelmente curto obteve o primeiro coqueiro: em três dias havia crescido e três dias depois havia florescido. Sobre uma folha do coqueiro, na qual havia caído uma gota do sangue de Ameta, igualmente em duas vezes três dias se formou a menina Hainuwele. Depois de mais três dias, ela já estava em idade núbil: uma Core. Caso se quisesse caracterizar sua natureza com um nome oriundo da mitologia grega, dir-se-ia que ela era o Plutão feminino, a riqueza em pessoa. Presenteou os homens com tanta generosidade, com todo o belo e todo o bom, que eles a assassinaram. Essa mudança surpreendente da história é difícil de entender em termos lógicos – ela é algo autêntico da mitologia original. É somente por meio dela que se revela o significado dessa figura de Core: "As partes enterradas do corpo de Hainuwele se convertem em coisas que então ainda não existiam na terra – sobretudo em tubérculos, desde então a base de subsistência dos homens".

O assassinato de Hainuwele constitui uma curiosa execução ritual daquela forma de rapto da Core que também Rabie teve de sofrer. Tuwale afunda Rabie na terra. Ou ela afunda num rio[111] ou num lago, como o porco com o coco. Isso faz pensar no cenário siciliano do rapto da Core junto ao lago Pergusa, em que Perséfone brincava com suas amigas quando Hades apareceu e a raptou. O afundamento de Hainuwele sucedeu sobre o nono dos nove locais de dança, na nona noite da grande dança de Maro. Era a própria

---

111. Ibid., p. 54.

dança que provocava o afundamento. Na dança, mulheres e homens formavam, alternadamente, uma grande espiral de nove voltas. Trata-se de um labirinto[112], a imagem original e mais tarde a reprodução daquele labirinto pelo qual os homens tinham de passar depois de sua morte para chegar até a deusa do Hades e serem destinados à vida humana. Hainuwele se encontrava no centro do labirinto, onde se havia cavado um profundo buraco na terra. No lento movimento circular da dança, em espiral, os dançarinos a empurravam para a cova e a jogavam nela: "O ruidoso canto de Maro, a três vozes, abafava o grito da jovem. Cobria-se ela de terra e, com seus movimentos de dança, os dançarinos pisoteavam a terra sobre a cova".

Desse modo, dançaram para enterrar Hainuwele debaixo da terra, ou em outros termos: A dança do labirinto a conduzia para baixo da terra. Essa dança – pelo menos em termos coreográficos – não está isenta de analogia com a religião antiga. Há indícios da introdução de um coro da jovem em honra de Perséfone em Roma, e se pode deduzir que também no culto grego a Core[113] – ou no culto greco-italiano – se dançava de modo semelhante. As indicações se referem ao número das dançarinas, que era três vezes nove; depois mencionam uma corda que elas seguravam nas mãos durante a dança para formar uma fileira firmemente articulada, que dificilmente pode ser imaginada como uma linha reta, sem ondulações. Já se havia indicado que em Delos as danças eram executadas com o auxílio de cordas[114]. Em primeira linha,

---

112. Cf. um desenho indígena, ibid., p. 65.

113. LIVIUS. Vol. XXVII. [s.n.t.], p. 37. Cf. ALTHEIM, F. *Terra Mater*. Giessen: [s.e.], 1931, p. 1ss.

114. DIELS, H. *Das Labyrinth*. Tübingen: [s.e.], 1921, p. 91. • ALTHEIM, F. *Terra Mater*. Op. cit., p. 4.

A criança divina   195

aqui está em questão uma dança[115], aquela que Teseu pode ter dançado sobre a ilha de Apolo com seus companheiros liberados do labirinto. Essa dança acontecia em honra de Afrodite, com o que se imaginava também a Ariadne, cuja natureza se assemelha, por um lado, a Afrodite e, por outro lado, a Perséfone[116]. A dança se chamava "dança da grua", e seus movimentos eram tão complicados que nossa fonte principal[117] os define como uma imitação dos dédalos no labirinto. Certamente a corda desempenha nessa dança de culto o mesmo papel que o fio de Ariadne no mito[118]. Também para os gregos a figura do labirinto tem por base a linha em espiral, embora geralmente estilizada em formas angulares[119]. Em Delos era a um deus que habitualmente se glorificava com danças; o deus que veio ao mundo junto com uma palmeira sagrada: o jovem Apolo. Quando uma criança divina nascia – seja Zeus ou Dionísio – criaturas míticas formavam um coro e dançavam ao redor do recém-nascido. Uma dança em coro, ao estilo da dança de Maro das ilhas de Ceram, que quando se dançava em honra a Perséfone, de certo modo, devia mover-se na direção contrária: ou seja, girando para a esquerda, no sentido da morte. Nessa direção apontavam de fato os chifres do altar em torno do qual se dançava a dança da grua[120]. Talvez a direção da dança fosse a mesma.

---

115. Cf. WEEGE, F. *Der Tanz in der Antike*. Halle: [s.e.], 1926, p. 61.

116. OTTO, W.F. *Dionysos*. Op. cit., p. 169ss.

117. PLUTARCH. *Theseus* [s.n.t.], p. 21.

118. Cf. PALLAT, L. *De fabula Ariadnea*. Berlim: [s.e.], 1891, p. 6.

119. Cf. BÜDINGER, M. "Die romischen Spiele und der Patriciat". *Sitz.-Ber. Wien*, 123 (3), 1890, p. 49. • PALLAT, L. *De fabula Ariadnea*. Op. cit., p. 4s. (apud EILMANN, R. *Labyrinthos*. Atenas: [s.e.], 1931, p. 68ss., não refutada. Mais detalhes em meus *Labyrinth-Studien*. 2. ed. Zurique: [s.e.], 1950.

120. PLUTARCH. *Theseus*. Op. cit. • LAIDLAW, W.A. *A History of Delos*. Oxford: [s.e.], 1933, p. 52, 10.

A dança de Maro girava para a esquerda, como convinha proceder no culto do mundo subterrâneo segundo a compreensão grega. Mas precisamente no mitologema de Hainuwele, essa direção para a morte é ao mesmo tempo a direção para o nascimento. Depois do assassinato de Hainuwele, os homens deviam primeiro morrer e somente então podiam nascer. Ao final do mitologema aparece aquela figura de Core indonésia, que agora se converte em rainha do Hades: a Core Satene. Ela era o fruto mais recente da bananeira original e reinou sobre os homens da época primitiva enquanto não houvessem matado. Devido ao assassinato, enfureceu-se e erigiu um grande pórtico diante de um dos nove locais de dança: "Consistia em uma espiral de nove voltas, como a figura formada pelos homens na dança de Maro". Era um pórtico que levava para o Hades e ao mesmo tempo um portal para o existir humano. Pois somente aquele que havia chegado a Satene através daquela porta poderia "continuar sendo um homem" no futuro; porém, desde o primeiro assassinato, ela vivia na montanha dos mortos e os homens tinham de morrer para chegar a ela. O assassinato de Hainuwele era o caminho para a encarnação; a dança para a morte era uma dança para o nascimento.

Até aqui vai a confirmação que nos oferece o mitologema da Core indonésia. Ela se estende a todas as estranhas relações, inclusive a mais estranha de todas: aquela entre a morte e o nascimento. Não deve ser considerado irrelevante o fato de que precisamente essa relação é confirmada por uma dança. O número que serve de base para a dança de Maro (três e três vezes três), e possivelmente também para a figura da espiral, têm sua equivalência na esfera de Perséfone, e sabemos que o segredo de Elêusis podia ser revelado mais facilmente com a dança do que com as palavras. A palavra para a revelação dos mistérios era ἐξορχεῖσθαι. Agora

A criança divina

temos um exemplo que mostra como tal mistério – tão profundo e importante – ainda era dançado também em nossa época.

8 A Core em Elêusis

Uma figura mitológica está diante de nós em toda a plenitude de seu conteúdo. Deve-se relacioná-la com a mitologia original, uma vez que não pertence exclusivamente à mitologia grega. Em sua forma original e paradoxal, não faz parte da mitologia olímpica. Se quisermos buscar-lhe uma denominação – se não exaustiva, pelo menos adequada ao seu traço fundamental –, não devemos levar em consideração nomes com o significado de "mãe": Deméter menos que Core; "mãe original" menos que "jovem original".

O nome Δημήτηρ – também no caso em que Δη realmente equivale a Γῆ – somente comprova que um aspecto daquela jovem original, antes lunar que terrestre, coincide com o aspecto maternal da terra. Aquela figura de jovem da mitologia original encerra em si mesma também os sofrimentos e as preocupações da maternidade; no entanto, falta-lhe inteiramente a tolerância terrestre que caracteriza uma figura materna absoluta. Não é sem razão que, no hino homérico, Geia auxilie o raptor. Vistos sob o aspecto da mãe Terra, nem o rapto nem a morte são trágicos ou ao menos dramaticamente comovedores. O mito de Deméter, por sua vez – o cumprimento da essência dele –, está cheio de dramatismo.

No hino, Reia – a grande mãe dos deuses, inclusive de Zeus e de Deméter – está mais próxima de sua filha. Zeus a envia para acalmar Deméter. O poeta homérico distribui desta maneira os aspectos das duas mães: Reia é uma mãe tranquila e tranquilizadora; a outra, uma mãe apaixonada. Os pitagóricos consideravam as duas idênticas, sem sombra de dúvida devido a uma efetiva afinidade de seus traços essenciais[121]. De modo algum esses se limitavam à maternidade. A figura de Reia da Ásia Menor – a mãe dos deuses, Cibele – revela um caráter apaixonado que se intensifica até o êxtase. Por outro lado, essa deusa – como senhora dos animais selvagens – tem semelhança com Ártemis – e, na verdade, com sua figura mais original: a Ártemis das origens. Por sua vez, a Ártemis original e a Deméter original se mostram muito próximas uma da outra; em seu estado mais primitivo, na ideia mitológica da jovem original, essas duas figuras são idênticas: aqui todos os caminhos conduzem para essa figura original.

É tão improvável que encontremos tal estado mitológico original no Olimpo de Homero como pouco pode nos surpreender que o encontremos em Elêusis. Os eruditos buscavam no culto em Elêusis sempre algo bem antigo. Os arqueólogos descobriram debaixo do edifício sagrado do Telesterion vestígios de construções micênicas do tipo dos templos gregos[122]; os historiadores da religião – às vezes com auxílio de interpretações e comparações ousadas – tentaram encontrar em Elêusis um legado religioso da Creta antiga[123]. A própria tradição do culto e a investigação moderna concordam em situar a origem dos mistérios em épocas imemoriais.

Aqui nos baseamos em mitologemas cujo estado primitivo em si mesmo não é menos reconhecível que o estilo micênico ou cretense para os arqueólogos. Nesse estado conhecemos o mitologema do casamento de Nêmesis e também a versão arcádica do mito

---

121. KERÉNYI, K. *Pythagoras und Orpheus*. Amsterdam: [s.e.], p. 37.

122. KURUNIOTIS, K. "Das eleusinische Heiligtum von den Anfängen bis zur vorperikleischen Zeit". *ArchRW*, 32, 1935, p. 52ss.

123. PERSSON, A.W. "Der Ursprung der eleusinischen Mysterien". *ArchRW*, 21, 1928, p. 287ss. • PICARD, C. "Die Grosse Mutter von Kreta bis Eleusis". *Eranos-Jahrbuch* 1938. Op. cit., p. 91ss.

de Deméter. O traço característico desse estado primitivo é o aspecto de sonho que toma o drama: deus e deusa original se transformam sempre de novo, se unem; a jovem original morre e, em seu lugar, surge uma deusa rancorosa, uma mãe que – ela mesma – se dá vida na pessoa de sua filha, a jovem original. O lugar do drama é o universo, tripartido, assim como a própria deusa é tripla: Core original, mãe e filha. Mas o universo somente podia se converter em cenário de tal drama caso o homem pudesse acolher em si mesmo o mundo e conferir-lhe a mobilidade e a faculdade de transformação do espírito, ou dito de outra forma: quando o homem pudesse afrontar o universo com a mobilidade e a capacidade de transformação do espírito e, desse modo, enchê-lo e mesclá-lo. A postura do homem antigo combina a possibilidade de absorção com essa forma de afrontar o universo.

A fluidez do estado mitológico original pressupõe uma unificação com o mundo, uma completa admissão de seus aspectos. Com base no mitologema arcádico, podemos dizer que ao nos identificarmos com a figura de Deméter realizamos a ideia mais geral do ser vivo, isto é, sentir-nos perseguidos, roubados e até raptados, não mostrar compreensão, mas guardar rancor e luto para, no entanto, depois se restabelecer e renascer. Entre os mais sólidos conhecimentos sobre os mistérios de Elêusis se inclui precisamente este: o participante dos mistérios se identificava com Deméter. A fórmula de confissão de fé do iniciado foi conservada: "Jejuei; bebi da mistura; tomei da cista, trabalhei com ele e depois o devolvi ao cesto, e do cesto para a cista". Por mais enigmática que pareça a segunda parte dessa fórmula, a primeira metade está perfeitamente clara. Não se trata de "infância divina", mas de maternidade divina. O iniciado ingressava na figura de Deméter comportando-se como a deusa enlutada e rancorosa: jejuava e depois bebia a mistura. Aquela enigmática ação com cista e cesto só pode ser algo que Deméter realizava então na casa real de Elêusis, uma atividade a serviço da rainha[124].

Podia ser iniciado nos mistérios de Elêusis qualquer um que falasse grego e não fosse maculado com um delito de sangue: homens e mulheres igualmente. Também os homens ingressavam na figura de Deméter, também eles se tornavam idênticos à deusa. Reconhecer isto é o primeiro passo para entender o que se passava em Elêusis. Há documentos históricos que atestam que o iniciado se considerava uma deusa e não um deus: as moedas do imperador Galieno que designam o soberano como *Galliena Augusta*. A explicação dessa designação oficial está no fato de que Galieno deu ênfase especial à sua iniciação em Elêusis[125]. Somam-se outros testemunhos de que, no âmbito da religião a Deméter, os homens entravam na figura da deusa. Em Siracusa, no santuário de Deméter e Perséfone, também os homens prestavam o grande juramento, trajando a "vestimenta púrpura da deusa" e segurando na mão a sua tocha acesa. Se aclara no texto de Plutarco, que fala disso em seu *Díon*[126], que em Siracusa esse era o hábito do mistagogo, o condutor da iniciação. Em Feneu, na Arcádia, havia os mesmos mistérios que em Elêusis, e nesse mesmo lugar , "durante o grande mistério", o sacerdote usava a máscara da Deméter Cidária[127]. Não era um rosto afável, antes uma imagem assustadora, somente imaginável com um aspecto de Górgona.

---

124. Uma nova tentativa de descobrir o sentido das enigmáticas palavras: EITREM, S. *Eleusinia: les Mystères et l'agriculture*. Olso: [s.e.], 1940, p. 140ss.

125. Cf. ALFÖLDI, A. "Zur Kenntnis der Zeit der römischen Soldatenkaiser". *Zsf. Numismatik*, 38, 1928, p. 188.

126. PLUTARCH. *Dion*. [s.n.t.], p. 56.

127. PAUSÂNIAS. *Beschreibung Griechenlands*. Op. cit. Vol. VIII, 15. Cf. KERÉNYI, K. "Man and Mask". *Spiritual Disciplines*. Nova York: [s.e.], 1960, p. 155.

A criança divina   201

A procissão que chegava a Elêusis, com tochas acesas, numa noite do mês outonal de Boedromion, para celebrar ali os "grandes mistérios", era composta de homens e mulheres que entravam pelo caminho de Deméter. O período realmente solene começava em Atenas, no 16º Boedromion, com a reunião dos iniciados e a exclusão dos demais. No 17º os iniciados eram chamados a se dirigirem ao mar, ao elemento original purificador. No 19º a procissão partia para chegar a Elêusis à noite. Corresponde melhor aos textos clássicos a concepção de que a procissão era composta por aqueles que já haviam sido iniciados nos "pequenos mistérios" de Agra[128].

Alguém se tornava iniciado, μύστης, por meio da μύησις. Água e escuridão desempenhavam ali o papel principal. Em Agra, um subúrbio de Atenas, o Rio Ilisso oferecia suas águas e a iniciação ocorria em honra a Perséfone, se bem que também aqueles "pequenos mistérios" eram ao mesmo tempo os de Deméter[129] e de Hécate, de quem também havia testemunhos em Agra[130]. O caminho dessa iniciação conduzia especialmente para a "Perséfone do mundo subterrâneo", para a rainha dos mortos[131]. A cabeça do

---

128. PLATÃO. *A república*, 364e. [s.n.t.]. • *Georgias*, 497c [s.n.t.], com o escólio. • PLUTARCH. *Demetrius*. [s.n.t.], p. 26. Menciono somente os documentos mais importantes. Para as indicações sobre os "pequenos" e "grandes" mistérios, cf. DEUBNER, L. *Attische Feste*. Op. cit. Berlim: [s.e.], p. 69ss. • FARNELL, L.R. *The Cults of the Greek States*. Op. cit. Vol. III, p. 343ss. • FOUCART, P. *Les Mystères d'Éleusis*. Paris: [s.e.], 1914. • KERN, O. *Die griechischen Mysterien der klassischen Zeit*. Berlim: [s.e.], 1927. • PAULY & WOSSOWA. *Paulys Realencyclopädie*. Vol. XVI, col. 1.211ss. Cf. tb. KERÉNYI, K. *Die Geburt der Helena*. Op. cit., p. 42ss.

129. BEKKER, I. *Anecdota Graecai*. Vol. I. Berlim: [s.e.], [s.d.], p. 326, 24. Cf. HESYCHIUS s. v. Ἄγραι. [s.n.t.].

130. PLUTARCH. *De Herodoti malignitate*. [s.n.t.], p. 26. • *Corpus Inscriptionum Atticarum*. Vol. II. [s.n.t.], 1590. • FURTWÄNGLER, A. "Die Chariten der Akropolis". *Athen. Mitt.*, 3, 1878, p. 197.

131. HIPPOLYTUS. *Refutatio*. Op. cit. Vol. V, p. 8, 43.

202　　　　　　　　　　　　　　　Coleção Reflexões Junguianas

neófito era coberta de trevas da mesma forma que na Antiguidade se cobria a noiva e aquele que era consagrado para o mundo subterrâneo[132]. A palavra para iniciar, μυεῖν, deriva de μύειν, "fechar os olhos ou a boca". O iniciado, o μυούμενος, era passivo, mas fechar os próprios olhos e penetrar na escuridão é, por sua vez, ao mesmo tempo algo ativo; a palavra μύστης é um *nomen agentis*. A passividade de Perséfone, da noiva e daquele que é vítima da morte, é revivida num ato interior – ainda que seja apenas um ato de entrega. Nossas fontes falam aqui de uma "imitação dos acontecimentos dionisíacos"[133]. Dionísio, precisamente na qualidade de vítima, de vítima de algo, é de certo modo a cópia masculina de Perséfone.

Isso é o que sabemos sobre o início dos acontecimentos que progrediam em Elêusis: o princípio de um processo que atingiu seu ponto alto nos "grandes mistérios". Em latim, μύησις se traduz por *initia*, o que significa "início" ou "entrada". Provavelmente deva atribuir-se a esses *initia* de Agra o fato de que os iniciados começavam seu caminho para Elêusis adornados com ramos de murta e, além das tochas, eram portadores de feixes de murta[134]: A murta era própria ao mesmo tempo de Afrodite e dos mortos[135]. No entanto, agora não iremos insistir nestes detalhes, embora certamente nenhum detalhe seja desprovido de significado: nem o jarro na mão dos homens, nem o recipiente destinado a portar as

---

132. DIELS, H. *Sibyllinische Blätter*. Berlim: [s.e.], p. 122. • DEUBNER, L. *Attische Feste*. Op. cit., quadro 7. • RIZZO, G.E. "Il sarcofago di Torre Nova". *Röm. Mitt.*, 25, 1910, p. 103ss. Sobre Héracles em Agra, cf. DIODORUS SICULUS. Vol. IV. [s.n.t.], p. 14.

133. STEPHANUS BYZANTINUS s. v. Αγραι. [s.n.t.].

134. PRINGSHEIM, H.G. *Archäologische Beiträge zur Geschichte der eleusinischen Kulte*. Munique: [s.e.], 1905, p. 16ss.

135. Cf. MURR, I. *Die Pflanzenwelt in der griechischen Mythologie*. Innsbruck: [s.e.], 1890, p. 84.

A criança divina

luzes e as sementes sobre a cabeça das mulheres, nem os bastões, nem os alforjes para a caminhada[136]. Queremos registrar apenas o τέλος, a consumação da τελετή, a prática em Elêusis. A ação daquele rito devia ser sofrida de forma tão passiva como o μυεῖν. Era designada τελεῖν, "levar ao τέλος, à 'meta'". A celebração tinha lugar principalmente no grande edifício de culto, no Telesterion. O τέλος era alcançado somente com a *epopteia*, a visão e o conhecimento mais elevados, mas de forma alguma já na primeira caminhada para Elêusis. Para isso, era necessário pelo menos uma segunda participação nos grandes mistérios[137].

No entanto, podemos em geral reter algo desse τέλος, dessa visão superior? Aqui é preferível seguir o mais crítico dentre os investigadores da Antiguidade. "Tudo depende daquilo que se oferecia à vista dos *epoptes*" – assim Wilamowitz resume nosso conhecimento positivo e negativo[138]. "Isso foi uma δρησμοσύνη, que correspondia ao hierofante, e, o que ele mostrava, aquilo era o essencial." (Seu nome de ἱερόάντης designa o "indicador" sacerdotal dos mistérios sagrados). Wilamowitz reconhece igualmente o papel do daduco, do "portador da tocha" sacerdotal e da luz, durante a cerimônia misteriosa no Telesterion. "No entanto, não parece que havia muito acompanhamento de música" – assim ele prossegue com seu resumo: "no momento da invocação da Core, o hierofante batia sobre um címbalo. Pretender imaginar aquilo que estava envolto pelo mistério seria um jogo inútil. Converter a δρησμοσύνη em uma representação mímica do rapto da

---

136. Cf. as tabuletas votivas de Ninnio: *Ephemeris Archaeologica*. [s.n.t.], 1901, quadro 1. • DEUBNER, L. *Attische Feste*. Op. cit., quadro 5, l.

137. PLUTARCH. *Demetrius*. Op. cit., p. 26.

138. WILAMOWITZ-MOELLENDORF, U. *Der Glaube der Hellenen*. Op. cit. Vol. II, p. 57.

Core é uma invenção tão fútil como deduzir um sermão dos hierofantes a partir das fórmulas rituais, que não podiam faltar durante a apresentação das ἱερά."

Um passo importante para a apreciação correta dos mistérios de Elêusis é esta avaliação negativa: a δρησμοσύνη introduzida por Deméter, o primeiro dos três componentes do rito dos mistérios – δρώμενα, λεγόμενα, δεικνύμέα, ação, enunciado e indicado – não era um jogo cênico. As descobertas arqueológicas desmentem categoricamente a hipótese da existência de um teatro destinado à encenação dos mistérios, tanto no Telesterion como fora dele. E nem um único texto o menciona de forma segura e clara. Pois a expressão δρᾶμα μυστικόν, na linguagem metafórica do teólogo Clemente de Alexandria[139], admite perfeitamente outros gêneros de representação dramática e não somente o de uma encenação mímica ao estilo de uma pantomima profana, cujo texto poderia ser, por exemplo, o relato do hino homérico. O mitologema do rapto da Core era conhecido em diversas variações: Se tivesse sido representado apenas na forma de uma "pantomima", não teria havido nada de misterioso. O mistério de Elêusis não era revelado ao se relatar o rapto da Core, mas ao se divulgar a maneira de representação: o modo de dançar de Elêusis. A dança de Maro dos indonésios nos dá uma ideia desse gênero de representação dramática[140]. Pode-se defini-la como uma "representação mímica"? De qualquer forma, tratava-se apenas de uma representa-

---

139. CLEMENS ALEXANDRINUS. *Protrepticus.* Op. cit. Vol. 12, p. 2. Cf. WILA-MOWITZ-MOELLENDORF, U. *Der Glaube der Hellenen.* Op. cit. Vol. II, p. 481. • LOBECK. *Aglaophamus.* Op. cit. Vol. II, 1829, p. 1.263.

140. Os relatos de Plutarco acerca da πλάναι e περιδρομαί dos iniciados em seu estudo *De Anima* (In: STOBAEUS. *Florilegium.* [s.n.t.], 120, 28), lembram muito as danças do labirinto. Cf. PALLAT, L. *De fabula Ariadnea.* Op. cit., p. 3, nota 1.

ção muito estilizada, que possivelmente lembrava as danças mais antigas do coro da tragédia, mas de modo algum a própria tragédia. Também fazia parte da dança dos mistérios o fato de que, em certos estágios da celebração, convertia-se numa espécie de jogo de tochas[141]. Clemente denomina mais precisamente aquele δρᾶμα μυστικόν com o termo δαδουχεῖν, "portar a tocha".

"Aquilo que o mistério envolve", de fato, não podemos imaginar: nem a forma de representação daquela ideia, da qual *uma* versão – entre muitas possíveis – era o relato do rapto da Core no hino de Deméter. Inclusive conhecemos várias versões do mito de Deméter e conhecemos a ideia fundamental, da qual os mitologemas são as variantes. Sabemos também que em Elêusis aquela ideia perdeu todos os elementos perturbadores e dolorosos e se converteu numa visão gratificante. A vivência de Elêusis começava com o luto, a caminhada e a busca, aos quais correspondia a πλάνη, a trajetória errante de Deméter e as suas lamentações; começava certamente fora de Elêusis com o jejum dos iniciados. Elêusis era o lugar do εὕρεσις, onde se encontrava a Core. Nesse encontro se tinha a visão – não importa através de que símbolo – de algo objetivo e de algo subjetivo. Objetivamente, naquela vivência resplandecia a ideia da deusa que recupera sua filha e, com isso, reencontra a si mesma. Subjetivamente, através dessa mesma visão era representada a própria continuidade – a continuidade de todo ser vivo. Desaparecia o não saber, característico da figura da Deméter enlutada. Desfazia-se o paradoxo daquela ideia do ser vivo que, no aspecto da maternidade, unificava morte e continuidade com a perda e o reencontro da Core.

Antes do encontrar e à parte do buscar, ainda sucedia algo misterioso, feito e sofrido na escuridão, com as tochas apagadas.

---

141. LACTANTIUS. *Institutiones divinae.* Epit. 18, c7. [s.n.t.].

Tratava-se do casamento violentamente suportado – não da Core, como poderíamos esperar – da própria Deméter com Zeus[142]. Devia tratar-se de uma verdadeira boda de Nêmesis ou de Erínia porque, também em Elêusis, a deusa recebe um nome parecido ao de "Nêmesis" ou de "Erínia", o nome de Brimo. A situação corresponde exatamente ao mitologema arcádico, ainda que a representação seja diferente: não teriomórfica, mas antropomórfica. (Uma fonte cristã[143] denomina o hierofante e a sacerdotisa de Deméter como os oficiantes do casamento sagrado.) A correspondência exata confirma aqui os relatos posteriores e em parte hostis, com base nos quais reconstituímos a sequência dos acontecimentos vividos pelo iniciado: união da Core com o Hades – luto e busca –, núpcias sagradas da deusa enlutada e errática – encontro.

O nome de Brimo também é uma confirmação. A palavra βρίμη indica algo que causa medo e terror, βριμᾶσθαι significa guardar rancor, e βριμάζειν vociferar e bufar. Nesse nome não aparece apenas o mesmo aspecto rancoroso da noiva de Zeus que se apresenta nos mitologemas de Nêmesis e Deméter Erínia ou Melaina, mas um ser que tem seu lugar no mundo dos infernos da mesma maneira que as Erínias e a cabeça da Górgona[144]. Se não nos tivessem dito que Deméter se chamava assim em seus próprios mistérios[145], teríamos de concluir que Brimo era uma Perséfone, em um de seus aspectos assustadores, infernais. No entanto, sabemos também que na ideia, que deve servir de base para os mistérios de Elêusis assim como para o hino de Deméter, ambas

---

142. TERTULIAN. *Ad nationes* 2, 7: Cur rapitur sacerdos Cereris, si non tale Ceres passa est?, cf. CLEMENS ALEXANDRINUS. *Protrepticus*. Op. cit. Vol. II, p. 15.

143. ASTERIUS. Homilies, X. In: MIGNE. Vol. XV. [s.n.t.], p. 324.

144. LUKIAN. *Menippus*. [s.n.t.], p. 20.

145. CLEMENS ALEXANDRINUS. *Protrepticus*. Op. cit. Vol. II, p. 15.

A criança divina 207

as atribuições podem ser verdadeiras ao mesmo tempo: Brimo é
tanto Deméter como Perséfone. E, além dessas duas figuras, Brimo também é Hécate[146]. Sim, ela é Deméter, Perséfone e Hécate
em uma pessoa. O nome de Brimo é próprio da figura mais antiga
de Deméter: a Fereia, a deusa portadora da tocha e montada sobre
um cavalo a galope, também tinha esse nome[147]. (Lembremos aqui
da relação da Deméter original com o cavalo.) O casamento dessa
Brimo junto ao lago tessálico de Boibeis era uma boda de Perséfone[148]. O nome do lago (naquela região se pronunciava *Boibe* em lugar de *Foibe*) revela que ali se tratava da mesma Core original,
que também se chama Ártemis. E Ésquilo, o poeta de Elêusis, sabia da identidade de Ártemis-Perséfone, e Calímaco a menciona
em seu epílio ático *Hecale*. A figura original com o nome de Brimo
(entre tantos outros nomes) e com os aspectos de Deméter-Héca-
te-Ártemis não era uma aparência meramente tessálica. Ela aparece no antigo culto de mistério de Elêusis.

É sem dúvida depois da busca e da vivência do casamento sagrado que resplandecia uma grande luz e soava o chamado do hierofante: "A grande deusa deu à luz uma criança divina, a Brimo
deu à luz Brimos"[149]. Qual das duas pariu: a mãe ou a filha? Com
base no testemunho de que, em Elêusis, Brimo é Deméter, e com
base no mitologema arcádico, a parturiente somente pode ser a
rancorosa e enlutada, a criança nascida somente pode ser a filha
renascida, que na Arcádia se chamava também Despoina, "a senhora". O hierofante, entretanto, não anunciava o nascimento de

---

146. APOLLONIUS RHODIUS. *Argonautica.* Vol. III. [s.n.t.], p. 861, com escólio.

147. PRELLER, R. & PRELLER, L. *Griechische Mythologie.* Op. cit. Vol. I, p. 327.

148. CÍCERO. *De natura deorum.* Vol. III. [s.n.t.], p. 22. • *Propertius.* Vol. II. [s.n.t.], p. 11. • LOBECK. *Aglaophamus.* Op. cit., p. 1.213.

149. HIPPOLYTUS. *Refutatio.* Vol. 8: ἱερὸν ἔτεκε ρότνια κοῦρον Βριμώ Βριμόν [s.n.t.].

uma Core, mas o de um κοῦρος, um menino divino. E isso não estava em contradição com a ideia fundamental, pois a Brimo não é simplesmente Deméter, separada de Perséfone: Ela é indiferentemente tanto a mãe parturiente como a filha. A criança também permanece indiferenciada: importa só que algo nasceu, só o fruto. A ideia abrangente do nascimento, do princípio da vida em eterna repetição, reúne mãe, filha e criança numa unidade plena de sentido. Nesse caso, o sentido do nascimento não é o do princípio originário, não é o do começo primeiro e único, mas a duração contínua de uma série ininterrupta de nascimentos. Na identidade de mãe e filha aparece a parturiente persistente, a mãe como ser duradouro, em cuja figura e destino adentrou o iniciado; a criança é o sinal de que essa duração supera o individual: é o sinal da continuidade e do renascimento contínuo na descendência.

Desde o hino homérico de Deméter, os poetas falam da confiança que os iniciados adquiriam em Elêusis. No hino, o melhor destino dos iniciados era concebido em termos negativos: os não iniciados, os não participantes do que se vivencia em Elêusis, estes nunca alcançarão na escuridão da morte o mesmo que os participantes[150]. Sófocles chama três vezes felizes àqueles que em Elêusis alcançaram e contemplaram o τέλος: só para eles há vida na morte; para os demais, o Hades é terrível e desagradável[151]. O poeta Crinágoras de Lesbos promete aos iniciados de Elêusis uma vida sem preocupação – sem preocupação com a morte – e um falecimento "de coração mais leve"[152]. Também em outros textos se fala da esperança (ἔλπις) dos iniciados[153], que não se refere neces-

---

150. *Homerische Hymnen*: an Demeter. Op. cit., p. 480-482.
151. SOPHOKLES, frag. 752. [s.n.t.].
152. *Anthologia Palatina*, vol. XI. [s.n.t.], p. 42.
153. ISOKRATES. *Panegyricus*. [s.n.t.], p. 28. • CICERO. *De legibus*. Vol. II. [s.n.t.], p. 375. • PLUTARCH. *De facie in orbe lunae*, 943d. [s.n.t.].

A criança divina

sariamente a uma beatitude no sentido cristão. Dentre os antigos, aqueles que mais se ocupavam com o destino da alma, os pitagóricos, sabiam reunir a doutrina da transmigração das almas com a permanência das imagens junto a Perséfone[154]. Em Elêusis, não se tratava de uma doutrina da transmigração das almas, mas do nascimento como acontecimento que supera o individual, pelo qual, em cada ser vivo, o ser mortal é sempre de novo reconciliado, a morte é revogada e a continuidade da vida é alcançada. Quem fala mais claramente aqui talvez seja Píndaro, quando diz[155]: "Feliz quem, após contemplar aquilo, vai para baixo da terra: ele sabe o que é o fim da vida e o princípio dado por Zeus". No hino a Deméter, Zeus não reina somente como pai sobre o mundo dos deuses, mas repetidamente é o procriador: pai de Perséfone, pai de Brimos e pai também da criança que, segundo a tradição órfica, Perséfone traz ao mundo: o "primeiro" Dionísio.

Segundo o mitologema de Elêusis, este era o lugar da εὕρεσις, onde a Core era reencontrada. De acordo com a ideia que também serve de base para aquele mitologema, Elêusis era o lugar do nascimento: o lugar daquele acontecimento mundial sempre repetido que garante a continuidade da vida na Ática, no mundo todo. O nome Elêusis soava para os gregos como uma palavra que significa "chegada". Todavia, é muito mais provável que ele esteja relacionado com o nome de Ilítia, a deusa do nascimento, também venerada em Agra[156]. A disseminação de seu culto em Creta, nas ilhas do Egeu e do Peloponeso parece indicar que essa deusa desempenhava um papel mais importante na religião préhelênica do mundo egeu do que na religião grega. Considera-se

---

154. KERÉNYI, K. *Pythagoras und Orpheus*. [s.n.t.], p. 47ss.
155. PINDAR. *Fragmenta* 137a. [s.n.t.].
156. *Corpus Inscriptionum Atticarum.* Vol. II, p. 1.590. Vol. III, p. 319. [s.n.t.].

também seu nome como pré-helênico[157]. Em todo caso, ela não teria sido considerada pelos gregos a parteira por excelência se o grande acontecimento mundial do nascimento já não tivesse pertencido na origem ao seu âmbito. Quando a vemos essencialmente identificada com Ártemis, compreendemos que, na época em que essa deusa pode ter-se encontrado com a deusa pré-helênica dos nascimentos, a Ártemis original não devia ser diferente da Deméter original. Com base em nossas considerações, devemos conceber a história da origem do culto de Elêusis como se a Deméter original tivesse vindo do norte. Sua relação com o cavalo corrobora essa tese. Caso a ciência não se equivoque na apreciação do caráter pré-helênico da Ilítia, e a questão não seja ainda mais complicada do que se supõe atualmente, uma deusa grega do eterno nascimento e renascimento ocupou em Elêusis o lugar de uma deusa pré-helênica de natureza similar.

Assim, também a hipótese histórica mais provável somente confirma aquilo que, com base nos mitologemas e testemunhos literários – que correspondem à ideia fundamental daqueles mitologemas –, temos reconhecido como o tema original de Elêusis: um tema que os mistérios representavam da sua própria maneira, desconhecida para nós. Relacionadas com esse tema, existem representações de Elêusis sobre dois famosos vasos. É certo que o mesmo tema é representado e variado ali segundo a técnica empregada para a pintura de vasos. No entanto, também as variações das pinturas dos vasos atestam claramente o essencial: o nascimento de uma criança divina.

Sobre um dos vasos (proveniente de Rhodos), a deusa se eleva da terra. Ela entrega à outra deusa a criança divina sentada numa

---

157. Cf. NILSSON, M.P. *The Minoan-Mycenaean Religion and its Survival in Greek Religion*. 2. ed. Lund: [s.e.], 1950, p. 522.

A criança divina

cornucópia[158]. Por conta dessa condição, a criança é caracterizada como um ser equivalente ao fruto da terra. O outro vaso (proveniente de Kertsch) mostra a criança divina duas vezes, no centro de duas cenas[159]. Numa das cenas, na qual Hermes recebe a recém-nascida das mãos de uma deusa que sai da terra, a criança ficou menos nítida devido ao precário estado de conservação da pintura. Na outra, ela está de pé, entre as duas deusas de Elêusis, como um pequeno efebo, com a cornucópia na mão. Nela se quer reconhecer a Plutão, a "riqueza", do qual se diz na *Teogonia* que nasceu do casamento de Deméter com um herói mortal, Jasão[160]. De modo algum pode-se ignorar o caráter simbólico da criança nas pinturas dos vasos. O sentido do símbolo permite também a designação de "Plutão": Este pode ser uma variação da criança dos mistérios assim como a boda com Jasão pode ser uma variação de seu casamento místico. Quanto mais abstrato é o modo de expressão pictórica (certamente distinta do modo de expressão mística) – tão abstrato que a criança e a cornucópia aparecem, de certa forma, apenas como sinais hieroglíficos –, tanto mais se adapta ao tema original de Elêusis: para que se veja ali o nascimento como fonte inesgotável da riqueza em vida – no crescimento e na descendência.

Com esse tema original provavelmente se relaciona também o papel desempenhado por uma criança ateniense nos mistérios de Elêusis: a παῖς ἀφ' ἑστίας. Ela era tomada da casa e iniciada (μυηθεὶς ἀφ ἑστίας); sempre só *uma* criança, destinada para

---

158. Cf. JUNG, C.G. & KERÉNYI, K. *Einführung in das Wesen der Mythologie.* Op. cit. Ilustr. p. 151.

159. Ibid. Ilustr. p. 5-6.

160. HESIOD. *Theogonie.* Op. cit, p. 969-971. Cf. *Homerische Hymnen*: an Demeter. Op. cit., p. 486-489. • DIEHL (org.). *Anthologia Lyrica Graeca.* Vol. II. [s.n.t.], p. 182, 2.

212 Coleção Reflexões Junguianas

essa função a partir de um procedimento que combinava eleição e sorteio. Sua tarefa consistia em executar exatamente um δρώμε-νον, como se lhe havia indicado. Com isso representava todos os iniciados, e da exata execução de seu papel se esperava um efeito especialmente benéfico: o "enternecimento do divino", nos termos de nossa fonte posterior[161]. Nada sabemos de mais exato sobre esse papel; no entanto, o pensamento mais próximo é aquele que melhor corresponde à ideia fundamental dos mistérios: a παῖς ἀφ' ἑστίας devia representar e substituir aqueles que, em seu estado de descendentes, haviam adentrado no destino da mãe enlutada e rancorosa. Nesse caso, tampouco é completamente desprovido de significado que o papel da παῖς ἀφ ἑστίας não estava relacionado nem com o gênero masculino nem com o feminino. Meninos e meninas obtinham, igualmente, a distinção de crianças iniciadas nos mistérios e, mais tarde, eram imortalizados em forma de estátuas[162].

A Core foi perdida e buscada: como foi encontrada e qual o ser encontrado permanece um mistério para nós e certamente também para os iniciados. Misteriosa é já a identidade de εὕρεσις e nascimento. No entanto, ela é atestada também pelo fato de que, na cena do vaso de Kertsch em que Hermes recebe a criança, vê-se uma mulher sentada com um címbalo: sabemos que era a Core, invocada com o som do címbalo. Ainda mais misteriosa é a criança. Em Figália, a filha de Deméter, nascida do violento casamento com Posídon, chamava-se simplesmente a "senhora". Em Telpusa, diante dos não iniciados nem sequer se podia chamá-la pelo nome; seu irmão, nascido no mesmo momento que ela, porém, era o ca-

---

161. PORPHYRIUS. *De abstinentia.* Vol. IV. [s.n.t.], p. 5.

162. PRINGSHEIM, H.G. *Archäologische Beiträge zur Geschichte der eleusinischen Kulte.* Op. cit., p. 118.

A criança divina   213

valo Aríon. A designação de ἄρρητος κούρα, a "jovem inominável" na obra de Eurípedes e na de um jovem autor trágico, parece
se referir àquela impronunciável que se manifestava também por
meio da figura da criança Brimos. O nome de Brimos indica um
ser que causa medo e provoca horror, tal qual a mãe Brimo. Um
apologeta cristão conservou para nós uma tradição órfica segundo a qual a criança de Zeus e de Deméter-Reia, a Core ou Perséfone, tinha quatro olhos e dois rostos[163]. Uma "Tetracore", uma
Core com quatro olhos (pois a pupila também se chama κόρη)
aparece numa inscrição da Ásia Menor[164]. Além disso, aquela criança milagrosa também tinha chifres[165]. Segundo uma tradição,
Dionísio – na qualidade de Zagreu e de filho de Zeus e de Perséfone – era uma "criança chifruda"[166]. Dionísio e Core, ambos em
sua forma misteriosa, parecem estreitamente unidos um ao outro. Não foi somente a especulação posterior que os uniu, uma
vez que, na tríade romana Ceres, Líber, Libera, em que Ceres
corresponde a Deméter e Dionísio se chama Líber, a Core aparece como a forma feminina de Líber: como Libera[167]. Isso aponta
para aquela bissexualidade dos seres originários, mitológicos,
igualmente atestada por Dionísio[168]. Nem a bissexualidade, nem
os demais traços maravilhosos da criança Dionísio ou da criança
Zagreu são incompatíveis com a natureza misteriosa de Brimos.
Mais não podemos dizer sobre esse tema.

---

163. ATHENAGORAS. [s.n.t.], cap. XX. • MIGNE. *P.G.* Vol. VI. [s.n.t.], p. 929.

164. *Corpus Inscriptionum Graecarum*, n. 4.000 [s.n.t.]. USENER, H. *Kleine Schriften*. Vol. IV. [s.n.t.], p. 353.

165. ATHENAGORAS. *Orphic Hymns*. Vol. XXIX. [s.n.t.], p. 11.

166. NONNOS. *Dionysiaca*. Vol. VI. [s.n.t.], p. 264.

167. ALTHEIM, F. *Terra Mater*. Op. cit., p. 34.

168. Cf. p. 105s.

Em Elêusis, o nascimento de Brimos era apenas um símbolo, somente um desenvolvimento daquela ideia, em forma de botão de flor, que encerrava a continuidade da vida em uma unidade de jovem-mãe-criança, em um ser mortal-parturiente-nascente. Outro símbolo era o objeto da visão mais elevada dos iniciados: um δεικνύμενον depois do δρώμενον. Não vinha acompanhado de um grito poderoso, como o do anúncio do nascimento de Brimos, mas ἐ σιωπῆ: em silêncio, era mostrada uma espiga ceifada. Era uma imagem e um exemplo do devir no morrer e no nascer: do destino de Perséfone que é o sentido do destino de Deméter.

O que acontecia depois – no último dia dos mistérios – representava novamente o elemento original, a fonte original dos nascimentos, aquele elemento que purifica tudo ao fazer tudo renascer: a água. Ao pouco que sabemos sobre aquilo que era dito (λεγόμενον) nos mistérios de Elêusis, podemos acrescentar também isto: erguendo os olhos ao céu, clamava-se: ὖε, "chova", e olhando para baixo para a terra: κύε[169]. O segundo termo não significa simplesmente "acolha", "seja frutífero", mas antes "faça frutífero" e, neste caso, especifica o efeito da água e da terra. Demonstra-se que ambas as palavras se referiam à água por uma inscrição numa borda de poço ateniense, onde ainda se acrescenta um terceiro imperativo: "ὑπερχύε, "transborde"[170]. Um jogo de súplicas do céu para a terra e da terra para a água é algo que não se espera encontrar numa inscrição de um poço, sobretudo quando nela se expressa uma relação tão natural e clara com a água. E essa interpretação é válida para os mistérios assim como para aquele poço diante de Dipilon. Pois no último dia eram enchidos e posicionados dois recipientes "circulares" em Elêusis: um direcionado para

---

169. Próclo para Timeu. In: *Platonis Timaeum commentarii*, 293c. [s.n.t.].

170. USENER, H. *Kleine Schriften*. Op. cit., p. 315.

A criança divina

o leste; o outro para o oeste. Sob enunciação de um determinado λεγόμενον, entornavam-se os dois recipientes[171].

Não há motivo para duvidar de que se tratava de água e de nenhum outro líquido que fluía dos recipientes entornados para o leste e o oeste, na direção tanto do nascimento como da morte. Ambos os aspectos do elemento original eram assim representados. Também é indubitável que nessa prática estava presente o pensamento na fertilidade. Talvez a palavra dupla ὗε κύε fosse pronunciada por ocasião do derramamento dos recipientes. Os detalhes são incertos; tanto mais certa é a ideia fundamental: esperava-se que o elemento original novamente participasse no realizar-se dessa ideia – o eterno nascimento.

A participação do cosmos na noite dos mistérios entre o 19º e o 20º Boedromion é descrita por Eurípedes em seu canto coral da tragédia *Íon*[172]. É a noite em que os iniciados dançam com tochas ao redor da "fonte do lugar das belas danças": "e também o céu estrelado de Zeus começa a dançar, dança a lua e as cinquenta filhas de Nereu, as deusas do mar e os rios que correm eternamente, todos dançam em honra da jovem coroada de ouro e da mãe sagrada". O elemento original dança com os iniciados e com o cosmos inteiro. E agora entendemos como o hino às nereidas pode afirmar que as deusas das águas eram as primeiras a começar a celebração dos mistérios de Dionísio e de Perséfone[173]. O tema fundamental dos mistérios tanto de Dionísio como de Perséfone era o eterno surgimento da vida a partir da morte; as repetidas celebrações dos mistérios continuavam esse acontecimento mundial: por conseguinte, sua primeira celebração coincidia com o nascimento original. Se

---

171. ATHENEUS, 496a. [s.n.t.].

172. EURÍPIDES. *Íon*. Op. cit., p. 1.078-1.086.

173. ATHENAGORAS. *Orphic Hymns*. Op. cit. Vol. XXIV, p. 10s.

nos separamos em pensamento dos locais sagrados de culto de mistérios da Grécia e permanecemos, por assim dizer, na ideia mitológica pura do nascimento divino, aquela celebração dos mistérios original poderia ser concebida apenas no elemento original: somente ali onde, segundo os mitologemas de tantos povos, nasceu a criança original. Também em Elêusis, onde a criança divina não emergiu da água, não se esqueceu aquele elemento original.

Em Elêusis, a ideia mitológica, à qual dedicamos essas considerações, aparece de dois modos: como acontecimento e como figura. Na qualidade de acontecimento, sucedeu ali o nascimento de uma criança divina. Na qualidade de figura, apareceu uma deusa, que chamamos de a "jovem original", uma imagem original que encerra em si todas as possibilidades dramáticas do destino de Perséfone – do ser-trazida-ao-mundo até o parir. Aquele destino foi determinado pela natureza de Core de Perséfone, determinado por um traço decisivo da Core original, cujo desenvolvimento era igualmente Perséfone e Ártemis: a partir de uma virgindade elementar. O primeiro nascimento da jovem original somente pode ser concebido no sentido de que se tratava de um ser originário, nascido do elemento original. Nos mistérios do povoado ático de Fília, a Core aparece, de fato, com um nome, que em geral se atribui ao ser originário Eros: Protógone[174]. Ela não era apenas a ἄρρητος κούρα dos mistérios, mas também a πρωτόγονος κούρα, a que "nasceu primeiro"[175]. Sua virgindade – e desse modo a virgindade de todas as Cores do mundo dos deuses gregos – não é antropomórfica, mas uma qualidade do elemento original puro, que trouxe ao mundo também ela – como se fosse seu próprio aspecto feminino.

---

174. PAUSÂNIAS. *Beschreibung Griechenlands.* Op. cit. Vol. I, 31,4.
175. Ibid. Vol. IV, p. 1,8.

A criança divina 217

É claro que o elemento original mostrou também um outro aspecto que, aplicado a uma figura humana, aparece antes na forma de hetaira do que de virgem: a promiscuidade da vida na água e no pântano. No entanto, Hera emergia do elemento original – da água da fonte de Canatos – sempre de novo como virgem. Deméter Erínia se banhava no Rio Landon, depois de haver passado sua ira, e se converteu em Deméter Lusia: seu novo epíteto indica a renovação pela purificação na água. A íntima relação da Core original, na qualidade de Hécate, com o mar fica evidente no fato de que se lhe ofertavam peixes: triglídeos e anchovas[176]. Para os iniciados em Elêusis, os peixes, em especial os triglídeos, eram sagrados: Os iniciados não podiam comê-los[177].

E era em Elêusis, somente em conformidade com a figura original que ali reinava e em vinculação com a celebração dos mistérios, que se representava o surgimento de uma deusa desde o mar: o nascimento de Afrodite, aquela jovem divina que a mitologia grega conservou unida a uma espécie de primeira aparição. A fonte que atesta isso expressamente é a mais tardia de todas[178]. Relata-se que a bela Frene se mostrava aos iniciados de Elêusis no mar e sem trajes[179]. Dessa maneira, ela representava a Anadiômene, espontaneamente ou em um caprichoso jogo, que não mais correspondia ao estilo de culto arcádico[180], mas talvez a um estilo posterior, no que não importava que Frene fosse uma cortesã,

---

176. DÖLGER, F.J. ΙΧΘΤΣ. Vol. II. Münster: [s.e.], 1922, p. 316ss.

177. Ibid., p. 331ss.

178. PSELLOS, apud. KERN, O. *Die griechischen Mysterien der klassischen Zeit*. Op. cit., p. 71.

179. ATHENAEUS. [s.n.t.], p. 590s. • KERN, O. *Die griechischen Mysterien der klassischen Zeit*. Op. cit., p. 72.

180. Frene fez o mesmo na grande festa de Posídon.

mas que seu corpo brilhasse na florescente perfeição de uma pura jovem ao sair do elemento úmido. Supostamente, Apeles se inspirou nessa visão para criar sua *Afrodite Anadiômene*[181]. Como representação lúdica era, de certo modo, uma atraente nota marginal ao tema mitológico original que se desenvolvia nos mistérios – ainda que pertencente ao mesmo sentido.

9 O paradoxo de Elêusis

As vivências dos iniciados em Elêusis eram ricas em conteúdo mitológico. Para expressá-lo, servia também uma imagem tão colorida e sensual como o emergir de Anadiômene. Por outro lado, puderam ser expressas da maneira mais simples. As tradições sagradas de uma religião de estilo completamente distinto, o budismo, relatam sobre um curioso "sermão" do fundador: um dia, diante da congregação reunida de seus discípulos, Buda levantou, em silêncio, uma flor. Foi seu famoso "sermão das flores"[182]. Considerado de um ponto de vista puramente formal, sucedia algo semelhante em Elêusis quando, em silêncio, mostrava-se uma espiga ceifada. Se nossa compreensão do testemunho da visão desse símbolo nos mistérios fosse errônea, mesmo então seria certa a aparição de uma espiga no curso dos ritos dos mistérios, assim como a certeza de que o estilo do "sermão sem palavras" era o único ensinamento que se recebia em Elêusis.

Apesar disso, a diferença entre ambos os "sermões" é mais significativa do que sua semelhança. Em Buda se trata do caminho singular do indivíduo, pelo qual este podia alcançar sua pró-

---

181. ATHENAEUS. Op. cit., p. 590s.

182. Cf. OHASAMA, S. Zen. In: FAUST, A. (org.). *Gotha*. [s.n.t.], 1925, p. 3. Nossa interpretação do "sermão das flores" se refere ao Zen-budismo e não ao Hinayana-budismo.

A criança divina 219

pria salvação. Buda encontrou a verdade, antes de tudo, numa grande vivência reveladora: todos os homens possuem a sabedoria original, a virtude e a figura do Uno que está presente. E como os homens, também todo o resto é Buda: todas as coisas, as plantas, as árvores e a terra toda. Em vista disso, durante 45 anos ele pregou essa verdade. Com o "sermão das flores", finalmente a palavra foi superada. A revelação mais profunda da verdade deveria encontrar-se no silêncio, pois aquele silêncio devia englobar todas as coisas e ser a fonte de todo o ensinamento. É significativo que, exceto um de seus alunos, ninguém mais entendeu seu sermão das flores.

Em Elêusis, por sua vez, trata-se – por tudo que podemos saber – de um ponto de vista coletivo, a partir do qual todos podiam entender subitamente: entender no sentido da visão e da compreensão imediata. Não era preciso superar primeiro a palavra. Não sabemos se os ritos de iniciação de Agra e de Elêusis continham muitas palavras. Dificilmente conheciam uma espécie de sermão. Proferiam-se gritos litúrgicos, mas nada foi transmitido sobre um "discurso". Tratava-se de um caminho de iniciação essencialmente sem palavras que conduzia a um conhecimento no qual as palavras não eram necessárias nem se tinha a capacidade de utilizá-las. Devemos supor na história dos mistérios de Elêusis um período em que a espiga – pouco importa sob quais circunstâncias era mostrada – era algo de certo modo transparente para os participantes da misteriosa celebração. Devemos partir da ideia de que tal transparência já estava incluída no próprio fato da celebração do mistério, compreendida no mesmo fato de sua celebração e vivência, inclusive como se fosse um axioma. É inconcebível que nunca se tivesse encontrado um sentido naquilo que se contemplava com veneração profunda nos mistérios. Considerava-se isso como algo evidente ao adotar o ponto de vista coletivo dos iniciados – daqueles que não foram iniciados por palavras.

Outra diferença é não menos instrutiva. A flor, que Buda levantou e mostrou a seus alunos, em lugar de fazer um sermão, era a indicação mais geral de que todas as coisas eram Buda, e todas as coisas também eram silenciosas reveladoras da verdade, como também ele agora era. Era um gesto eloquente e, no entanto, enigmático de Buda, que talvez possa ser entendido também de outra forma. A espiga em Elêusis, por sua vez, é o resumo de um determinado aspecto do mundo: o de Deméter. As duas deusas e seu destino são, ao lado desse símbolo, as variações mais desenvolvidas, mais espiritualizadas; o nascimento, como evento divino, apresenta outro tipo de resumo. Talvez Buda pudesse ter erguido outra coisa no lugar da flor, uma pedra ou um pedaço de madeira, com o mesmo significado. Em Elêusis, as recopilações concentradas como brotos e as figuras divinas perfeitas formam um único grupo, bem definido, com uma coesão plena de sentido. Em relação umas com as outras, seus contornos estão nitidamente definidos e, ao mesmo tempo, sobrepõem-se. Aquilo que as une como uma raiz comum não está menos definido. Por meio de tudo, de um grão de trigo e da deusa mãe e filha, abre-se a mesma visão: a visão – se me permitem repetir a expressão – no "abismo do núcleo". Todo grão de trigo e toda jovem encerra em si mesma, de certo modo, todos os seus descendentes: uma série infinita de mães e filhas contidas numa só. A expressão "série infinita" certamente é tão moderna quanto "abismo do núcleo"[183]. Lembramo-nos dos "infinitos" de Pascal, no infinito dirigido ao infinitamente pequeno. Não de tal modo dissolvido, mas resumido em figuras nítidas, em Elêusis aparece esse uno e bem definido, o infinito da vida supraindividual e orgânica.

---

183. A expressão consta em Stefan Andres.

A criança divina 221

O iniciado via o supraindividual que ele sofria, não era redimido por ele, mas nascia nele e era feliz ao se converter em sabedor sem palavras. Se queremos conhecer aproximadamente a vivência de Elêusis, temos de delimitá-la mais claramente não apenas em relação aos conceitos budistas e hindus, mas também aos modernos e europeus: devemos definir todo o seu paradoxo do modo mais nítido possível. Ali se vivenciava um destino supraindividual, aquele do ser orgânico, como destino próprio. Como heleno, não se estava tão consciente do "abismo" – do "abismo do núcleo" – que se abria em si mesmo, como o ser em que aquele abismo desemboca. A "série infinita" significa aqui justamente ser infinito: "ser" por excelência. Vivenciava-se o ser, de certo modo, como núcleo do núcleo, como ser próprio. O saber acerca disso não se converteu num pensar discursivo, em palavras. Se este tivesse sido o caso, ter-se-ia revelado o paradoxo dessa vivência: "sofrer" o supraindividual, ter o ser como "ser próprio"... A visão e aquilo que se viu, o saber e o ser vinculam-se aqui em uma unidade, como é de praxe no modo de pensar e de existir helênicos[184]. E até reivindica para si mesmo, na condição de vidente e sabedor, uma posição de exceção relacionado ao ser: Feliz aquele que viu essas coisas – dizem os poetas –, depois da morte sua sorte será diferente daquela dos demais. Ele, pessoalmente, possuirá a duração que corresponde logicamente ao núcleo impessoal do núcleo e, por conseguinte, também ao ser orgânico não vidente e não sabedor, à medida que para semelhante ser essa duração significa na realidade uma "perduração".

No saber e no ser sem palavras, os dois elementos desse paradoxo, mencionados em primeiro lugar – ter um destino supraindi-

---

184. KERÉNYI, K. *Die antike Religion*. Op. cit., p. 114.

vidual como destino próprio e ter o ser como o ser próprio –, não são verdadeiras contradições. Na condição de ser orgânico, na realidade se possui ambos. Somente a terceira contradição parece de fato não se solucionar: a convicção de que a posse plena e feliz do ser como "ser próprio" somente será concedida àquele que "viu" em Elêusis e sabe. A noção de que o ser depende do saber transcende a unidade grega de ser e saber. Na esfera da crença na própria perduração, essa convicção é universalmente humana. As instruções órficas, que recomendam ao defunto a escolha da fonte de Mnemosine, do lembrar-se, e não aquela de Lete, do esquecer-se[185], estão fundadas em tal convicção. E nela se funda – para mencionar um exemplo budista – todo o *Tibetanische Totenbuch* (*O livro tibetano dos mortos*)[186]. Trata-se somente de um apego insensato do ser mortal à consciência? Ou a irrupção para o saber sem palavras não significa um ponto alto do ser em geral, que de fato separa essencialmente os participantes dessa "visão" dos não participantes e, à sua maneira, os diferencia de modo atemporal?

Nosso objetivo não era resolver e harmonizar as contradições lógicas das vivências mitológicas, das ideias em forma de botão de flor. Para nós como para Schelling[187], a mitologia permanece um "fenômeno que, pela sua profundidade, sua duração e sua universalidade, é comparável somente à própria natureza". Desejaríamos – para resumir o principal com as palavras de Schelling – que nossa explicação "faça justiça ao que deve ser explicado, sem rebaixá-lo, sem desqualificá-lo, sem diminuí-lo nem mutilá-lo para tor-

---

185. KERN, O. (org.). *Orphicorum fragmenta*. Op. cit., 32a-b.

186. EVANS-WENTZ, W.Y. (org.). *Tibetanisches Totenbuch*. Oxford: [s.e.]. • GÖPFERT-MARCH, L. *O livro tibetano dos mortos*. Rio de Janeiro: Rocco, 2002.

187. Cf. SCHELLING, F.W.J. "Philosophie der Mythologie". *Sämmtliche Werke*. Sttutgart/Augsburgo: [s.e.], 1857, seção II B. 2, p. 136s.

A criança divina

ná-lo mais facilmente compreensível". Perguntávamos "não que critério deveria ser obtido do fenômeno para que pudéssemos explicá-lo comodamente, conforme uma filosofia qualquer; mas, ao contrário, a que filosofia recorrer para alcançar a justa medida do objeto, para equiparar-se a ele. Não perguntávamos como deveríamos girar, distorcer, tornar unilateral ou mutilar o fenômeno, a fim de eventualmente torná-lo algo explicável sem exceder ou renunciar aos princípios que estabelecemos, mas de que maneira deveriam se expandir nossos pensamentos para relacionar-se com o fenômeno. Porém, aquele que, independentemente do motivo, temesse essa expansão dos pensamentos, em lugar de diminuir e nivelar o fenômeno aos seus conceitos, deveria ao menos ser honesto a ponto de incluí-lo no rol das coisas que ele não compreende; e se for incapaz de se elevar àquilo que está conforme com os fenômenos, ao menos deveria se privar de expressar o que é totalmente inadequado para eles".

4 Aspectos psicológicos da Core*

C.G. Jung

A figura de Deméter e Core em seu tríplice aspecto, como mãe, jovem e Hécate, é, para a psicologia do inconsciente, algo não só conhecido como também um problema prático. A "Core" tem seu correspondente psicológico nos arquétipos que, por um lado, designei por si-mesmo ou personalidade supraordenada e, por outro, por *anima*. A fim de explicar essas figuras que não podemos pressupor como algo conhecido, devemos fazer algumas observações de ordem geral.

O psicólogo confronta-se com as mesmas dificuldades que o mitólogo, quando pedem a eles uma definição exata, uma informação unívoca ou concisa a respeito desses temas. Só a própria imagem é concreta, clara ou nítida e sem ambiguidades quando é representada em seu contexto habitual. Nesta forma ela diz tudo o

---

* Publicado juntamente com uma contribuição de Karl Kerényi ("Kore") como monografia (*Albae Vigiliae*. Vols. VIII e IX) pela Editora Pantheon Akademische Verlagsanstalt, Amsterdam-Leipzig, 1941, sob o título: *Das göttliche Mädchen – Die Hauptgestalt der Mysterien von Eleusis in Mythologischer und psychologischer Beleuchtung.* Depois, juntamente com o ensaio precedente do presente volume, como: JUNG, C.G. & KERÉNYI, K. *Einführung in das Wesen der Mythologie* – Gottkindmythos/Eleusinische Mysterien, na mesma editora, 1941. Nova edição com o mesmo título geral, mas com o subtítulo Das göttliche Mädchen, pela Editora Rhein, Zurique, 1951.

5. *Duas mulheres com flores nas mãos* (Deméter e Perséfone?) Relevo de consagração. Norte da Grécia, por volta de 470 a.C.

que contém. Mas assim que procuramos abstrair a "essência própria" da imagem, esta torna-se indistinta e se dissolve finalmente em brumas. Para compreender sua função viva, temos de preservá-la como um ser vivo em sua complexidade, sem pretender examiná-la cientificamente segundo a anatomia de seu cadáver ou, historicamente, segundo a arqueologia de suas ruínas. Não negamos naturalmente os direitos desses métodos quando são empregados adequadamente.

Devido à enorme complexidade dos fenômenos psíquicos, um ponto de vista puramente fenomenológico é sem dúvida o único possível e que promete êxito em longo prazo. "De onde" vêm as coisas e o "o que" são constituem perguntas que no campo da psicologia suscitam tentativas de interpretação inoportunas. Tais especulações baseiam-se muito mais em pressupostos inconscientes filosóficos do que na própria natureza dos fenômenos. O campo das manifestações psíquicas, provocadas por processos inconscientes, é tão rico e múltiplo que prefiro descrever o fato observado e, quando possível, classificá-lo, isto é, subordiná-lo a determinados tipos. Trata-se de um método científico empregado sempre que nos encontramos diante de um material variado e ainda não organizado. Podemos ter dúvidas quanto à utilidade e oportunidade das categorias ou tipos de ordenamento empregados, mas não quanto ao acerto do método.

Como observo e examino há décadas os produtos do inconsciente no sentido mais amplo, isto é, os sonhos, fantasias, visões e delírios, não pude deixar de reconhecer certas regularidades ou tipos. Há tipos de situações e de figuras que se repetem frequentemente de acordo com seu sentido. Por isso uso também o conceito de tema ou motivo a fim de designar estas repetições. Assim, não existem apenas sonhos típicos, mas também motivos típicos em sonhos. Estes últimos, como dissemos, podem ser situações ou figuras. Entre estas últimas comparecem figuras humanas que podem ser subordinadas a uma série de tipos: os principais são – segundo suponho[1] – a sombra, o velho, a criança (inclusive o menino-herói), a mãe ("mãe-originária" e "mãe-Terra") como personalidade supraordenada ("demoníaca" por ser supraordenada) e seu oposto correspondente, a jovem e também a *anima* no homem e o *animus*, na mulher.

Os tipos acima citados não esgotam nem de longe todas as regularidades estatísticas a esse respeito. A figura de Core que aqui nos interessa pertence, quando observada no homem, ao tipo *anima*; quando observada na mulher, ao tipo de "personalidade supraordenada". É uma característica essencial das figuras psíquicas serem duplas, ou pelo menos capazes de duplicação; em todo caso, elas são bipolares e oscilam entre seu significado positivo e negativo. Assim sendo, a personalidade "supraordenada" pode aparecer numa forma desprezível e distorcida, como, por exemplo, Mefistófeles, o qual na realidade tem uma personalidade muito mais positiva do que o Fausto ambicioso, vazio e irrefletido; outra figura negativa é o polegar ou parvo do conto de fadas. A figura correspondente a Core na mulher é geralmente uma figura dupla, ou seja, uma mãe e uma jovem;

---

1. Pelo que eu saiba, até hoje não foram feitas outras propostas. A crítica contentou-se em afirmar que tais arquétipos não existem. E não existem mesmo, assim como não existe na natureza um sistema botânico! Mas será que por isso vamos negar a existência de famílias de plantas naturais? Ou será que vamos contestar a ocorrência e contínua repetição de certas semelhanças morfológicas e funcionais? Com as formas típicas do inconsciente, trata-se de algo em princípio muito semelhante. São formas existentes *a priori* ou normas biológicas de atividade anímica.

A criança divina

isto é, ora ela aparece como uma, ora como a outra. Deste fato eu concluiria, por exemplo, que, na formação do mito Deméter-Core a influência feminina sobrepujou tão consideravelmente o masculino que este último praticamente ficou quase sem significado. O papel do homem no mito de Deméter restringe-se, por assim dizer, ao raptor ou violador.

Na observação prática, a figura de Core aparece na mulher como uma jovem desconhecida; não raro, como Gretchen e mãe solteira[2]. Uma variação frequente é a dançarina, constituído de empréstimos feitos aos conhecimentos clássicos: neste caso, a jovem aparece como Coribante, mênada ou ninfa. Outra variante frequente é a sereia, cuja sobrenatureza é revelada pelo rabo do peixe. Muitas vezes tanto a figura de Core como a da mãe resvalam para o reino animal, cujo representante favorito é o gato, a serpente, o urso, o monstro negro subterrâneo como o crocodilo, ou seres da espécie da salamandra e do sáurio[3]. O desamparo da jovem – deixam-na entregue a todos os perigos possíveis – é, por exemplo, ser devorada por monstros ou ser abatida ritualmente como um animal sacrificado. Frequentemente trata-se de orgias sangrentas, cruéis e até mesmo obscenas, nas quais a criança inocente é imolada. Às vezes trata-se de uma verdadeira *nekyia*, des-

---

2. A concepção personalista interpreta tais sonhos como "realização de desejos". Semelhante interpretação é tida por muitos como a única possível. Sonhos deste tipo ocorrem, no entanto, nas circunstâncias de vida mais diversas, mesmo nas situações em que a teoria da realização do desejo se torna uma pura "prepotência" e arbitrariedade. Por esta razão, a pesquisa do tema na área dos sonhos me parece ser o procedimento mais prudente e adequado.

3. A dupla visão da salamandra relatada por Benvenuto Cellini em sua biografia corresponde a uma projeção da *anima*, suscitada pela música tocada pelo pai [cf. GOETHE, J.W. *Obras*. Vol. XXXIV. [s.n.t.], p. 20. • JUNG, C.G. *Psicologia e alquimia*. [OC, 12], § 404.

cida ao Hades à procura do "tesouro difícil de alcançar", ocasionalmente ligada a orgias rituais, sexuais ou sacrifícios à Lua do sangue menstrual. Significativamente as torturas e as ações obscenas são realizadas por uma "Mãe-Terra". Podem ocorrer banhos ou libações de sangue[4], e também crucifixões. A figura da jovem a ser observada na casuística é bastante diferente da vaga figura da Core colhendo flores, na medida em que a figura atual é mais nitidamente delineada e não tão "inconsciente", como mostram os exemplos que se seguem.

As figuras correspondentes a Deméter e Hécate são figuras maternas superiores e de estatura sobrenatural, as quais vão do tipo Pietà até o tipo Baubo. O inconsciente feminino compensatório do inofensivo convencional mostra ser em última análise extremamente inventivo. Lembro-me apenas de pouquíssimos casos em que a figura nobre própria de Deméter irrompeu do inconsciente em formação espontânea. Lembro-me de um caso em que uma Virgem divina apareceu vestida do mais puro branco, mas carregando em seus braços um macaco preto. A Mãe-Terra é sempre ctônica e ocasionalmente relaciona-se com a Lua, seja através do sacrifício de sangue já mencionado, seja através do sacrifício

---

4. Uma paciente minha, cuja dificuldade maior era um complexo materno negativo, desenvolveu uma série de fantasias sobre uma figura materna primitiva, uma índia, que dava instruções acerca da natureza da mulher. No meio dessas lições há um parágrafo especial referente ao sangue, que diz: "A vida da mulher tem a ver com o sangue. Todos os meses há de lembrar-se dele, e o parto é coisa sangrenta, destruição e criação. Uma mulher pode parir, mas a nova vida não é criação sua. No fundo ela sabe disso e alegra-se com a graça que lhe foi concedida. Ela é uma pequena mãe, não a Grande Mãe. Mas sua pequena imagem assemelha-se à grande. Quando consegue compreendê-lo, é abençoada pela natureza porque se submeteu de modo correto, e isso lhe permite participar da nutrição da Grande Mãe".

A criança divina

de uma criança, ou então adornada com a forma da Lua crescente[5]. Em representações desenhadas ou plásticas, a "mãe" é sempre escura e até preta ou vermelha (que são suas cores principais), o rosto tem uma expressão primitiva ou animal, sua forma assemelha-se não raro ao ideal neolítico da Vênus de Brassempouy, ou da de Willendorf ou ainda o da adormecida de Hal Saflieni. Em outras ocasiões também encontrei os múltiplos seios, cuja disposição correspondia à da porca. A Mãe-Terra desempenha um papel importante no inconsciente da mulher, pois todas as suas manifestações são caracterizadas como sendo "poderosas". Isso mostra que nesses casos o "elemento-Mãe-Terra", no consciente, é anormalmente fraco, necessitando, portanto, ser fortalecido.

Admito que em vista disso parece difícil compreender quando tais figuras são consideradas como pertencentes à personalidade supraordenada. Numa investigação científica, no entanto, devemos renunciar aos preconceitos morais ou estéticos, permitindo que os fatos falem por si mesmos. A jovem é frequentemente caracterizada como não humana, no sentido comum da palavra; ora ela é desconhecida, ora de origem bizarra, ora sua presença é es-

---

5. Frequentemente a Lua está simplesmente "aí", como, por exemplo, em uma fantasia sobre a mãe ctônica na forma da "mulher-abelha" (BACON, J.D. *In the Border Country*. Nova York: [s.e.], p. 14s.): "O caminho levava a um minúsculo casebre, da mesma cor que as quatro grandes árvores à sua volta. A porta estava escancarada, e no meio estava uma velha, sentada sobre um assento baixo, envolvida num capote longo, que para ela olhava amigavelmente. O casebre ressoava com o zumbido das abelhas. Em um dos cantos havia uma fonte profunda e fria, na qual se espelhavam "uma lua branca e estrelinhas". Ela via todo o firmamento dentro da fonte. A velha exortou-a a lembrar-se novamente das obrigações da vida feminina. No ioga tântrico, desprende-se da *shakti* adormecida um 'zumbido como o de um enxame de abelhas loucas de amor'" (Shatchakra Nirupana, p. 29. In: AVALON, A. *The Serpent Power*. [s.n.t.].). Cf. tb. DUCHESNE, L. *Origines du culte chrétien*. Paris: [s.e.], p. 265s.

tranha, ora ela atua ou padece de modo curioso, o que nos faz concluir que a jovem é de natureza mítica e fora do comum. A Mãe-Terra é também um ser divino – no antigo sentido –, de modo contundente. Ela aparece nem sempre sob a forma de Baubo, mas às vezes como a rainha Vênus no Polifilo[6], sempre, porém, pesada de fatalidade. As formas frequentemente antiestéticas da "Mãe-Terra" correspondem a um preconceito do inconsciente feminino atual que não existia na Antiguidade. A natureza ctônica da Hécate, ligada a Deméter, e o destino de Perséfone apontam para o lado escuro da alma humana, ainda que numa medida menor do que hoje em dia.

A "personalidade supraordenada" é o ser humano total, isto é, tal como é na realidade e não apenas como julga ser. A totalidade compreende também a alma inconsciente que tem suas exigências e necessidades vitais tal como a consciência. Não quero interpretar o inconsciente de modo personalístico, nem afirmar que as imagens da fantasia como as que anteriormente foram descritas sejam "satisfações de desejo" reprimidas. Tais imagens nunca foram conscientes anteriormente, não podendo, portanto, ser reprimidas. Eu compreendo o inconsciente muito mais como uma psique impessoal comum a todos os seres humanos, apesar de ela expressar-se a partir de uma consciência pessoal. Embora todos respirem, a respiração não é um fenômeno a ser interpretado de modo pessoal. As imagens míticas pertencem à estrutura do inconsciente e constituem uma posse impessoal, que mais possui a maioria das pessoas do que é por elas possuída. As imagens, como as anteriormente descritas, ocasionam em certas circunstâncias perturbações e sintomas, sendo então tarefa da terapia médica descobrir se,

---

6. COLONNA. F. *Hypnerotomachia Poliphili*. Venedig: [s.e.], 1499. • FIERZ-DAVID, L. *Der Liebstraum des Poliphilo*. Zurique: [s.e.].

A criança divina 233

como e em que medida tais impulsos devem ser integrados à personalidade consciente ou se passaram de uma potencialidade normal a uma efetivação, devido a uma orientação insuficiente da consciência. Na prática encontramos as duas possibilidades.

Habitualmente chamo a personalidade supraordenada de si-mesmo, e separo estritamente o eu, o qual como se sabe só vai até onde chega a consciência do todo da personalidade, no qual se inclui, além da parte consciente, o inconsciente. O eu está para o "si-mesmo" assim como a parte está para o todo. Assim sendo, o si-mesmo é supraordenado ao eu. Empiricamente o si-mesmo não é sentido como sujeito, mas como objeto, e isto devido à sua parte inconsciente, que só pode chegar indiretamente à consciência via projeção. Por causa da parte inconsciente, o si-mesmo se acha tão distante da consciência que se, por um lado, pode ser expresso por figuras humanas, por outro, necessita de símbolos objetivos e abstratos. As figuras humanas são pai e filho, mãe e filha, rei e rainha, deus e deusa. Os símbolos teriomórficos são dragão, serpente, elefante, leão, urso ou outro animal poderoso. E, por outro lado, aranha, caranguejo, borboleta, besouro, verme etc.[7] Os símbolos vegetais são, em geral, flores (lótus e rosa!). Estas últimas conduzem à forma geométrica como círculo, esfera, quadrado, quaternidade, relógio, firmamento etc. O alcance indefinido da parte inconsciente torna, portanto, impossível uma apreensão e descrição completas da personalidade humana. Consequentemente, o inconsciente complementa o quadro com figuras vivas, que vão do animal até a divindade como os dois extremos além do humano. Além disso, o extremo animal é complementado pelo acréscimo do vegetal e do abstrato inorgânico, tornando-o um micro-

---

7. *Psicologia e alquimia.* Op. cit., 2ª parte.

cosmos. Estas complementações são encontradas com grande frequência como atributo em imagens divinas antropomórficas.

Deméter e Core, mãe e filha, totalizam uma consciência feminina para o alto e para baixo. Elas juntam o mais velho e o mais novo, o mais forte e o mais fraco e ampliam assim a consciência individual estreita, limitada e presa a tempo e espaço rumo a um pressentimento de uma personalidade maior e mais abrangente e, além disso, participa do acontecer eterno. Não devemos supor que mito e mistério tenham sido inventados conscientemente para uma finalidade qualquer, mas ao que parece representariam uma confissão involuntária de uma condição prévia psíquica, porém inconsciente. A psique que preexiste à consciência (por exemplo, no caso da criança) participa, por um lado, da psique materna e, por outro, chega até a psique de filha. Por isso poderíamos dizer que toda mãe contém em si sua filha e que toda filha contém em si sua mãe; toda mulher se alarga na mãe, para trás, e na filha, para frente. Desta participação e mistura resulta aquela insegurança no que diz respeito ao tempo: como mãe, vive-se antes; como filha, depois. Da vivência consciente desses laços resulta um sentimento da extensão da vida, através de gerações: um primeiro passo em direção à experiência e convicção imediatas de estar fora do tempo dá-nos o sentido de imortalidade. A vida individual é elevada ao tipo, isto é, ao arquétipo do destino feminino em geral. Ocorre assim uma apocatástase das vidas dos antepassados que, mediante a ponte do ser humano contemporâneo individual, prolongam-se nas gerações futuras. A partir de uma experiência deste tipo, o indivíduo é incorporado à vida cheia de sentido das gerações, sendo que seu fluxo (da vida) deve fluir através de cada um. Todos os obstáculos desnecessários são afastados do caminho, mas este é o próprio fluxo da vida. Cada indivíduo, porém, é ao mesmo tempo liberto de seu isolamento e devolvido à sua inteireza. Toda preo-

A criança divina   235

cupação cultual com arquétipos tem, em última análise, este objetivo e resultado.

Fica logo claro ao psicólogo quais os efeitos catárticos e ao mesmo tempo renovadores procedentes do culto a Deméter sobre a psique feminina; fica clara também a carência da higiene psíquica que caracteriza nossa cultura, a qual não conhece mais esse tipo de vivência salutar, como o das emoções eleusinas.

É claramente perceptível para mim que não só o leigo em psicologia, como o psicólogo profissional, o psiquiatra e até o psicoterapeuta não possuem aquele conhecimento do material arquetípico de seus pacientes, pois não investigaram este aspecto da fenomenologia do inconsciente. Não raro ocorrem no campo da observação psiquiátrica e psicoterapêutica casos que se distinguem por uma rica produção de símbolos arquetípicos[8]. Uma vez que faltam ao médico observador os conhecimentos históricos necessários, ele não está em condições de perceber paralelismo entre suas observações e os achados da antropologia e das ciências humanas em geral. Inversamente, o estudioso da mitologia e das religiões comparadas geralmente não é psiquiatra e, por isso, não sabe que seus mitologemas continuam vivos e radiantes, como os sonhos e visões, no recesso das vivências pessoais mais íntimas e que em hipótese alguma gostaríamos de entregar à dissecação científica. O material arquetípico é por esse motivo o grande desconhecido e requer estudos e uma preparação especial, só para poder coletar tal material.

Não me parece supérfluo dar alguns exemplos tirados de minha experiência casuística, nos quais se manifestam imagens ar-

---

8. Remeto à dissertação do meu discípulo Jan Nelken: *Analytische Beobachtyngen über Phantasien eines Schizofrenen* (1912), bem como à minha análise de uma série de fantasias em: *Símbolos da transformação* [OC, 5].

quetípicas no sonho ou na fantasia. Em meu público sempre deparo com a dificuldade de ele considerar a ilustração mediante "alguns exemplos" a coisa mais simples do mundo. Na realidade, porém, é quase impossível demonstrar algo com poucas palavras e algumas imagens arrancadas de seu contexto. Isto só é possível diante de alguém que conhece o assunto. Ninguém poderia imaginar o que Perseu deve fazer com a cabeça de Górgona, a não ser que se conheça o mito. O mesmo ocorre com as imagens individuais: elas necessitam de um contexto, que não é apenas mito, mas também anamnese individual. Tais conexões, porém, têm uma extensão ilimitada. Cada série de imagens mais ou menos completa exigiria, para sua representação, um livro de cerca de 200 páginas. Minha investigação da série de fantasias de Miller pode dar uma ideia do que seja[9]. É, pois, com muita hesitação que tento dar exemplos casuísticos. O material que utilizo procede em parte de pessoas normais, em parte de pessoas um pouco neuróticas. Trata-se ora de sonhos, ora de visões ou de sonhos entretecidos de visões. Essas "visões" não são de modo algum alucinações ou estados extáticos, mas sim imagens de fantasias visuais espontâneas, ou aquilo que chamamos de imaginação ativa. Este último é um método de introspecção indicado por mim e que consiste na observação do fluxo das imagens interiores: concentra-se a atenção em uma imagem onírica que causa impacto, mas é ininteligível, ou em uma impressão visual, observando-se as mudanças que ocorrem na imagem. Evidentemente, devemos suspender todo senso crítico e o que ocorre deve ser observado e anotado com absoluta objetividade. É óbvio também que as objeções, como: isso é "arbi-

---

9. *Símbolos da transformação.* Op. cit. O livro de H.G. Baynes (*The Mythology of the Soul*) compreende 939 páginas e se esforça por fazer jus ao material de apenas dois indivíduos.

A criança divina

trário ou inventado por mim mesmo", devem ser postas de lado, pois surgem da ansiedade da consciência do eu que não tolera nenhum senhor a seu lado na própria casa; em outras palavras, é a inibição exercida pela consciência sobre o inconsciente.

Nestas condições aparece frequentemente uma série dramática de fantasias. A vantagem deste método é o de trazer à luz uma grande quantidade de conteúdos inconscientes. Podemos utilizar para a mesma finalidade desenhos, pinturas e modelagens. Séries visuais, ao tornar-se dramáticas, passam facilmente à esfera auditiva ou da linguagem, o que determina diálogos ou algo parecido. Em alguns indivíduos um pouco patológicos e especialmente nas esquizofrenias latentes, que não são raras, este método pode ser um tanto perigoso, requerendo, portanto, um controle médico. Ele baseia-se num enfraquecimento deliberado da consciência e de sua influência limitadora ou repressora sobre o inconsciente. O objetivo do método é em primeiro lugar terapêutico e, em segundo lugar, ele fornece um rico material empírico. Alguns dos nossos exemplos foram tirados desse material. Diferem dos sonhos apenas pela forma mais apurada, devido ao fato de os conteúdos derivarem não de uma consciência onírica, mas desperta. Os exemplos provêm de mulheres de meia-idade.

1 Caso X*

1) (Impressão visual espontânea): *"Vi um pássaro branco, de asas bem abertas. Ele desceu sobre uma figura feminina vestida de azul, que lá estava sentada como uma estátua antiga. O pássaro pousou em sua mão que continha um grão de trigo. O pássaro tomou-o em seu bico e voou de novo para o céu".*

---

* As diversas partes estão ordenadas cronologicamente.

X pintou um quadro dessa visão: em um assento de mármore branco encontra-se uma figura "materna", arcaicamente simples e vestida de azul. (A maternidade é ressaltada pelos seios volumosos.)

2) "Um touro ergue uma criança do chão e carrega-a até uma estátua de mulher antiga. Uma jovem nua, com uma coroa de flores no cabelo, aparece montada em um touro branco. Ela pega a criança e joga-a para o alto como uma bola e toma-a de volta. O touro branco carrega as duas até um templo. Lá, a jovem deita a criança no chão etc." (Segue-se uma consagração.)

Nesta imagem, a jovem aparece mais ou menos como Europa (aqui são utilizados alguns conhecimentos escolares). A nudez e a coroa de flores indicam alegria dionisíaca. O jogo de bola com a criança é um motivo do ritual secreto que sempre diz respeito ao "sacrifício da criança". (Compare-se com a acusação de assassínio ritual dos pagãos contra cristãos e dos cristãos contra gnósticos e judeus, e também os sacrifícios de crianças fenícias, rumores sobre missas negras etc., bem como "o jogo de bola na igreja"[10].)

3) "Vi um porco dourado sobre um pedestal. Seres meio animais dançavam rondas à sua volta. Nós nos apressávamos a cavar um buraco profundo no chão. Mergulhei o braço no buraco e encontrei água. Apareceu então um homem numa carruagem dourada. Ele pulou no buraco, balançando de um lado para o outro (como se estivesse dançando) [...]. Eu também balancei no mesmo ritmo que ele. Subitamente ele pulou para fora do buraco, violentou-me e me engravidou."

---

10. Cf. *Psicologia e alquimia*. Op. cit., § 182.

A criança divina

X é idêntica à jovem que muitas vezes também aparece como rapaz. Este último é uma figura do *animus* que incorpora o masculino na mulher. O rapaz e a jovem formam uma sizígia ou *coniunctio*, a qual simboliza a essência da totalidade (tal como no hermafrodita platônico que se tornou mais tarde símbolo da totalidade perfeita na filosofia alquímica). X entrou na dança e por isso o "nós nos apressávamos". O paralelismo com os motivos ressaltados por Kerényi parecem dignos de nota.

4) "Vi um belo jovem com címbalos dourados, dançando e pulando de alegria e animação [...] Finalmente caiu por terra e enterrou seu rosto nas flores. Em seguida, mergulhou no colo de uma mãe antiquíssima. Depois de algum tempo, levantou-se e mergulhou na água, onde afundava e emergia como um golfinho [...] Vi que seu cabelo era dourado e então pulamos juntos de mãos dadas. Chegamos assim a um desfiladeiro [...]" Ao atravessar este último, o jovem cai no fundo do desfiladeiro. X fica sozinha e chega a um rio onde a espera um cavalo-marinho branco e um barco dourado.

Nesta cena, X é o jovem, por isso este desaparece depois, deixando-a como única heroína da história. Esta é a criança da mãe, o golfinho, o jovem perdido no desfiladeiro e a noiva manifestamente esperada por Posídon. A interferência peculiar e o deslocamento dos motivos nesses materiais oníricos são algo semelhante às variações mitológicas. O jovem no colo da mãe impressionou X de tal modo que ela pintou essa cena. A figura é a mesma do número 1. Só que, em lugar do grão de trigo em sua mão, é o corpo do jovem que jaz completamente exausto no colo da mãe gigantesca.

5) Segue-se agora o sacrifício de um carneiro, durante o qual também se joga bola com o animal do sacrifício. Os partici-

pantes lambuzam-se com o sangue derramado. Depois, tomam um banho de sangue pulsante. Através disso X transforma-se em uma planta.

6) Chega depois X a um covil de serpentes, onde estas a envolvem.

7) Sob o mar, uma mulher divina dorme em um covil de serpentes. (Na imagem ela é representada bem maior que os demais.) Usa uma veste vermelho-sangue, que envolve apenas a parte inferior de seu corpo. Sua pele é escura, tem lábios vermelhos e carnudos e parece ter uma enorme força física. Ela beija X que obviamente desempenha o papel da jovem e a oferece como um dom aos múltiplos homens presentes etc.

Esta deusa ctônica é a típica "Mãe-Terra", tal como aparece em tantas fantasias modernas.

8) Quando X emergiu do fundo e chegou novamente à luz, teve a experiência de um tipo de iluminação: chamas brancas brincavam em redor de sua cabeça, enquanto ela caminhava através de campos de trigo, de hastes ondulantes.

Com esta imagem terminava o episódio da mãe. Embora não se tratasse nem de longe de um mito conhecido, aparecem temas e conexões, tais como os conhecemos na mitologia. Essas imagens ocorrem espontaneamente e não se baseiam de forma alguma em nenhum conhecimento consciente. Apliquei o método da imaginação ativa em mim mesmo por muito tempo e observei então numerosos símbolos e conexões entre eles, os quais só pude provar, anos depois, em textos de cuja existência eu nem suspeitava. Dá-se o mesmo no tocante aos sonhos. Por exemplo, há alguns anos sonhei: "Eu subia penosamente a encosta de uma montanha.

A criança divina

Quando imaginava ter atingido o cume, descobri que estava de pé à beira de um platô. Erguia-se ao longe a crista de uma montanha que na realidade era o cume. A noite desceu e vi na obscuridade daquele declive um riacho descendo, sob uma luz que brilhava como metal e dois caminhos ascendentes, um à esquerda, outro à direita, serpenteavam montanha acima. No alto, à direita, havia um hotel. Embaixo, o regato desviava para a esquerda e uma ponte conduzia para o lado oposto".

Pouco tempo depois encontrei em um obscuro tratado alquímico a seguinte "alegoria": Em sua *Speculativa Philosophia*[11] o médico de Frankfurt Gerardo Dorneo, que viveu na segunda metade do século XVI, descreve a *Mundi peregrinatio, quam erroris viam appelamus*, por um lado, e a Via veritatis, por outro. A respeito do primeiro caminho, diz o autor:

> [...] o gênero humano, em que a resistência a Deus é inata, não abre mão de buscar meios e caminhos para escapar, por seu próprio esforço, das armadilhas que prepara para si próprio, e não pede auxílio Àquele do qual vem todo dom de misericórdia. Assim foi que construíram uma gigantesca oficina do lado esquerdo da estrada. Nesse edifício reina o empenho [etc.]. Conseguido isso, afastam-se do empenho e voltam sua atenção para a segunda região do mundo, utilizando a ponte da insuficiência como transição. Mas como Deus, em sua bondade, deseja atraí-los de volta, permite que sua fragilidade os domine; voltando então a buscar – como anteriormente – o remédio dentro de si mesmos (empenho!), correm para o imenso hospital, igualmente construído do lado esquerdo, e presidido pela

---

11. *Theatrum chemicum.* Vol. I. [s.n.t], 1602, p. 286s.

medicina. Ali há uma grande quantidade de farmácias, cirurgiões e médicos etc.

O autor diz a respeito do "caminho da verdade", que é o caminho "reto": "Chegareis ao acampamento da sabedoria e lá sereis recebidos e fortalecidos com alimento muito mais nutritivo do que até então". – O regato também aí está: "Uma torrente de água viva flui do cume da montanha, graças a um engenho espantoso" (a sabedoria, de cuja fonte jorram águas![12]).

A diferença importante em relação à imagem do meu sonho é que – independentemente da situação invertida do hotel – o rio da Sabedoria encontra-se do lado direito e não – como no meu sonho – no meio do quadro.

No caso do meu sonho não se trata aparentemente de algum "mito" conhecido, mas de uma conexão de ideias que facilmente poderia ser considerada "individual", isto é, única. No entanto, uma análise cuidadosa poderia provar facilmente que se trata de uma imagem arquetípica, a qual pode ser reproduzida em qualquer época e em qualquer lugar. Mas devo confessar que a natureza arquetípica da imagem onírica só ficou clara para mim quando

---

12. "[...] *humanum genus, cui Deo resistere iam innatum est, non desistit media quaerere, quibus proprio conatu laqueos evadat quos sibimet posuit, ab eo non petens auxilium, a quo solo dependet omnis misericordiae munus. Hinc factum est, ut in sinistram viae partem officinam sibi maximam extruxerint... huic domui praeest industria... Quod postquam adepti fuerint, ab industria recedentes in secundam mundi regionem tendunt: per infirmitatis pontem facientes transitum [...] At quia bonus Deus retrahere vellet, infirmitatis in ipsos dominari permittit, tum rursus ut prius remedium 'industria'! a se quaerentes, ad xenodochium etiam a sinistris construtum et permaximum confluunt, cui medicina praeest. Ibi pharmacopolarum, chirurgorum et physicorum ingens est copia*" etc. (p. 287). – *Pervenietis ad Sophiae castra, quibus excepti, longe vehementiori quam antea cibo reficiemini* (p. 288). – *Viventis aquae fluvium, tam admirando fluentem artificio de montis... apicen* (p. 280). – *Sophiae... de cuius etiam fonte scaturiunt aquae* (p. 279).

A criança divina 243

li Dorneo. Observei tais acontecimentos semelhantes não só em mim mesmo, como em meus pacientes. Mostra-se a partir desse evento a necessidade de uma atenção especial a fim de que tais paralelos não escapem.

A imagem da mãe antiga não se esgota com a figura de Deméter. Ela também se exprime por meio de Cibele Ártemis. O caso seguinte aponta nessa direção.

2 Caso Y

1) SONHO: "Estou caminhando no alto de uma montanha, a trilha é erma, selvagem e difícil. Uma mulher desce do céu, a fim de me acompanhar e me ajudar. Ela é inteiramente luminosa, seus cabelos são claros e os olhos brilhantes. De vez em quando, porém, desaparece. Depois de ter caminhado sozinho por algum tempo, percebo que esqueci meu cajado em algum lugar e tenho que voltar para buscá-lo. Devo passar por um monstro terrível, um urso gigantesco. Quando passei por ele pela primeira vez, a mulher celeste estava presente e me protegia. Agora, porém, ao passar ao lado do urso percebo que ele avança em minha direção, mas a mulher celeste está novamente a meu lado e, ao vê-la, o animal deita-se, calmo, e deixa-nos passar. Então, essa mulher novamente desaparece".

Estamos aqui diante de uma deusa maternal e protetora, que se relaciona com ursos, logo um tipo de Diana ou a *Dea artio gallo-romana*. A mulher divina é o aspecto positivo. O urso, o negativo da "personalidade supraordenada", a qual complementa o homem consciente para cima, à região celestial, e para baixo, à região animal.

2) SONHO: "Passamos por um pórtico e entramos numa sala em forma de torre, subimos uma longa escada, e em um dos últi-

mos degraus leio uma inscrição aproximadamente assim: 'Vis ut sis' (queres que sejas). A escada termina em um templo situado no topo de uma montanha coberta de árvores, que não tem outro acesso. É o sacrário da Ursana, a deusa Ursa, que é simultaneamente a mãe de Deus. O templo é de pedra vermelha e nele sacrifícios sangrentos são oferecidos. Há animais em torno do altar. Para poder entrar no templo, devemos transformar-nos em um animal da floresta. O templo tem a forma de uma cruz de braços iguais, com um espaço redondo no centro, descoberto, de modo que se vê o céu diretamente, bem como a constelação da ursa. No meio do espaço aberto, sobre o altar, há uma taça lunar, que está sempre fumegante. Há também uma enorme imagem da deusa, que não é bem visível. Os adoradores, transformados em animais – aos quais também pertenço –, devem tocar o pé da imagem divina, a qual lhes responde com um sinal, ou um dito oracular como 'Vis ut sis'[13].

Nesse sonho a deusa Ursa sobressai claramente, embora sua estátua não seja "bem visível". A relação com o si-mesmo, com a personalidade supraordenada, não é indicada apenas pelo oráculo: 'Vis ut sis', mas também pela quaternidade e o espaço central e circular do templo. Desde tempos remotos a relação com os astros simboliza a própria "eternidade". A alma vem "das estrelas" e retorna às regiões estelares. Uma relação da "Ursana" com a Lua é sugerida pela "taça lunar".

A deusa Lua também aparece nos sonhos infantis: uma menina que cresceu sob circunstâncias psíquicas particularmente difíceis teve um sonho repetido entre o sétimo e décimo ano de vida: embaixo, no pontilhão junto à água, a Senhora Lua espera por ela, a fim

---

13. Tu queres, que sejas.

de levá-la à sua ilha. Infelizmente ela nunca pôde lembrar-se do que acontecia lá, mas era tão belo que muitas vezes rezara para que o sonho se repetisse. Apesar de ser evidente que as duas sonhadoras não são idênticas, o motivo da ilha também ocorreu no sonho anterior, sob a forma de "crista da montanha inacessível".

Trinta anos depois, a sonhadora da Senhora Lua teve uma fantasia dramática:

> Eu subia a encosta de uma montanha escura e íngreme. No topo havia um castelo encimado por uma cúpula. Entrei e subi [à esquerda] uma escada em espiral. Chegando em cima, no espaço da cúpula, encontrei-me na presença de uma mulher que usava um adorno na cabeça, feito de chifres de vaca. Reconheci nela a Senhora Lua dos meus sonhos de criança. A uma ordem da Senhora Lua olho para a direita e vejo um Sol de brilho ofuscante, do outro lado um abismo. Uma ponte transparente transpõe o abismo, caminho sobre ela com a consciência de que em hipótese alguma devo olhar para baixo. Um medo terrível me assalta e eu hesito. Sinto no ar a iminência de uma traição, mas mesmo assim atravesso a ponte e paro diante do Sol. Este me diz: "Se puderes aproximar-te de mim nove vezes sem que te queimes, tudo estará bem". Eu, porém, sinto um medo crescente e por fim olho para baixo e vejo um tentáculo negro como o de um octópode que tenta agarrar-me por baixo do Sol. Desço assustada e caio no abismo. Mas em vez de despedaçar-me, estou nos braços da Mãe-Terra. Ao procurar ver sua face, ela se transforma em argila e estou deitada sobre a terra.

É significativo como o início desta fantasia coincide com o nosso sonho. A Senhora Lua é claramente distinta da Mãe-Terra embaixo. A primeira incentiva a sonhadora à aventura perigosa com o Sol; a segunda, no entanto, acolhe-a de modo perfeito e maternal nos braços. A sonhadora, em perigo, parece estar no papel da Core.

Voltemos à nossa série de sonhos:

3) Y vê no SONHO dois quadros pintados pelo pintor nórdico Hermann Christian Lund.

a) Um deles representa uma sala camponesa nórdica, onde passeiam meninas em roupas típicas coloridas, de braços dados (isto é, em uma fila). A menina do meio nessa fila é menor do que as outras e além disso é corcunda e pode virar a cabeça para trás. Isto, juntamente com seu olhar estranho, dá-lhe um caráter de bruxa.

b) O segundo quadro representa um dragão monstruoso, que estende o pescoço pelo quadro inteiro, especialmente sobre uma menina que se encontra em poder do dragão, totalmente imóvel, pois, assim que ela tenta mover-se, o dragão também se move. Este pode aumentar ou diminuir de tamanho segundo seu desejo e, quando a menina tenta afastar-se, ele estende seu pescoço por cima da menina e logo a captura de novo. Estranhamente a menina não tem rosto ou, pelo menos, não posso vê-la.

Trata-se de um pintor inventado pelo sonho. O *animus* aparece muitas vezes como pintor; ora ele tem um projetor, é operador de cinema, ora é dono de uma galeria de arte. Tudo isso se refere ao *animus* como função mediadora entre o consciente e o inconsciente: o inconsciente contém imagens as quais, mediadas pelo *animus*, tornam-se manifestas, quer como imagens da fantasia, quer inconscientemente como a vida atuante e vivida. Da projeção do *animus* nascem relações fantásticas de amor ou ódio para com "heróis" ou "demônios". Os artistas de cinema, os tenores, os esportistas que se destacam etc., são as vítimas prediletas. No primeiro quadro, a menina é caracterizada como "demoníaca", com uma corcunda e um olhar malvado, podendo virar a cabeça para trás. (Daí os amuletos contra o mau olhado, que os primitivos gostam de usar na nuca, pois a parte vulnerável das pessoas fica nas costas, por onde não se enxerga.)

No segundo quadro a "menina" é representada como a vítima inocente de um monstro. Tal como no primeiro quadro, há uma relação de identidade entre a mulher celeste e o urso, neste último, a relação é entre a virgem e o dragão. Na vida isto é mais do que uma simples "piada" de mau gosto. Aqui também se trata da ampliação da personalidade consciente, por um lado, devido ao desamparo da vítima e, por outro, por conta da periculosidade do mau olhado de uma moça corcunda e do poder do dragão.

4) METADE SONHO E METADE IMAGINAÇÃO VISUAL. "Um mágico demonstra seus truques a um príncipe indiano. Ele faz aparecer uma bela jovem que sai debaixo de um pano. É uma dançarina, que tem o poder de mudar sua forma ou, pelo menos, de eletrizar o que está à sua volta por meio de uma ilusão perfeita. Durante a dança, ela e a música se dissolvem num enxame de abelhas zumbindo. Depois, ela se transforma num leopardo, depois num jato de água da fonte e em seguida em um polvo marinho que prende em seus tentáculos um jovem pescador de pérolas. No momento dramático ela reassume, a cada vez, sua forma humana. Aparece como jumenta, carregando dois balaios cheios de frutas maravilhosas. Depois torna-se um pavão multicor: o príncipe fica fora de si de admiração e a chama para junto dele. Ela, porém, continua a dançar, nua, e até mesmo arranca a pele do corpo; finalmente, cai no chão como um esqueleto descarnado. Este é enterrado, mas à noite um lírio nasce do túmulo e de seu cálice sai a mulher branca que, lentamente, ascende ao céu".

Esse fragmento descreve a transformação da ilusionista (capacidade especificamente feminina) em uma personalidade transfigurada. Esta fantasia não foi inventada como algo alegórico, mas é constituída em parte por um sonho, em parte por imagens espontâneas da fantasia.

5) SONHO: "Estou numa igreja de arenito cinzento. A abside é algo elevada. Lá (perto do Santíssimo) uma menina vestida de vermelho está pendurada na cruz de pedra da janela. (Será um suicídio?)"

Como no caso anterior em que a criança, ou seja, o carneiro sacrifical, desempenha um papel, aqui o sacrifício da jovem que está pendurada na "árvore da cruz" representa o mesmo papel. A morte da dançarina deve também ser compreendida nesse sentido, porque essas figuras de meninas estão sempre consagradas à morte, uma vez que seu domínio exclusivo sobre a psique feminina impede o processo de individuação, isto é, a maturação da personalidade. A menina corresponde à *anima* do homem: por meio dela são alcançados os objetivos naturais, em que a ilusão desempenha o maior papel que se possa imaginar. Enquanto, porém, uma mulher se contenta de ser uma *femme à homme*, ela não tem individualidade feminina. É oca e apenas cintila como um receptáculo adequado para a projeção masculina. A mulher como personalidade, porém, é algo diverso: aqui, as ilusões já não servem mais. Quando se coloca o problema da personalidade, o que em geral é uma questão penosa da segunda metade da vida, a forma infantil do si-mesmo também desaparece.

Precisamos agora apreciar a figura da Core, tal como pode ser observada no homem, isto é, sua *anima*. Uma vez que a totalidade do homem, na medida em que não é constitutivamente homossexual, só pode ser uma personalidade masculina, a figura da *anima* não pode ser catalogada como um tipo de personalidade supraordenada, mas requer uma avaliação e posição diferentes. A *anima* aparece nos produtos da atividade inconsciente também sob a figura da jovem e da mãe, razão pela qual a interpretação personalista a reduz sempre à mãe pessoal, ou a qualquer outra mulher. Nesta operação perde-se o sentido próprio dessa figura, como aliás em todas as interpretações redutivas, quer no âmbito da psicologia do inconsciente quer no da mitologia. As numerosas tentativas na esfera desta última de interpretar deuses e heróis de modo solar, lunar, astral ou meteorológico não contribuem significativamente para seu conhecimento; pelo contrário, desviam o sentido para um rumo falso. Logo, quando aparece nos sonhos ou em outros produtos espontâneos uma figura feminina desconhecida, cujo significado oscila entre os extremos de deusa e prostituta, é aconselhável deixá-la em sua autonomia e não reduzi-la arbitrariamente a algo conhecido. Se o inconsciente a põe como "desconhecida", este atributo não deveria ser afastado à força, pretendendo chegar a uma interpretação "razoável". A *anima* é uma figura bipolar, tal como a "personalidade supraordenada", podendo ora aparecer como positiva ora como negativa; a velha ou jovem, mãe ou menina; fada bondosa ou bruxa; santa ou prostituta. Ao lado dessa ambivalência, a *anima* tem relações "ocultas" com "segredos", com o mundo obscuro em geral, tendo frequentemente um matiz religioso. Quando ela emerge com alguma clareza, sempre tem uma relação estranha com o tempo: na maioria das vezes é quase ou totalmente imortal, pois está fora do tempo. Os escritores que tentaram dar forma poética a esta figura não deixaram de trazer à luz a relação peculiar da *anima* com o tempo. Mencionam as descrições clássicas de Rider Haggard, em *She* e

The Return of She, de Benoît em *L'Atlantide*, e muito especialmente de um jovem autor americano, Sloane, em seu romance *To Walk the Night*. Em todos esses escritos, a *anima* está fora do tempo conhecido, sendo por isso antiquíssima ou um ser que pertence à outra ordem de coisas.

Uma vez que os arquétipos do inconsciente hoje em dia não são mais praticamente expressos em figuras tidas como religiosas, voltam para o inconsciente, ocasionando a projeção inconsciente sobre personalidades humanas, mais ou menos adequadas. No menino aparece na mãe uma certa forma de *anima*, conferindo-lhe a radiância do poder e da superioridade ou então uma aura demoníaca, talvez ainda mais fascinante. Devido, porém, à ambivalência, a projeção pode ser de natureza inteiramente negativa. Grande parte do medo que o sexo feminino suscita nos homens é devido à projeção da *anima*. Um homem infantil tem, em geral, uma *anima* maternal; um adulto, porém, a projeta numa figura de mulher mais jovem. O "demasiado velho", porém, é compensado por uma menina ou até mesmo uma criança.

3 Caso Z

A *anima* também se relaciona com animais, que simbolizam suas características. Ela pode, portanto, aparecer como serpente, tigre ou pássaro. Uma série de sonhos contendo tais transformações é citada à guisa e exemplo[14].

1) Um pássaro branco pousa sobre a mesa. Transforma-se repentinamente em uma menina loura, de cerca de sete anos, e de súbito volta à forma de pássaro, o qual fala com voz humana.

---

14. Os sonhos só são reproduzidos por extratos, ou seja, na medida em que se referem à representação da *anima*.

A criança divina

2) Em uma casa subterrânea, ou melhor, no mundo subterrâneo vive um mago e profeta velhíssimo, com uma "filha", a qual não é sua filha verdadeira. Esta é dançarina, uma criatura muito flexível, mas está em busca de cura, pois ficou cega.

3) Uma casa isolada numa floresta. Nela mora um velho sábio. Aparece de repente sua filha, uma espécie de fantasma, queixando-se de que as pessoas sempre a consideram como mera fantasia.

4) Em uma fachada de igreja há uma figura de madona gótica, que no entanto é viva – "a mulher desconhecida, mas conhecida". Nos braços ela carrega em lugar da criança algo que parece uma chama, uma serpente ou um dragão.

5) Em uma capela escura está ajoelhada uma "condessa" vestida de negro. Seu vestido é coberto de pérolas preciosas. Tem cabelo ruivo e é inquietante. Além disso, ela está cercada de espíritos de mortos.

6) Uma serpente fêmea comporta-se de modo carinhoso e insinuante. Fala com voz humana. Só "ocasionalmente" ela tem a forma de serpente.

7) Um pássaro fala com a mesma voz, mas mostra-se prestativo ao tentar salvar o sonhador de uma situação perigosa.

8) A desconhecida está sentada, tal como o sonhador, na ponta de uma torre de igreja e o fixa com seu olhar sinistro por sobre o abismo.

9) A desconhecida aparece repentinamente, como uma velha serviçal, em um sanitário público subterrâneo, a 15 graus negativos de temperatura.

10) Ela sai de casa como une petite bourgeoise, *juntamente com uma companheira, e em seu lugar aparece de repente, em tamanho muito ampliado, vestida de azul, uma deusa semelhante a Atená.*

11) Ela aparece numa igreja, no lugar em que havia antes um altar, de estatura acima do comum, mas com a face velada.

Em todos esses sonhos[15] trata-se de um ser feminino desconhecido, cujas qualidades não se referem a nenhuma das mulheres que o sonhador conhece. A desconhecida é caracterizada como tal pelo próprio sonho e revela sua natureza excepcional, seja a partir de sua capacidade de transformação, seja por meio de sua ambivalência paradoxal. Ela resplandece em todos os matizes, indo do mais baixo ao mais elevado.

O sonho 1 caracteriza a *anima* como um ser natural élfico, isto é, apenas parcialmente humano. Pode também ser um pássaro, isto é, pertencer inteiramente à natureza e desaparecer de novo (tornar-se inconsciente) da esfera humana (da consciência).

O sonho 2 esboça a desconhecida como uma figura mítica no além (isto é, no inconsciente). Ela é *sorar* ou *filia mystica* de um hierofante ou "filósofo", portanto, é evidentemente um paralelo em relação àquelas sizígias místicas tais como as encontramos nas figuras de Simão Mago e Helena, Zósimo e Teosebeia, Comário e Cleópatra etc. Nossa figura onírica é mais próxima à de Helena. Uma descrição admirável da psicologia da *anima*, sob a forma de uma mulher, pode ser encontrada em Erskiner (Helena de Troia).

O sonho 3 apresenta o mesmo tema, porém em um plano mais semelhante ao do conto de fadas. Aqui a *anima* é caracterizada como um ser fantasmagórico.

O sonho 4 desloca a *anima* para a proximidade da Mãe de Deus. O filho, porém, corresponde à especulação mística acerca da serpente redentora e da natureza ígnea do Salvador.

---

15. Nas exposições que se seguem não se trata de "interpretações" dos sonhos, mas apenas de um resumo dos modos pelos quais a *anima* se apresenta.

A criança divina

No sonho 5 a *anima*, num plano romanesco, é a "mulher elegante", fascinante, mas que tem a ver com espíritos.

Nos sonhos 6 e 7 aparecem variações teriomórficas da figura. A identidade é nitidamente reconhecida pelo sonhador, pela voz e pelo conteúdo do que é dito. A *anima* "por acaso" assumiu a forma de serpente, tal como já ocorrera no sonho 1, em que a forma humana se transformou na de um pássaro, com a maior facilidade. Como serpente, ela aparece negativamente e como pássaro, positivamente.

O sonho 8 mostra um confronto do sonhador com a *anima*. Isto acontece num plano alto, acima da terra (isto é, da realidade humana). Obviamente, trata-se aqui de uma fascinação perigosa pela *anima*.

O sonho 9 significa uma queda profunda da *anima* a uma posição extremamente "subordinada" em que o último vestígio de fascínio se evaporou, permanecendo apenas algo lamentavelmente humano.

O sonho 10 mostra a dupla natureza paradoxal da *anima*. Por um lado, a mediocridade banal e, por outro, uma divindade olímpica.

O sonho 11 restaura a *anima* na Igreja cristã, não porém como um ícone, mas como o próprio altar. Este é o lugar do sacrifício e, ao mesmo tempo, receptáculo das relíquias consagradas.

A fim de esclarecer um pouco todas essas relações da figura da *anima* seria necessária uma investigação especial e extensiva, o que, no entanto, não será feito aqui, porquanto, como já dissemos, a *anima* só tem um significado indireto na interpretação da figura da Core. Apresentei esta série de sonhos para dar ao leitor uma noção do material empírico no qual se baseia a ideia da *anima*[16]. Desta série e de outras semelhantes resulta um quadro mé-

---

16. Remeto ao meu ensaio "O arquétipo com referência especial ao conceito de *anima*".

dio daquele fator que desempenha um papel tão importante na psique masculina e que o pressuposto ingênuo identifica invariavelmente com certas mulheres, atribuindo-lhes todas as ilusões tão abundantes no eros masculino.

Parece claro que a *anima* do homem encontrou um terreno fértil para a projeção no culto de Deméter. A Core de destino subterrâneo, a mãe de dupla face e as relações de ambas com aspectos teriomórficos ofereceram à *anima* uma ampla possibilidade de refletir-se de modo ofuscante e ambivalente no culto eleusino ou, mais ainda, de ser vivenciada nele; o iniciado se preenche com a essência do aspecto da *anima* transcendente, beneficiando-se de um modo permanente. As vivências da *anima* são para o homem duradouras e do maior significado.

O Mito Deméter-Core é demasiado feminino para ser resultado simplesmente de uma projeção da *anima*. Embora a *anima* possa ser vivenciada em Deméter-Core, ela mesma é de natureza completamente diversa. É *femme à homme* no mais alto grau, ao passo que Deméter-Core representa a esfera vivencial de mãe-filha, estranha ao homem e que também o exclui. A psicologia do culto de Deméter traz de fato todos os passos de uma ordem social de cunho matriarcal, na qual o homem é um fator realmente imprescindível, mas perturbador.

Epílogo
O milagre de Elêusis

K. Kerényi

Concomitantemente aos esforços apresentados nesta obra, voltados a elucidar a multiforme figura da Core, acadêmicos de renome tentaram explicar para o homem moderno o segredo dos mistérios de Elêusis; somente agora, retrospectivamente, é possível expressar uma opinião sobre essas tentativas. No entanto, perguntas específicas que se evitou intencionalmente tratar neste livro também não serão abordadas neste espaço. Somente em um caso a tomada de posição parece necessária: onde os resultados de meus estudos quase já haviam sido alcançados, mas aquele que quase os alcançou não deu o último e decisivo passo. Hoje acredito poder demonstrar diretamente a partir de um documento antigo a legitimidade desse último passo – o passo para a identidade radical da mãe e da filha. E pretendo também fundamentar porque não posso concordar com um outro passo – o passo para o milagre em lugar do passo para o "saber sem palavras". Isso me parece ainda mais necessário, uma vez que foi um homem como Walter F. Otto que deixou escapar esse passo e tomou o caminho do milagre (no *Eranos-Jahrbuch* 1939 sobre o *Sinn der eleusinischen Mysterien*. Zurique, 1940).

Em que se fundamenta a compreensão da identidade radical de Deméter e Perséfone? Numa realidade psíquica e na tradição que atesta a existência dessa realidade psíquica para os antigos. O Prof. Jung elucida aqui, de um ponto de vista psicológico, o fundamento dessa realidade. Com certeza, ele não disse tudo, mas o suficiente para demonstrar que a investigação, quando parte de "ideias" mitológicas, não se move numa "direção especulativa". Decisiva foi e permanece, de fato, a tradição da Antiguidade. Ela atesta aquela identidade radical primeiramente de modo indireto.

Uma evidência direta seria a profissão de fé de um iniciado acerca dessa identidade. Em lugar dessa profissão de fé encontramos em Elêusis monumentos de culto que comprovam que os iniciados cultuavam ali duas deusas, a mãe e a filha. Por outro lado, esse par de deusas formava uma unidade cuja natureza e singularidade convida à reflexão. É precisamente isso que ninguém expressou tão nitidamente como Otto. "Como Deméter chegou a essa filha? – pergunta ele. – Sim, o que pode significar o fato de ela em geral ter uma relação tão estreita com uma filha?" Ele compara a relação de outras filhas divinas com seus pais e não encontra nenhuma tão íntima. "Mesmo Atená, que emergiu da cabeça de Zeus, não aparece tão filial junto ao seu pai como Perséfone junto à mãe." A intimidade de seu amor lembra antes casais de deuses amantes, como Afrodite e Adônis, Cibele e Átis, Ishtar e Tammuz, Ísis e Osíris. E Otto ressalta ainda mais a diferença: "Deméter está de luto pela filha, e nela por alguém similar em natureza, que dá a impressão de ser uma sósia rejuvenescida. Essa relação indica um caráter muito diferente do de outras relações. Apesar de aparentes paralelos, ela permanece, em última instância, singular e requer uma explicação bem específica". Deve-se acrescentar somente uma coisa: Assim como as demais grandes deusas sempre perdem e reencontram um único amado – Afrodite sempre

Adônis, Ishtar sempre Tammuz, etc. –, também é inconcebível que Deméter acolha uma outra filha que lhe seja tão dileta como a que se chamava principalmente de "Core".

Desse modo, obtemos pelo menos uma evidência indireta: o mitologema arcádico de Deméter e sua filha. Otto está muito perto de compreender a identidade radical delas ao considerar constantemente os relatos da Arcádia e os de Elêusis. Mitologemas contados desse modo nunca são o próprio mistério, nunca são aquilo que está envolto em mistério de maneira similar na Arcádia e em Elêusis. Na Arcádia, os personagens do drama divino (levando em conta as narrativas românticas gregas posteriores, também podemos falar de um "romance divino") são os mesmos de Elêusis, e o mesmo se dá com a peripécia do drama, em que rancor e luto se transformam em paz e felicidade. Somente os nomes soam em parte de modo distinto, e a mãe sofre na Arcádia o mesmo que a filha em Elêusis. Aqui, neste ponto decisivo, vamos aprofundar um pouco mais do que no estudo sobre a Core.

Pausânias dispõe os fatos para os não iniciados mediante o velho método de sistematização racional dos mitos, de modo que "primeiro" (isto é: na versão de Elêusis) a filha de Deméter, e "em seguida" (isto é: nos relatos da Arcádia) ela mesma sofre um rapto nupcial e se torna mãe: na descrição do santuário de Despoina em Licosura, ele se refere expressamente a uma segunda filha de Deméter. Despoina se chamaria a filha de Posídon, assim como a outra, a de Zeus, seria comumente chamada de Core; Homero e Panfo, porém, a chamam com o particular nome de Perséfone. Ele não podia revelar aos não iniciados o nome próprio correspondente a Despoina. Quando, no mesmo contexto, relata sobre a tríade das deusas apresentadas em Licosura: Deméter, Despoina e Ártemis Hegemone, nesta última identifica também uma filha de Deméter, mas somente com base em uma grande autoridade no assunto. Ele cita Ésquilo, que saberia isso dos egípcios (PAU-SÂNIAS. *Beschreibung Griechenlands*. Vol. VII, p. 37). Desse modo, ele não revela nada dos mistérios que conhece. (Ésquilo, o grande "narrador de mitos", certamente sabia algo mais secreto.) Acontece que, mesmo sem querer ou saber em absoluto, ele nos oferece uma visão mais profunda da natureza da relação de Ártemis com Deméter. Pois é isso que Pausânias faz quando fala do cervo favorito da Despoina, ou seja, de um animal que comumente está consagrado a Ártemis (p. 10).

A tríade de Licosura – complementada em uma tétrade pela figura enigmática de um homem, o titã Ánito – consiste de figuras separadas que também indicam uma unidade original e, desse modo, confirmam o raciocínio que leva ao conhecimento dessa unidade. Não pode existir dúvida alguma de que, para Pausânias, Despoina e Core eram diferentes, mas não da mesma maneira que Despoina e Ártemis. A tríade arcádica: Deméter, Despoina e Ártemis, a condutora com a tocha e duas serpentes na mão, correspon-de exatamente à tríade eleusina dos hinos homéricos: Deméter, Core e Hécate. Em ambos os casos, a filha está sentada no centro, e em ambos os casos se trata, para todos os gregos, de uma só fi-lha. De modo correspondente, também Pausânias, ao falar do mi-tologema de Telpusa, refere-se somente a *uma* ira de Deméter e a *um* motivo para a ira: o ato violento cometido pelo deus sombrio da Arcádia, Posídon. Se separamos daí o rapto de Perséfone e se o compreendemos como um outro motivo para a ira, uma das duas variações se torna algo complementar e o todo se torna algo orde-nado posteriormente.

Otto insiste nesse estado secundário da tradição, apesar de sua apreciação do mitologema arcádico. E desse modo a tradição teria ficado a seu favor, ao menos em sua forma literal, se não tivesse aparecido uma profissão de fé, algo que só podíamos desejar. Tra-

A criança divina   259

ta-se de uma inscrição num lugar algo distante, mas ainda da época
dos mistérios de Elêusis. Foi encontrada em Delos, no local consagrado às divindades egípcias (publicado por ROUSSEL, P. *Les cultes égyptiens à Délos*. Paris: [s.e.], p. 199, n. 206). Em vão se tentou
entender o conteúdo da inscrição como algo egípcio. Deméter sempre está em casa numa ilha grega, e ela atraiu também para Elêusis
os monumentos do culto a Ísis. E também sucedia o contrário: onde
Ísis já era venerada, o grego gostava de lembrar da mãe sagrada de
Elêusis. Chegou-se à equiparação de ambas as divindades. Mas só à
deusa grega se aplica a seguinte dedicatória:

> Δήμητρος
> Ἐλευσινίας
> καὶ κόρης
> καὶ γυναικὸς

Somente a Δ inicial faltou em toda a inscrição. No mais, ela
diz claramente e sem necessidade de complementação, que a Deméter de Elêusis é simultaneamente uma Core e uma mulher madura (em latim: *matrona*).

A verdade, se em Elêusis tal verdade era revelada aos iniciados por meio de imagens, sinais ou palavras, deveria ser algo absolutamente novo, assombroso, algo que o entendimento e a experiência não podiam reconhecer. Assim pensava Otto, e o atributo
de Deméter como jovem e mulher é, de fato, uma dessas verdades.
No entanto, precisamente essa verdade, traduzida para a linguagem da realidade cotidiana, informal, não lhe parece ser misteriosa o suficiente para constituir o conteúdo de um mistério tão
grande. Considera trivial o conhecimento de que o ser humano
deve de fato morrer, mas continuará a viver em seus descendentes. No que se refere ao "estar ciente disso", certamente esse é o
caso. No entanto, há uma considerável diferença entre o "estar ciente disso" e "conhecê-lo e sê-lo". Uma coisa é saber algo sobre o

núcleo e o gérmen; outra coisa é reconhecer no núcleo e no gérmen o passado e o futuro do próprio ser e da própria duração. Ou como o concebia o Prof. Jung: vivenciar o retorno, a apocatástase da vida dos antepassados de tal maneira que, mediante a ponte da vida atual do indivíduo, prolongue-se o passado nas gerações futuras. Um saber com esse conteúdo – com o "ser na morte" como vivência – de modo algum é desprezível.

A partir dessa confluência do passado com o futuro, torna-se compreensível também aquele traço subterrâneo dos mistérios de Elêusis, que eu anteriormente sempre percebia e que agora é realçado de modo especial por Otto. Assim, é ainda mais surpreendente que ele não encontre a solução do enigma de Elêusis no núcleo e no gérmen que pode conter todo um mundo subterrâneo das almas dos antepassados, mas em um milagre. Ele compreende o testemunho do papel da espiga em Elêusis no sentido de que ela era colhida "em completo silêncio" e em seguida era exibida. É uma possível interpretação da frase do padre da igreja Hipólito (vol. 8, p. 37), ao lado da qual a outra também tem um direito similar e está gramaticalmente justificada. Sim, o contexto reforça a ideia de que ocorria o ato litúrgico da apresentação "em completo silêncio", pois logo em seguida Hipólito fala da voz alta do hierofante que, com o anúncio do nascimento divino, rompia o silêncio místico da revelação sem palavras daquele segredo.

Contudo, onde se conseguia a espiga naquela época tardia do ano? Ela podia ser conservada tão facilmente como se faz ainda hoje com coroas de espigas em toda parte do mundo onde se comemoram festas da colheita, e sua decoração se conserva durante meses. Otto imagina um milagre que devia se repetir anualmente em Elêusis: "A natureza milagrosa do processo não pode ser questionada. A espiga que cresce e amadurece com repentinidade sobrenatural pertence aos mistérios de Deméter, assim como a videi-

A criança divina 261

ra que se desenvolve em poucas horas pertence à festa inebriante de Dionísio. E que aqui não deveríamos nos contentar com o cômodo recurso à burla sacerdotal, é o mínimo que se exige de nós em respeito a homens como Sófocles e Eurípides, que consideraram apropriado prestar homenagem a esse milagre. (Para um poeta grego, o milagre dionisíaco era o mais natural possível.) Além do mais, encontramos exatamente os mesmos milagres botânicos também nas festas à natureza celebradas por povos primitivos".

Se quiséssemos ser irônicos, poderíamos acrescentar o milagre de São Januário. Também esse se repete anualmente no Nepal. Tanto faz como se explica o milagre de Elêusis – se é que havia tal milagre, pois não está comprovado. Ao investigador da religião interessa o *sentido* do milagre, independentemente da forma como foi provocado. Esse sentido é o anúncio de um poder. Também na Antiguidade não podia ser diferente. Além disso, esse sentido é atestado por uma grande quantidade de relatos de milagres e pela doutrina helênica da aretologia que ocupa mais e mais o primeiro plano à medida que as figuras clássicas dos deuses empalidecem e a força dramática, inerente de certo modo à ideia deles, se perde. O milagre quer provocar as pessoas a falar dele, sempre e em toda parte. O mistério é mantido em silêncio. Não seria este talvez o segredo de todo verdadeiro e grande mistério, simplesmente ser? Não é exatamente por isso que ele ama o segredo? Pronunciado, seria palavra; silenciado, seria ser. E também seria um milagre no sentido de que o ser com todos os seus paradoxos é miraculoso. É nesse sentido que se via, certamente também em Elêusis, os milagres e as revelações dos deuses: o milagre da origem visto naquelas figuras em que este se revelou num determinado período da história mundial.

ANEXOS

C.G. Jung ou a espiritualização da alma (1955)

K. Kerényi

As revistas psicológicas, médicas, filosóficas, teológicas – e poderíamos acrescentar ainda outras, mais gerais ou mais especializadas – certamente estarão ocupadas nestes dias em homenagear, a partir de seus diversos pontos de vista, a obra multifacetada de C.G. Jung, o octogenário mestre e autoridade incomparável do reino da alma. O diploma de doutor *honoris causa* – e já não se sabe quantos tem – que lhe outorga nesse momento a *Eidgenössische Technische Hochschule* contém um belo e claro resumo de suas obras, que hoje já se tornaram clássicas: "ao redescobridor da totalidade e polaridade da psique humana e sua tendência à unidade, ao diagnosticador dos sintomas da crise do homem na era da ciência e da técnica, ao intérprete da simbologia original e do processo de individuação da humanidade", segundo esse documento se concedeu o título de doutor *honoris causa* das ciências naturais.

Com essas palavras não se esgotam os qualificativos. Trata-se apenas de um resumo clássico, como disse antes, daquilo que já é clássico, que está firmemente instituído e que ilumina amplamente. Mas também aqui deve-se prestar atenção para a dinâmica inevitável de certas expressões, como "tendência" e "processo".

Psychês peirata iôn uk an exeuroio... *hutô bathyn logon echei* – assim dizia Heráclito: "Jamais encontrarás os limites da alma, tão profundo é o seu Logos", o Logos, o fundamento da compreensão, que o espírito persegue ao abrir-se sempre mais para ele. "Por mais longe que vás com o espírito" – acredita o grande filósofo dos gregos – , "não encontrarás os limites da alma!" Quanto mais a obra de um grande investigador da alma se ajusta ao seu objeto – e isso se aplica em grau máximo à obra de Jung –, tanto mais ela tem o ilimitado em si mesma, no sentido das palavras de Heráclito, como princípio, como algo que a impulsiona desde o começo.

Essa qualidade do reino da alma, que mantém seus limites ocultos numa vastidão, que não significa uma ocultação espacial, mas uma ocultação das nossas experiências vividas até hoje, sugere a comparação da psicologia como a empiria geográfica ou geológica da descoberta de terras e camadas desconhecidas. A teoria científica oferece aqui no máximo os pontos fixos de orientação. Esses pontos ajudam a empiria – a experiência – e se consolidam pela empiria. O psicólogo precisa até mesmo ser empírico no sentido original da palavra grega *empeiria*, que significa "envolver-se com algo". De fato, isso traz consigo uma exclusividade na experiência e na possibilidade de discussão sobre a experiência, com a exclusão do inexperiente. Uma consequência desse estado inevitável é, por outro lado, uma discussão puramente exterior que em si deve permanecer infrutífera, e apenas indiretamente, por sua existência, acrescenta a importância da experiência.

C.G. Jung sempre se definiu, em primeira linha, como um empírico, e como empírico possibilitou a orientação para um campo imenso, que existia desde tempos imemoriais e que, mesmo assim, ainda devia ser descoberto; e descoberto precisamente porque se possibilitou a orientação para ele. O mundo da fantasia, dos sonhos, das vivências visionárias desde sempre estava ali – e, apesar

A criança divina

disso, estava, no sentido estrito da palavra, "não descoberto", porque não era alçado ao estado do manifesto, à luz do espírito e, desse modo, transluzido, espiritualizado. No mesmo sentido, também o mundo da natureza estava não descoberto antes de os gregos descobrirem nela a *physis* – a *natura*, em latim. Essa espiritualização grega da natureza, a investigação em busca de seu logos, como base da inteligibilidade, estabeleceu a condição prévia das ciências naturais de hoje. Entre os indianos, onde a natureza nunca foi espiritualizada, onde em geral nunca foi descoberta, tampouco se desenvolveram as ciências naturais. Em lugar da natureza subsistiu um mundo exterior, inquestionável, ainda que questionável em seu significado, assim como o mundo interior com seus acontecimentos incontroláveis era inquestionável, embora também questionável em seu significado, à medida que repousa não descoberto, isto é, não espiritualizado. Sua descoberta e sua espiritualização são idênticas, são duas palavras para um assunto, e formam a condição prévia da psicologia moderna que hoje experimenta a etapa de descoberta de sua existência. Como descobridor e indutor dessa espiritualização, devemos indicar tão somente C.G. Jung.

Antes dele, aquilo que Sigmund Freud – que em parte *encontrou* os traços essenciais do método e certos pontos de orientação nos mesmos campos, e em parte os *criou* com a sugestão de seu talento estilístico – queria admitir era unicamente que aos poucos se reflete de modo espontâneo sobre uma fase atual ou anterior da vida, de forma a complementá-la, corrigi-la, e continuar a configurá-la. Essa reflexão chama-se sonhar. Segundo Freud, isso sucede em códigos de conteúdo bastante evidente e sem significado espiritual. No início de sua obra, Jung teve consciência de que essa reflexão pode ter como objeto não só algo vivido, mas que sonhos, como reflexão em dramas autoencenados, desenvolvem-se por si mesmos e podem conduzir os sonhadores a conhecimentos novos, ainda não vividos – e que isso, por conseguinte, pode ser importante também para não neuróticos –; essa consciência o capacitou a flexibilizar as fronteiras da própria vida espiritual europeia e a ampliá-la na direção de uma vida anímica apresentada, espiritualizada no sonho.

No sonho se descobre uma espécie de vida espiritual: "vida espiritual" porque conduziu a conhecimentos que às vezes se apresentavam claramente nos próprios sonhos, e se descobre pelo fato de que essa vida espiritual, a partir de uma abertura até ali ainda não alcançada nessa direção, tornou-se acessível para uma investigação espiritual. No caso do processo de autoconhecimento e autodesenvolvimento, que transcorre diante de si nos sonhos, ofereceu-se como analogia a vivência de um *caminho de iniciação*, e a semelhança geral, a igualdade em muitos traços com as mitologias transmitidas, muitas vezes completamente desconhecidas dos sonhadores, adquiriu um novo significado. Não se podia negar que o empírico comparasse as vivências novas e ainda recentes com algo imemorial, com os sonhos que apresentavam traços arcaicos, e com os fenômenos de uma vida espiritual arcaica, testemunhada pelas tradições mitológicas dos povos. As noções dos românticos foram deslocadas para o âmbito da consideração científica. Antes que Jung alcançasse, pela via investigativa, a hipótese de um "inconsciente coletivo", uma grande alma romântica encontrou o modo de expressão que conciliava e relacionava o romantismo e a psicologia profunda. Numa conversa registrada por Konstantinus Christomanos em 1891, já a Imperatriz Elisabeth, rainha da Hungria, disse: "A alma do povo é o inconsciente coletivo em cada indivíduo". O indivíduo poderia agora ser dotado da consciência de um desenvolvimento que poderia romper os limites do pessoal rumo ao passado coletivo do gênero humano.

A criança divina

Por que se deveria excluir a possibilidade de uma herança psíquica, uma vez que é um fato a de uma herança física?

"Jamais encontrarás os limites da alma" – podemos citar novamente o velho Heráclito, cuja frase de repente provou ser verdadeira também dessa maneira. É certo que podemos considerar
também uma outra frase dele: "Somente os despertos têm um
mundo em comum; aqueles que dormem se dedicam, cada um,
para o seu mundo particular". Na ocasião da própria participação –
naquele "inconsciente coletivo – se está solitário, sozinho no próprio sonho. O sonhador cai no chão da primeira e última solidão
de todo ser humano, como no ato de nascer e na morte. E a consciência, o resplandecer do conteúdo espiritual de seu sonho, envolve, por sua vez, somente ele mesmo. Quanto mais autêntico for
esse acontecimento, tanto menos será indireto. Essas poucas linhas de uma homenagem muito unilateral devem chamar a atenção precisamente para o não indireto, que, não obstante, *é* e *atua*:
as inestimáveis contribuições do grande psicólogo para o mais ín-
timo da vida anímica de incontáveis indivíduos; contribuições que
nenhum diploma traduz em palavras, que nenhuma cerimônia pú-
blica pode expressar com suficiente entusiasmo.

Contatos com C.G. Jung
Um fragmento (1961), ampliado com comentários de 1962

K. Kerényi

1

Na homenagem a uma personalidade que se converteu em uma figura decisiva na própria vida – decisiva de um modo tão concreto que do encontro resultou a adaptação a uma nova terra natal – certamente se deve partir de contatos pessoais. Nesse caso, não pretendo realçar especialmente a palavra encontro, mas me ater ao que foi desde o princípio e permaneceu em cada repetição: um contato extremamente amigável e frutífero. Esse foi o caso, antes que tivesse lugar qualquer encontro pessoal.

Quando se festejou em 1935 o sexagésimo aniversário de C.G. Jung com uma publicação comemorativa sobre o "significado cultural" de sua psicologia, sua influência no universo cultural europeu, inclusive além dos limites dos círculos especializados de medicina, já estava presente com contornos rudimentares, mas bem evidentes. Antes de mim, certamente ela alcançou na Hungria meu amigo, A. Szerb, um historiador de literatura e escritor extremamente sensível a todas as oscilações do espírito contemporâneo. Talvez tenha ouvido o nome Jung pela primeira vez dele. Naquela época, nos anos 30, estava ocupado com a adaptação de

A criança divina

minha própria ciência, a filologia clássica, principalmente em seu aspecto histórico-religioso, ao concreto: à realidade experimentada em viagens à Grécia e à Itália, e ao sofrimento concreto da época, como meio de defesa possível ou não negligenciável – pelo menos isso! – contra o inumano.

Em meu livro *Apollon*, que em 1937 pela primeira vez resumiu esses esforços, ainda não se encontrará nenhum contato com os ensinamentos de Jung, a não ser que o conceito das "realidades psíquicas", que, na preleção romana aí impressa sobre a *Antike Religion und Religionspsycologie*[1], tentei introduzir na ciência da religião histórica, tivesse de se harmonizar com a ênfase da "realidade da alma" de Jung. Somente a relação entre "alma" e "realidade" era comum a ambos. No meu caso, aí se expressava a observação de que a alma, de acordo com sua constituição experimentável, é realística e não ilusionista e somente pode manifestar uma adoração religiosa por aquilo que se converteu em uma realidade para ela. Em minhas preleções de Budapeste, utilizo a designação "realidades mais elevadas", que só por acaso coincide com a mesma expressão de Thomas Mann nos *Buddenbrooks*. Desse modo, tento conceber aquela concretude especial que é própria das realidades – e às vezes também das irrealidades –, que haviam se elevado a realidades na alma e, somente a partir disso, obtiveram a característica que é uma condição indispensável de toda adoração religiosa. Pois, a despeito da inclinação realística da alma, nem todas as realidades se convertem em *suas* realidades: as "realidades mais elevadas". "Nossos conhecimentos das verdades matemáticas ou da distância dos corpos celestes" – assim consta no *Apollon* – "podem ser bem exatos e, apesar disso, deixar-nos indiferen-

---

1. KERÉNYI, K. "Werkausgabe IV". *Apollon und Niobe*. Munique/Viena: [s.e.], 1980, p. 15-30.

tes, serem para nós completamente desprovidos de realidade psíquica. Por outro lado, também uma vivência mística a partir de uma realidade psíquica completamente especial pode se diferenciar de uma alucinação"[2].

Em vista da concretude *especial* de todo psíquico, que Jung tinha em vista com sua ênfase da "realidade da alma"[3], a importância dessa observação própria é microscopicamente pequena e também não pretendo comparar as duas. Se quiser agora expressar aquilo que é o mais característico dele – levando em conta o fenômeno C.G. Jung e também os contatos pessoais durante os últimos vinte anos – , então trata-se do considerar real a alma. Para nenhum psicólogo de nossa época a psique possuía uma tal concretude e realidade, como para ele[4]. Entre o seu psicologismo e o psicologismo de todos os outros havia uma diferença decisiva, cuja inobservância se tornou a fonte de avaliações superficiais e descuidadas. Seu psicologismo deveria se chamar antes psiquismo[5].

---

2. Ibid., p. 22.

3. Cf., entre outros, JUNG, C.G. "Fundamentos de psicologia analítica. Petrópolis: Vozes, 2011 [OC, 18/1].

4. Citação escrita à margem de um fragmento manuscrito de *Memórias, sonhos, reflexões*, de C.G. Jung (org. por A. JAFFÉ. Zurique/Stuttgart: [s.e.], 1962, p. 196): "Naquele tempo me coloquei a serviço da alma. Amei-a e odiei-a, mas ela era minha maior riqueza".

5. O comentário de Kerényi se reporta à troca de correspondência com H. Hofmannsthal e C.J. Burckhardt (FISCHER, S. Frankfurt a.M.: [s.e.], 1957), na qual C.J. Burckhardt escreve se referindo a Freud: "No fundo espero que a alma seja mais que essa psique atada e imperfeita, a saber, seja algo ilimitado, que nos exceda e – por causa de sua natureza ilimitada – seja algo imortal". Kerényi, em sua carta a C.J. Burckhardt, de 18/12/1961, em referência ao que anteriormente cita Burckhardt, escreve: "Jung me escreveu [...] citando um alquimista, "*maior autem animae extra corpus est*", e isso ele disse seriamente. Destacou-se como o único – ao menos não encontrei mais ninguém entre os psicólogos não confessionais – que acreditava firmemente na existência da alma" (cf. JUNG, C.G. *Cartas*. Vol. II. Petrópolis: Vozes, 2002 (org. por A. Jaffé e G. Adler [Carta a K. Kerényi, de 12/07/1951]).

A criança divina

No entanto, psicologismo é o comportamento não do representante da alma – no qual Jung se transformou numa medida jamais alcançada por alguém outro –, mas do representante de doutrinas acerca da alma. Psicologismo significa, por toda parte e em qualquer lugar, a redução e a dissolução do psíquico a partir da demonstração das causas biológicas, fisiológicas e outras extra e pré-psíquicas. É o comportamento que se expressa na locução "nada mais do que". Seu psiquismo era a recondução dos fenômenos psicológicos – certamente não só os psicológicos – a uma realidade poderosa que a nada mais pode ser reconduzida ou reduzida: à psique. A quem ocorreria a ideia de acusar os teólogos ainda mais de teologismo? É evidente que, para o teólogo, Deus é o fato primeiro e fundamental de sua vida e de seu pensamento. Caracteriza-o um "teísmo", seja qual for a espécie e a orientação. Jung tinha a mesma relação com a alma.

2

Uma caracterização abrangente, a descrição de sua natureza, seria possível sobre e – creio – somente sobre essa base. Isso não significa que seu justo descritor teria de adotar também sua maneira de representação da alma. Isso não seria possível no caso dos nunca recorrentes pressupostos e combinações do fenômeno humano singular. Visto que nossos contatos aconteciam no interior do humano no campo da ocupação com o fenômeno religioso, devo me restringir de modo correspondente em sua caracterização. Dos tempos mais antigos deve-se recuperar pelo menos alguns testemunhos que esclarecem seu modo de aproximação do campo mencionado: uma aproximação que já estava bem desenvolvida no ano de publicação de meu *Apollon*, em 1937.

O representante de uma outra orientação terapêutica que também partia de Freud, Viktor von Weizsäcker, refere-se em suas memórias publicadas sob o título *Natur und Geist*, em Göttigen, no ano de 1954, a uma afirmação de Jung em que ele fundamenta aquela aproximação do ponto de vista do médico: "Todos os neuróticos buscam o religioso". Esse comentário, feito em particular, numa conversa entre dois grandes médicos, é mais importante que todas as versões públicas e literárias, em que Jung não buscava o completo imediatismo nem o alcançou. Somente em sua preleção no *Eranos*, de 1946, repercute uma frase, como aquela, sem qualquer reserva: "A psique é o eixo do mundo, e não é só uma das condições para a existência do mundo, em geral, mas constitui uma interferência na ordem natural existente, e ninguém saberia dizer com certeza onde essa interferência terminaria afinal"[6].

Ainda muito tempo depois de haver seguido seu caminho, levava em consideração a educação científica de sua juventude e ainda mais a de seus colegas: uma educação para a qual a alma era apenas o nome de um sistema relacional ainda não completamente explicado e o campo religioso existia apenas como um esboço de ilusões a serem afugentadas. De modo algum queria decair publicamente naquela inclinação para uma outra tendência, a exemplo de Freud, que se inclina para uma tendência genérica com o título *O futuro de uma ilusão*. A suposição de que todos os neuróticos buscassem o religioso rompeu somente o dogma freudiano da causa de todas as neuroses, mas de modo algum o comportamento médico. Só a partir daí se pode explicar uma definição de seu ensaio *Zur gegenwärtigen Lage der Psychotherapie* [*A situação atual da psicoterapia*] de 1934[7], que não seria aceito por nenhuma pessoa religiosa, nem por um representante das ciên-

---

6. JUNG, C.G. *A natureza da psique*. Petrópolis: Vozes, 2011 [OC 8/2, § 423].
7. Cf. *Aspectos do drama contemporâneo*. Petrópolis: Vozes, 2011 [OC, 10/2, § 376].

A criança divina

cias fenomenológicas ou históricas da religião: as religiões seriam sistemas psicoterapêuticos no sentido mais real e na medida mais ampla da expressão. Somente um médico podia falar assim; um que ainda não representava a causa da alma com plena consciência, mas que aspirava à cura da alma enferma.

3

Por outro lado, não é minha tarefa escrever a história do desenvolvimento da autoconsciência de Jung. Se algum dia, com base nas obras publicadas e nas notas autobiográficas não publicadas, ela for escrita, resultará num capítulo peculiar da história espiritual de nossa época. A aproximação, sem abandono do ponto de vista médico, não só do campo de investigação das religiões mas também daquela conduta científico-religiosa da qual eu havia adquirido consciência e, na mesma época, havia-me beneficiado, veio à luz em 1937, nas aulas que Jung ministrou na Universidade de Yale sobre *Psicologia e Religião*, que eu ainda seguirei lendo por muito tempo...

Referências*

AARNE & THOMPSON. *The Types of the Folktale* – A Classification and Bibliographie [s.n.t.].

ABRAHAM, K. *Traum und Mythos* – Eine Studie zur Völkerpsychologie. Leipzig/Viena: [s.e.], 1909 [= Schriften zur angewandten Seelenkunde, IV/4].

AGRICOLA, G. *De animantibus subterraneis*. Basel: [s.e.], 1549.

ALFÖLDI, A. "Zur Kenntnis der Zeit der römischen Soldatenkaiser". *Zs f. Numismatik*, 38, 1928, p. 197-212. Berlim.

"Allegoria super librum turbae". *Artis auriferae*, vol. 1, 1593, p. 139-145.

ALLEN, T.W. & SIKES, E.E. (orgs.). *The Homeric Hymns*. Londres: [s.e.], 1904 [2. ed. Oxford: (s.e.), 1936].

ALTHEIM, F. *A History of Roman Religion*. Londres: [s.e.], 1938.

_____. *Epochen der römischen Geschichte*. Frankfurt a.M.: [s.e.], 1934.

_____. *Terra Mater* – Untersuchungen zur altitalischen Religionsgeschichte. Giessen: [s.e.], 1931.

---

* *Abreviaturas*: AV = Albae Vigiliae. Arbeiten aus dem Gebiete der allgemeinen Kulturwissenschaft, der klassischen Altertumswissenschaft und Religionsgeschichte. Zurique. • ArchRW = Archiv für Religionswissenschaft. • FF Comm. = Folklore Fellows Communications. Helsinki. • GW = C.G. Jung, Gesammelte Werke. • LCL = The Leob Classical Library. • Zs = Zeitschrift (revista).

278 Coleção Reflexões Junguianas

_____. *Griechische Götter im alten Rom*. Giessen: [s.e.], 1930.

_____. "Persona". *ArchRW*, 27, 1929, p. 35-52.

_____. *Weltgeschichte Asiens im griechischen Zeitalter*. Vol. 2. Halle: [s.e.], 1947/1948.

AMASIA, A. Homilies, X. In: MIGNE 40, col. 324.

Antti Aarne's Verzeichnis der Märchentypen [s.l.]: [s.e.], 1910 [ed. rev., 1928] [= FF Comm., 3]. Transl. and enlarged by Stith Thompson. 2. ed. rev. Helsinki: [s.e.], 1961 [= FF Comm., 184].

Anthologia Palatina. In: BECKBY, E. (org.). *Anthologia Graeca*. Vol. 4. Munique: [s.e.], 1957/1958.

ARISTÓTELES. *Metaphysica*. Vol. 2. Oxford: [s.e.], 1924 [org. por W.D. Ross. 1924 – Reimpressão, 1966].

Artis auriferae. Basel: [s.e.], 1572.

Artis auriferae, quam chemiam vocant usw. Vol. 2. Basel: [s.e.], 1593.

AVALON, A. [Pseud. para Sir John Woodroffe]. *Die Schlangenkraft. Die Entfaltung schöpferischer Kräfte im Menschen* – Eine kommenti-erte Übersetzung der Basistexte des Kundalinī-Yoga, des Sat-Cha-kra-Nirūpana und des Pāḍukā-Pañchaka. 6. ed. Weilheim: [s.e.], 1994.

AVALON, A. (org.). *Shri-chakra-Jambhara*. Londres: [s.e.], 1919 [= Tantric Texts, 7].

BACON, J.D. *In the Border Country*. Nova York: [s.e.], 1919.

BASTIAN, A. *Der Mensch in der Geschichte*. Vol. 3. Leipzig: [s.e.], 1860.

BAYNES, H.G. *Mythology of the Soul*. Londres: [s.e.], 1940.

BEKKER, I. *Anecdota graeca*. Vol. 3. Berlim: [s.e.], 1814-1821.

BENOÎT, P. *Atlantis*. Berlim: [s.e.], 1929.

_____. *Atlantide*. Paris: [s.e.], 1919.

BERTHELOT, M. *Collection des anciens alchimistes grecs*. Paris: [s.e.], 1887/1888.

A criança divina 279

BOECKH, A. et al. (orgs.). *Corpus inscriptionum graecarum*. Vol. 4. Berlim: [s.e.], 1828-1877.

BOISSONDE, J.F. (org.). *Anecdota graeca*. 5 vols. Paris: [s.e.], 1829-1833.

BOLL, F. *Aus der Offenbarung Johannis* – Hellenistische Studien zum Weltbild der Apokalypse. Leipzig: [s.e.], 1914.

BORSARI, L. Del Tempio di Giove Anxure, scoperto sulla vetta di Monte S. Angelo, presso la città. In: "Notizie degli scavi antichità". *Atti Accad. Lincei*, 291 V, 11.2, 1894, p. 96-111. Roma.

BUBER, M. (org.). *Kalevala* – Das Nationalepos der Finnen. Berlim: [s.e.], 1921.

BÜDINGER, M. *Die römischen Spiele und der Patriciat* – Eine historische Untersuchung. Viena: [s.e.], 1891 [=Sitz.-Ber. Akad. Wiss. Viena, Phil.-hist. Classe 123].

CARUS, C.G. *Psyche* – Zur Entwicklungsgeschichte der Seele. 2. ed. rev. e comentada. Pforzheim: [s.e.], 1860. [reimpressão com prefácio à nova edição, de Friedrich Arnold. Darmstadt: (s.e.), 1975].

CELLINI. *Leben des Benvenuto Cellini, Florentinischen Goldschmieds und* Bildhauers. Tübingen: [s.e.], 1803.

CÍCERO.*Vom Wesen der Götter* (De natura deorum). Zurique/Düsseldorf: [s.e.], 1996 [= Tusculum] [latim e alemão].

_____. *Über die Gesetze* – Stoische Paradoxien (De legibus – Paradoxa Stoicorum). Zurique/Düsseldorf: [s.e.], 1994 [= Tusculum] [latim e alemão].

_____. *Über die Wahrsagung* (*De divinatione*). Zurique/Düsseldorf: [s.e.], 1991 [=Tusculum] [latim e alemão].

CLEMEN, C. *Die Religion der Etrusker*. Bonn: [s.e.], 1936.

CLEMENS ALEXANDRINUS. *Werke* – II: Stromata. 2. ed. Leipzig: [s.e.], 1939 [org. por O. Stählin] [= Die griech. christl. Schriftsteller der ersten 3 Jahrhunderte].

_____. *Des Clemens von Alexandreia Teppiche wissenschaftlicher Darlegungen entsprechend der wahren Philosophie.* Munique: [s.e.], 1937 [= Bibliothek der Kirchenväter, 2ª série XIX].

_____. *Werke – I:* Protrepticos. 2. ed. Leipzig: [s.e.], 1936 [org. por. O. Stählin] [= Die griech. christl. Schriftsteller der ersten 3 Jahrhunderte].

COLLIGNON, L.M. *Histoire de la sculpture grecque.* Vol. 2. Paris: [s.e.], 1892-1897.

COLONNA, F. *Hypnerotomachia Poliphili.* Veneza: [s.e.], 1499.

COMPARETTI, D. *Die Kalevala.* Halle: [s.e.], 1892.

CREUZER, F. *Symbolik und Mythologie der alten Völker, besonders der Griechen.* Vol. 4. Leipzig: [s.e.], 1810 [2. ed., 1819].

DAREMBERGE, C. & SAGLIO, E. (orgs.). *Dictionnaire des Antiquites Grecques et Romaines.* Vol. 5. Paris: [s.e.], 1877-1919.

Der Rig-Veda. Leipzig: [s.e.], 1951-1957.

DEUBNER, L. *Attische Feste.* Berlim: [s.e.], 1932 [3. ed., Darmstadt: (s.e.), 1969].

DIEHL, E. (org.). *Anthologia Lyrica Graeca.* Vol. 2. Leipzig: [s.e.], 1925 [= Bibliotheca Scriptorum Graecorum et Romanorum Teubneriana].

_____. *Anthologia Lyrica Graeca.* Vol. 3. 3. ed. Leipzig: [s.e.], 1925, 1949-1952 [= Bibliotheca Scriptorum Graecorum et Romanorum Teubneriana].

DIELS, H. *Das Labyrinth* – Festgabe Harnak. Tübingen: [s.e.], 1921.

_____. *Sibyllinische Blätter.* Berlim: [s.e.], 1890.

_____. *Doxographi graeci collegit recensuit prolegominis indicibusque instruxit Hermannus Diels.* Berlim: [s.e.], 1879.

DIELS & KRANZ. *Die Fragmente der Vorsokratiker.* Vol. 3. [s.n.t.] [grego e alemão – org. por H. Diels]. [5. ed., org. por W. Kranz. Berlim: (s.e.), 1934].

A criança divina   281

DÖLGER, F.J. ΙΧΘΤΣ. Vol. 2. 2. ed. Münster: [s.e.], 1928.

_____. ΙΧΘΤΣ. Vol. 5. Münster: [s.e.], 1922-1940.

DORNEUS, G. "Speculativa philosophia, gradus septem vel decem continens". *Theatrum chemicum*, I, p. 255-310.

DUCHESNE, L. *Origines du cultes chretiens* – Étude sur la liturgie latine avant Charlemagne. 5. ed. Paris: [s.e.], 1925.

ECKHEL, J. *Doctrina Nummorum Veterum*. Vol. 2. Viena: [s.e.], 1792-1839.

EGGER, R. "Genius Cucullatus". *Wiener praehistorische Zs* 9, 1932, p. 311-332.

EILMANN, R. *Labyrinthos*. Atenas: [s.e.], 1931.

EITREM, S. *Eleusinia:* les Mystères et l'agriculture. Oslo: [s.e.], 1940, p. 133-151 [= Symbolae Osloenses. Soc. graeco-latina, Klass. Forening, 20].

Ephemeris Archaeologica. Atenas: [s.e.], 1901 [Quadro I = tabuleta votiva de Niinio].

EPICHARMOS. Fragmente. In: KAIBEL, G. (org.). *Comicorum graecorum fragmenta*, I. Berlim: [s.e.], 1899.

ERMAN, A. *Die Religion der Ägypter*. Berlim/Leipzig: [s.e.], 1934.

ERSKINE, J. *The Private Life of Helen of Troy*. Nova York: [s.e.], 1925 [Londres: (s.e.), 1926].

EURÍPIDES. *Sämtliche Tragödien und Fragmente*. Zurique/Düsseldorf: (s.e.), 1970-1990 [= Tusculum] [primeira edição completa das obras de Eurípides em 6 vols. Trad. das tragédias de E. Buschor, trad. do Ciclope, do Reso, dos fragmentos de G.A. Seeck].

EVANS-WENTZ, W.Y. (org.). *Das Tibetanische Totenbuch oder Die Nachtod-Erfahrungen auf der Bardo-Stufe*. 19. ed. Zurique/Düsseldorf: [s.e.], 1996. [Em português: *O livro tibetano dos mortos*. Rio de Janeiro: Rocco, 2002].

FARNELL, L.R. *The Cults of the Greek States*. Vol. 5. Oxford: [s.e.[, 1896-1909.

FAUST, A. (org.). *Zen* – Der lebendige Buddhismus in Japan. Gotha: [s.e.], 1925.

FENDT, L. *Gnostische Mysterien*. Munique: [s.e.], 1922.

FIERZ-DAVID, L. *Der Liebestraum des Poliphilo* – Ein Beitrag zur Psychologie der Renaissance und der Moderne. Zurique: [s.e.], 1947.

FLOURNOY, T. "Nouvelles observations sur un cas de somnambulisme avec glossolalie". *Archives de Psychologie*, I. Genebra: [s.e.], 1902, p. 101-255.

_____. *Des Indes à la planète Mars* – Étude sur un cas de somnambulisme avec glossolalie. 2. ed. Paris/Genebra: [s.e.], 1900.

_____. "Automatisme téléologique antisuicide: un cas de suicide empêché par un hallucination". *Archives de Psychologie*, VII, 1809, p. 113-137.

FORDHAM, M. *Vom Seelenleben des Kindes*. Zurique: [s.e.], 1948.

_____. *The Life of Childhood*. Londres: [s.e.], 1944.

FOUCART, P. *Les mystères d'Éleusis*. Paris: [s.e.], 1914.

FRAZER, J. *Apollodori Bibliotheca*. Londres: [s.e.], 1921 [= LCL].

FREUD, S. *Die Traumdeutung*. Leipzig/Viena: [s.e.], 1900.

FROBENIUS, L. *Monumenta Africana* – Der Geist eines Erdteils. Weimar: [s.e.], 1939.

_____. *Schicksalskunde*. Leipzig: [s.e.], 1932.

_____. *Der Kopf als Schicksal*. Munique: [s.e.], 1924.

_____. *Das Zeitalter des Sonnengottes*. Berlim: [s.e.], 1904 [publicou-se apenas o vol. I.].

FURTWÄNGLER, A. *Die Chariten der Akropolis*. Atenas: [s.e.], 1878, p. 182-202 [= Athen. Mitt. Deutsch. Archäol. Inst., Athen. Abt., 3].

A criança divina

GELDNER, K.F. *Vedismus und Brahmanismus*. 2. ed. Tübingen: [s.e.], 1928 [= Religionsgeschichtl. Lesebuch, 9 – org. por A. Bertholet].

GELZER, M. *Zur armenischen Götterlehre*. Leipzig: [s.e.], 1896, p. 99-148 [= Ber. Verhandl. Sächs. Ges. Wissenschaften, 48].

GERCKE, A. & NORDEN, E. (orgs.). *Einleitung in die Altertumswissenschaft*. Leipzig: [s.e.], 1910-1912.

GLÄSER, R. *Ein himmlischer Kindergarten* – Putten und Amoretten. Munique: [s.e.], 1939.

GOETHE, J.W. *Faust*. Leipzig: [s.e.], 1942.

_____. *Werke* – Vollständige Ausgabe letzter Hand. 40 vols. Stuttgart: [s.e.], 1827-1842.

_____. "Farbenlehre". Werke. Vol. XVI. [s.n.t.].

GOETZ, B. *Das Reich ohne Raum*. Potsdam: [s.e.], 1919 [2. ed. Konstanz: (s.e.), 1925].

GREY, G. *Polynesian Mythology*: An Ancient Traditional History of the New Zealand Race, as Furnished by their Priests and Chiefs. Londres: [s.e.], 1855 e 1929.

GULICK, C.B. (org.). *Athenaeus*. Londres: [s.e.], 1927-1941 [= LCL].

HAGGARD, H.R. *Ayesha*: The Return of She. Londres: [s.e.], 1905.

_____. *She*. Londres: [s.e.], 1887.

HAMBRUCH, P. (org.). *Sudsee-Märchen*. Düsseldorf [s.e.], 1979 [= Märchen der Weltliteratur].

HAMPE, R. *Frühe griechische Sagenbilder in Böotien*. Atenas: Deutsch. Archäol. Inst., 1936.

HEICHELHEIM, F.M. *Genii Cucullati* – Newcastle-on-Tyne: [s.e.], 1935, p. 187-194 [= Archaeologia Aeliana 4, XII].

HENNECKE, E. et al. (orgs.) *Apogryphen, Neutestamentliche*. 2. ed. Tübingen: [s.e.], 1924.

HERMES TRISMEGISTUS. "Tractatus aureus de lapidis physici secreto". *Bibliotheca Chemica Curiosa*, I, p. 400-445.

HESIOD. *Theogonie/Erga*. 2. ed. Zurique/Düsseldorf: [s.e.], 1997 [grego e alemão] [= Tusculum].

HIPPOLYTUS. *Elenchos*. Leipzig: [s.e.], 1906 [org. por P. Wendland] [= Die griech. christl. Schriftsteller der ersten 3 Jahrhunderte].

HOHENZOLLERN. *Erinnerungen an Korfu*. Berlim: [s.e.], 1924.

HOMER: *Ilias*. 10. ed. Zurique/Düsseldorf: [s.e.], 1994 [grego e alemão – org. por H. Rupe e V. Stegemann] [= Tusculum].

HOMERO. *Odyssee*. 10. ed. Zurique/Düsseldorf: [s.e.], 1994 [grego e alemão] [= Tusculum]. [Em português: *Odisseia*. Rio de Janeiro: Ediouro, 1997 (Trad. de C.A. Nunes)].

_____. *Ilíada*. Rio de Janeiro/São Paulo/Porto Alegre: W.M. Jackson Inc., 1950 [Prefácio de A. Magne; trad. de O. Mendes – Clássicos Jackson, vol. XXI].

HORAZ. *Sämtliche Werke*. 11. ed. Zurique/Düsseldorf: [s.e.], 1993 [latim e alemão – org. por H. Färber e W. Schöne] [= Tusculum].

HUIZINGA, J. *Homo Ludens* – Versuch einer Bestimmung des Spielelementes der Kultur. Amsterdam/Leipzig: [s.e.], 1939.

INGRAM, J.H. *The Haunted Hornes and Family Traditions of Great Britain*. Londres: [s.e.], 1897.

JANET, P. *Les obsessions de la psychasthénie*. Vol. 2. Paris: [s.e.], 1903.

JENSEN, A.E. *Die drei Ströme*. Leipzig: [s.e.], 1948.

_____. *Das religiöse Weltbild einer frühen Kultur*. Stuttgart: [s.e.], 1948 [= Studien zur Kulturkunde, 9].

_____. "Eine ost-indonesische Mythe als Ausdruck einer Weltanschauung". *Paideuma. Mitr. z. Kulturkunde*. Frankfurt a.M.: [s.e.], 1938-1940, p. 199-216.

A criança divina

JENSEN, A.E. & NIGGEMEYER, H. (orgs.). *Hainuwele, Volkserzählungen von der Molukken-Insel Ceram*. Frankfurt a.M.: [s.e.], 1939 [= Ergebnisse der Frobenius Expedition, 1937-1938 in die Molukken und nach Holländisch Neu-Guinea, I].

JESSEN, O. "Hermaphroditos". *Paulys Realencyclopadie*.

JOSSELIN DE JONG, J.P.B. *De oorsprong van den goddelijken bedriger*. Amsterdam: [s.e.], 1929, p. 1-30 [= Mededeelingen der Koninglijke Akademie van Wetenschappen, Afdeeling Letterkunde, Ser. B, 68, I].

Journal of Hellenistic Studies. Londres: [s.e.], 1885 [como quadro LIX Pinax von Camirus. Britisches Museum: Gorgone].

JUNG, C.G. "Símbolos oníricos do processo de individuação". *Psicologia e alquimia*. Petrópolis: Vozes, 2011 [OC 12].

_____. *Erinnerungen Träume Gedanken*. 14. ed. [s.l.]: [s.e.], 1997 [org. por A. Jaffé] [Em português: *Memórias, sonhos, reflexões*. 12. ed. Rio de Janeiro: Nova Fronteira].

_____. *Die Archetypen und das kollektive Unbewusste*. 9. ed. Zurique/Düsseldorf: Walter, 1996 [GW IX/I] [Em português: *Os arquétipos e o inconsciente coletivo*. Petrópolis: Vozes, 2011 (OC 9/1)].

_____. *Zwei Schriften über Analytische Psychologie*. 5. ed. Zurique/Düsseldorf: Walter, 1996 [GW VII] [Em português: *Psicologia do inconsciente*. Petrópolis: Vozes, 2011 (OC 7/1)].

_____. *Die Dynamik des Unbewussten*. 7. ed. Zurique/Düsseldorf: Walter, 1995 [GW VIII/3] [Em português: *Sincronicidade*. Petrópolis: Vozes, 2011 (OC 8/3)].

_____. *Psychologie und Alchemie*. 7. ed. Zurique/Düsseldorf: Walter, 1994 [GW XII] [Em português: *Psicologia e alquimia*. Petrópolis: Vozes, 2011 (OC 12)].

_____. *Psychologische Typen*. 17. ed. Zurique/Düsseldorf: Walter, 1994 [GW VI] [Em português: *Tipos psicológicos*. Petrópolis: Vozes, 2011 (OC 6)].

_____. *Studien über alchemistische Vorstellungen*. 4. ed. Zurique/Düsseldorf: Walter, 1993 [GW XIII] [Em português: *Estudos alquímicos*. Petrópolis: Vozes, 2011 (OC 13)].

_____. *Das symbolische Leben*. 2. ed. Zurique/Düsseldorf: Walter, 1993 [GW XVIII/1] [Em português: *A vida simbólica*. Petrópolis: Vozes, 2011 (OC 18/1)].

_____. *Aion* – Beiträge zur Symbolik des Selbst. 8. ed. Zurique/Düsseldorf: Walter, 1992 [GW IX/2] [Em português: *Aion*. Petrópolis: Vozes, 2011 (OC 9/2)].

_____. *Zivilisation im Übergang*. 4. ed. Zurique/Düsseldorf: Walter, 1991 [GW X]. [Em português: *Civilização em transição*. Petrópolis: Vozes, 2011 (OC 10/3)].

_____. *Zur Psychologie östlicher und westlicher Religion*. 5. ed. rev. Zurique/Düsseldorf: Walter, 1988 [6. ed. 1992] [GW XI] [Em português: *Psicologia da religião oriental*. Petrópolis: Vozes, 2011 (OC 11/5)].

_____. *Kinderträume*. Olten/Freiburg im Breisgau: Walter, 1987 [Suppl. Bd. Seminare] [org. por L. Jung e M. Meyer-Grass].

_____. *Gesammelte Werke in 20 Bänden*. Zurique/Düsseldorf: Walter, 1971ss. [org. por L. Jung-Merker, E. Rüf e L. Zander. [Em português: Obra completa (OC). Petrópolis: Vozes].

_____. Zur Psychologie der Tricksterfigur. In: JUNG, C.G.; RADIN, P. & KERÉNYI, K. *Der göttliche Schelm*. Zurique: [s.e.], 1954 [GW IX/1, § 456-488].

_____. *Simbole der Wlandlung* – Analyse des Vorspiels zu einer Schizophrenie. Zurique: [s.e.], 1954 [GW V] [Em português: *Símbolos da transformação*. Petrópolis: Vozes, 2011 (OC 5)].

_____. *Antwort auf Hiob*. Zurique: [s.e.], 1952 [GW 11, § 553-758] [Em português: *Resposta a Jó*. Petrópolis: Vozes, 2011 (OC 11/4)].

_____. Theoretische Überlegungen zum Wesen des Psychischen [originalmente como "Der Geist der Psychologie". *Eranos-Jahrbuch*,

A criança divina 287

1946. Zurique: [s.e.], 1947 [GW VIII, § 343-442] [Em português: *A natureza da psique*. Petrópolis: Vozes, 2011 (OC 8/2)].

_____. *Psychologie und Religion*. Zurique: [s.e.], 1940 [= Die Terry-Lectures] [GW XI, § 1-168] [Em português: *Psicologia e religião oriental*. Petrópolis: Vozes, 2011 (OC 11/5)].

_____. *Bewusstsein, Unbewusstes und Individuation*. Leipzig: [s.e.], 1939 [GW 9/1, § 489-524] [Em português: *Os arquétipos e o inconsciente coletivo*. Petrópolis: Vozes, 2011 (OC 9/1)].

_____. "Die Erlösungsvorstellungen in der Alchemie". *Eranos-Jahrbuch*, IV. Zurique: [s.e.], 1937 [GW XII, § 332-554].

_____. "Über den Archetypus mit besonderer Berücksichtigung des Animabegriffs". Leipzig: [s.e.], 1936 [GW IX/1, § 111-147].

_____. "Zur Empirie des Individuationsprozesses". *Eranos-Jahrbuch*, 1933. Zurique: [s.e.], 1934 [IX/1, § 525-626].

_____. "Die Struktur der Seele". *Seelenprobleme der Gegenwart*. Zurique: [s.e.], 1931 [rev. em: GW 8, § 283-342].

_____. *Traumanalyse* – Nach Aufzeichnungen des Seminars 1928-1930. Olten/Freiburg im Breisgau: Walter, 1991 [Suppl. Bd. Seminare].

_____. *Die Beziehungen zwischen dem Ich und dem Unbewussten*. Darmstadt: [s.e.], 1928 [GW 7, § 202-406] [Em português: *O eu e o insconciente*. Petrópolis: Vozes, 2011 (OC 7/2)].

_____. "Die transzendente Funktion". 1916/1954 [GW VIII, § 131-193].

_____. *Wandlungen und Symbole der Libido* – Beiträge zur Entwicklungsgeschichte des Denkens. Leipzig/Viena: [s.e.], 1912 [cf. GW V].

_____. *Briefe*, 1906-1961. Olten/Freiburg im Breisgau: Walter [vol. I, 4. ed., 1990; vol. II, 3. ed., 1989; vol. III, 3. ed., 1990] [Em português: *Cartas*. Petrópolis: Vozes (vol. I, 2. ed., 2002; vol. II, 1. ed., 2002; vol. III, 1. ed., 2003)].

288   Coleção Reflexões Junguianas

_____. "Psychologischer Kommentar zum Bardo Thödol" [Das tibetanische Totenbuch] [GW XI, § 831-858].

_____. "Zur gegenwärtigen Lage der Psychotherapie" [GW X, § 333-370].

JUNG, C.G. KERÉNYI, K. *Einführung in das Wesen der Mythologie* – Gottkindmythos. Eleusinische Mysterien. Amsterdam/Zurique: [s.e.], 1941 [Com o subtítulo Das göttliche Kind/Das göttliche Mädchen. 4. ed. rev. Zurique: 1951 (reimpressão, Ed. Hildesheim, 1980)].

JUNG, C.G.; RADIN, P. & KERÉNYI, K. *Der göttliche Schelm*. Zurique: [s.e.], 1954.

KALLIMACHOS. Die *Dichtungen des Kallimachos*. Zurique: [s.e.], 1955 [grego e alemão] [= Bibliothek der Alten Welt].

_____. *Hymni et epigrammata*. 2. ed. Londres: [s.e.], 1955 [org. por W. Mair].

_____. *Callimachea*. Vol. 2. Leipzig: [s.e.], 1870-1873 [org. por O. Schneider].

KÁLMÁNY, L. (org.). *Ipoly Andor Népmesegyüjtemény*. Budapeste: [s.e.], 1914.

KANT, I. *Kritik der reinen Vernunft*. Leipzig: [s.e.], [s.d.] [org. por K. Kehrbach] [Em português: KANT, I. *Crítica da razão pura*. 5. ed. Lisboa: Calouste Gulbenkian, 2001 (trad. de M.P. Santos e A.F. Morujão)].

_____. *Kritik der reinen Vernunft*. 5. ed. Darmstadt: [s.e.], 1983 [= Obras em 6 vols., org. por W. Weischedel e C.C.E. Schmidt].

KERN, O. (org.). *Orphicorum Fragmenta*. Berlim: [s.e.], 1963.

KERÉNYI, K. *Werke in Einzelausgaben* [cit. como "Werkausgabe"]. Munique/Viena: Langen Muller [org. por M. Kerényi]. Vol. I: *Humanistische Seelenforschung*. Stuttgart: [s.e.], 1996. • Vol. II: *Auf Spuren des Mythos*. Munique/Viena: [s.e.], 1967. • Vol. IV: *Apollon und Niobe*. Munique/Viena: [s.e.], 1980. • Vol. V/2: *Wege und Weggenossen*. Munique/Viena: [s.e.], 1988. • Vol. VII: *Antike Religion*.

A criança divina   289

Stuttgart: [s.e.], 1995. • Vol. VIII: *Dionysos* – Urbild des unzerstörbaren Lebens. Stuttgart: [s.e.], 1994.

————. "Urbilder griechischer Religion". *Vorber.* Stuttgart: [s.e.], 1998.

————. *Die Mythologie der Griechen*, 2 vols. Stuttgart: [s.e.], 1997.

————. "Man and Mask". *Spiritual Disciplines.* Nova York: [s.e.], 1960 [= Papers from the Eranos Yearbooks 4, Bollingen Series XXX, 4].

————. *Apollon* – Studien über antike Religion und Humanität. 3. ed. Düsseldorf: [s.e.], 1953.

————. *Die antike Religion* – Eine Grundlegung. 3. ed. Düsseldorf: [s.e.], 1952.

————. "Dramatische Gottesgegenwart in der griechischen Religion". *Eranos-Jahrbuch*, XIX. Zurique: [s.e.], 1951.

———— "Kulturtypisches und Archetypisches in der griechischen und römischen Religion". *Paideuma. Mitt. zur Kulturkunde.* [s.l.]: [s.e.], 1951.

————. "Mensch und Maske". *Eranos-Jahrbuch*, XVI, 1948. Zurique: [s.e.], 1949.

————. *Niobe* – Neue Studien über antike Religion und Humanität. Zurique: [s.e.], 1949.

————. *Hermes der Seelenführer* – Das Mythologem vom männlichen Lebensursprung. Zurique: [s.e.], 1944 [= AV, NF 1].

————. "Mythologie und Gnosis – I: Über Ursprung und Gründung in der Mythologie". *Eranos-Jahrbuch*, VIII, 1940/1941. Zurique: [s.e.], 1942.

————. *Labyrinth-Studien* – Labyrinthos als Linienreflex einer mythologischen Idee. Amsterdam: [s.e.], 1941 [= AV XV]. • 2. ed. Zurique: [s.e.], 1950 [= AV, NF X].

————. *Pythagoras und Orpheus* – Präludien zu einer zukünftigen Geschichte der Orphik und des Pythagoreismus. Amsterdam: [s.e.]. 3. ed. Zurique, 1950 [= AV, NF IX].

_____. "Paideuma". In: *Paideuma. Mitt. zur Kulturkunde*, 1938-1940, p. 157-158.

_____. *La religione antica*. Bolonha: [s.e.], 1940.

_____. "Die Geburt der Helena – Eine mythologische Studie dis manibus Leonis Frobenii". *Mnemosyne*, 3. Leyden: [s.e.], 1939, p. 161-179 [mais tarde em *Die Geburt der Helena samt humanistischen Schriften aus den Jahren 1943-1945*. Zurique: (s.e.), 1945/1946] [= AV, NF III/IV].

_____. "Was ist Mythologie?" *Europ. Revue*, 15, 1, 1939, p. 557-572.

_____. "Das persische Millennium im 'Mahābhārata', bei der Sibylle und Vergil". *Klio* – Beiträge zur alten Geschichte, 29, 1936, p. 1-35.

_____. *Dionysos und das Tragische in der "Antigone"*. Frankfurt a. M.: [s.e.], 1935 [= Frankf. Studien zur Religion und Kultur der Antike, 13].

_____. "Altitalische Götterverbindungen". *Studi materiali di storia delle religioni*, 9. Roma: [s.e.], 1933, p. 17-28.

_____. "ANOΔOΣ-Darstellung in Brindisi, mit einem Zodiakus von II Zeichen". *ArchRW*, 30, 1933, p. 271-307.

_____. "Satire und Satura – Zum religionsgeschichtlichen Hintergrund einer literarischen Gattung". *Studi e material i di storia delle religioni*, 9, 1933, p. 129-156.

_____. "Telesphoros – Zum Verständnis etruskischer, griechischer und keltisch-germanischer Dämonengestalten". *Egyetemes Philologiai Közlöny*, 57, 1933, p. 156ss.

_____. "Zum Verständnis von Vergilius Aeneis B. VI – Randbemerkungen zu Nordens Kommentar". *Hermes*, 66, 1931, p. 413-441.

KERÉNYI, K. (org.). *Sziger*. vol. 3. Budapeste: [s.e.], 1939.

KERN, O. *Die griechischen Mysterien der klassischen Zeit*. Berlim: [s.e.], 1927.

_____. "Mysterien". *Paulys Realencyclopädie* [s.n.t.].

A criança divina

KIRCHER, A. "Mundus subterraneus". *XII libros digestus*. Amsterdam: [s.e.], 1678.

KOCH, C. *Der römische Juppiter*. Frankfurt a.m.: [s.e.], 1937 [= Frankf. Studien zur Religion und Kultur der Antike, 14].

KOEPGEN, G. *Die Gnosis des Christentums*. Salzburg: [s.e.], 1939.

KÖRTE, A. "Der Demeter-Hymnos des Philkos". *Hermes*, 66, 1931, p. 442-454.

KÖVENDI, D. In: KERÉNYI, K. (org.). *Sziget*. Vol. 3. Budapeste: [s.e.], 1939.

KRETSCHMER, P. "Dyaus, Ζεύς, Diespiter und die Abstrakta im Indogermanischen". *Glotta*, 13, 1924, p. 101-114.

_____. "Zur Geschichte der griechischen Dialekte": 1) Ionier und Archäer; 2) Die Apokope in den griechischen Dialekten. *Glotta*, 1, 1909, p. 9-59.

KROHN, K. *Kalevalastudien* – IV: Kullervo. Helsinki: [s.e.], 1928 [= FF Comm. 76].

KURUNIOTIS, K. "Das eleusinische Heiligtum von den Anfängen bis zur vorperikleischen Zeit". *ArchRW*, 32, 1935, p. 52-78.

LAIDLAW, W.A. *A History of Delos*. Oxford: [s.e.], 1933.

Lalitavistara, or Memoirs of the Early Life of Sākya Siñha. Calcutá; [s.e.], 1881-1896 [= Bibliotheca Indica. Sanskrit ser. fasc. 1-3].

LATTE, K. (org.). *Hesychios*. [s.l.]: [s.e.], 1953ss.

LAWRENCE, D.H. "Fidelity". *Pansies*, 1929.

_____. "Purple Anemones". *The Collected Poems of D.H. Lawrence*. Vol. 2. [s.l.]: [s.e.], 1928, p. 163-165.

LEISEGANG, H. *Die Gnosis*. Leipzig: [s.e.], 1924.

LENORMANT, F. "Ceres". *Dictionnaire des Antiquites Grecques et Romaines*, I. [s.l.]: [s.e.], p. 1.021-1.078.

LEVY-BRUHL, L. *Das Denken der Naturvölker*. Viena/Leipzig: [s.e.], 1921.

_____. *Les fonctions mentales dans les sociétés inférieures*. 2. ed. Paris: [s.e.], 1912.

Lexikon der Alten Welt. Stuttgart/Zurique: [s.e.], 1965.

LOBECK, C.A. *Aglaophamus; sive, de theologiae mysticae Graecorum causis libri tres... idemque Poerarum Orphicum dispersas reliquias collegit – Regiomontii Prussorum*. 2 vol. Königsberg: [s.e.], 1829.

LUCIAN [= LUKIAN]: *Scholien*. [s.l.]: [s.e.], 1906 [org. por H. Rabe].

LUMHOLTZ, C. *Unknown Mexico* – A Record of Five Years' Exploration among the Tribes of the Western Sierra Madre in the "tierra caliente" of Tepic and Jalisco and among the Tarascos of Michoacan. Nova York: [s.e.], 1903.

LYKOPHRON. In: DIELS & KRANZ. *Fragmente der Vorsokratiker*. [s.n.t.].

MACNICOL, N. (org.). *Hindu Scriptures*. Londres/Nova York: Everyman's Library, 1938.

MACROBIUS: *Saturnalia*. Paris: [s.e.], 1937 [org. por H. Bornecque e F. Richard] [= Collection Bude].

MAEDER, A."Die Symbolik in den Legenden, Märchen, Gebräuchen und Träumen". *Psychol.-neurol. Wochenschrift*, 10. Halle: [s.e.], 1908/1909, p. 45-55.

_____. "Essai d'interprétation de quelques rêves". *Archives de psychologie*, VI. Genebra: [s.e.], 1907, p. 354-375.

MANGETUS, J.J. *Bibliotheca chemica curiosa seu rerum ad alchemiam pertinentium thesaurus instructissimus*. Vol. 2. Genebra: [s.e.], 1702.

MALINOWSKI, B. *Myth in Primitive Psychology*. Nova York: [s.e.], 1926 [= New Science Ser. 1]. • Londres: [s.e.], 1926 [= Psyche Miniatures, General Ser. 6].

MALTEN, L. "Altorphische Demetersage". *ArchRW*, 12, 1909, p. 417-446.

MANN, T. *Freud und die Zukunft*. Viena: [s.e.], 1936.

MEULI, K. "Scythia". *Hermes*, 70, 1935, p. 121-176.

MIGNE, J.P. (org.). *Patrologiae cursus completus*. Paris: [s.e.], 1857-1866 [Series Graeca, 161 vols.] [cit. como MIGNE, P.G.].

_____. *Patrologiae cursus completus*. Paris: [s.e.], 1844-1855 [Series Latina, 217 vols.] [cit. como MIGNE, P.L.].

MOOR, E. *The Hindu Pantheon*. Londres: [s.e.], 1810.

MORIENUS, R. "Liber de compositione alchemiae". *Bibliotheca chemica curiosa*, I. [s.l.]: [s.e.], p. 509-519.

MUELLER, M. (org.). *Sacred Books of the East*. 50 vols. Oxford: [s.e.], 1879/1910.

MÜLLER, W. *Kreis und Kreuz*. Berlim: [s.e.], 1938.

MUNKÁCSI, B. *Vogul népköltési gyüjtemény*. Vol. 2. Budapeste: [s.e.], 1892-1952.

MURR, I. *Die Pflanzenwelt in der griechischen Mythologie*. Innsbruck: [s.e.], 1890.

MUSURUS, M. (org.). *Etymologicum magnum*. [s.l.]: [s.e.], 1499.

MYLIUS, J.D. *Philosophia reformata continens libros binos*. Frankfurt: [s.e.], 1622.

NELKEN, J. "Analytische Beobachtungen über Phantasien eines Schizophrenen". *Jahrbuch für psychoanalytische und psychopathologische Forschungen*, IV. Leipzig/Viena: [s.e.], 1912, p. 504-562.

NEUMANN , E. *Die Grosse Mutter* – Eine Phänomenologie der weiblichen Gestaltungen des Unbewussten. 3. ed. Olten/Freiburg im Breisgau: [s.e.], 1978.

NILSSON, M.P. *The Minoan-Mycenaean Religion and its Survival in Greek Religion*. 2. ed. Lund: [s.e.], 1950 [= Skrifter utg. av Kungl. Humanistiska vetenskapssamfundet i Lund IX].

_____."Die eleusinischen Gottheiten". *ArchRW*, 32, 1935, p. 79-141.

_____. *Griechische Feste von religiöser Bedeutung mit Ausschluss der Attischen.* Leipzig: [s.e.], 1906.

OKEN, L. "Entstehung des ersten Menschen". *Isis*. Iena: [s.e.], 1819, col. 1.117-1.123.

OLDENBERG, H. *Reden des Buddha:* Lehre, Verse, Erzählungen. Munique: [s.e.], 1922.

ORÍGENES. "In Ieremiam homiliae". In: MIGNE, P.G. XIII, cols. 255-544.

OTTO, W.F.D. *Die Götter Griechenlands* – Das Bild des Göttlichen im Spiegel der griechischen Götter. 8. ed. Frankfurt a.M.: [s.e.], 1987.

_____. "Der Sinn der eleusinischen Mysterien". *Eranos-Jahrbuch*, VII, 1939. Zurique: [s.e.]: 1940.

_____. *Mythos und Kultus.* 2. ed. Frankfurt a.M.: [s.e.], 1933 [= Frankf. Studien zur Religion und Kultur der Antike 4].

_____. *Der europäische Geist und die Weisheit des Ostens* – Gedanken über das Erbe Homers. Frankfurt a.M.: [s.e.], 1931.

_____. *Die Manen oder Von den Urformen des Totenglaubens.* Berlim: [s.e.], 1923.

OVID. *Metamorphosen.* 14. ed. Zurique/Düsseldorf: [s.e.], 1996 [latim e alemão] [org. por N. Holzberg] [= Tusculum].

_____. *Fasti/Festkalender.* Zurique/Düsseldorf: [s.e.], 1995 [latim e alemão] [= Tusculum].

PALLAT, L. *De fabula Ariadnea.* Berlim: [s.e.], 1891.

PAULY, A. & WISSOWA, G. (orgs.). *Paulys Realencyclopädie der classischen Altertumswissenschaft.* Stuttgart: [s.e.], 1893ss.

PAUSANIAS. *Beschreibung Griechenlands.* Zurique: [s.e.], 1954 [= Bibliothek der Alten Welt. Griech. Reihe].

A criança divina

PERSSON, A.W. "Der Ursprung der eleusinischen Mysterien". *Arch-RW*, 21, 1922, p. 287-309.

PFEIFFER, F. (org.). *Mystiker des 14. Jahrhunderts, Deutsche*. Vol. 2. Leipzig: [s.e.], 1845/1857.

PHILALETHES, E. *Erklärung der hermetisch poetischen Werke Herrn Georgii Riplaei*. [s.l.]: [s.e.], 1741.

PHILIPPSON, P. *Thessalische Mythologie*. Zurique: [s.e.], 1944.

_____. *Griechische Gottheiten in ihren Landschaften*. Oslo: [s.e.], 1939 [= Symbolae Osloenses, suppl. fasc. 9].

PHILOSTRATOS. *Vita Apollonii Tyanae*. Londres: [s.e.], 1912/ 1917 [org. por F.C. Conybeare] [= LCL].

PICARD, C. "Die grosse Mutter von Kreta bis Eleusis". *Eranos-Jahrbuch*, VI, 1938. Zurique: [s.e.], 1939.

PINDAR. *Pindari Carmia cum framentis*. 2. ed. Oxford: [s.e.], 1947 [org. por C.M. Böwra].

_____. *Die Dichtungen und Fragmente*. Leipzig: [s.e.], 1942 [= Sammlung Dieterich, 62].

PLATON. *Werke in acht Bänden*. Darmstadt: [s.e.], 1990 [grego e alemão].

PLINIUS DER ÄLTERE. *Naturkunde* (Naturalis Historia). Zurique/ Düsseldorf: [s.e.], 1973-1998 [= Tusculum].

PLUTARCH. *Biographien*. Zurique: [s.e.], 1954ss. [= Bibliothek der Alten Welt].

_____. *Philosophische Schriften*. Zurique: [s.e.], 1948 [= Bibliothek der Alten Welt] [org. por B. Snell e K. Ziegler].

_____. *Vergleichende Lebensbeschreibungen*. Vol. 9. Stuttgart: [s.e.], 1828-1836.

PRELLER, R. & PRELLER, L. *Griechische Mythologie*. Vol. 3. 4. ed. Berlim: [s.e.], 1894-1926.

PREUSCHEN, E. *Antilegomena*. Giessen: [s.e.], 1901.

PREUSS, K.T. *Der religiöse Gehalt der Mythen*. Tübingen: [s.e.], 1933.

PRINGSHEIM, H.G. *Archäologische Beiträge zur Geschichte der eleusinischen Kulte*. Munique: [s.e.], 1905.

QUAGLIATI, Q. "Rilievi votivi arcaici in terracotta cli Lokroi Epizephyroi". *Ausonia*, 3, 1908, p.136-234.

RADERMACHER, L. *Der homerische Hermeshymnus*. Viena/Leipzig: [s.e.], 1931 [= Sitz.-Ber. Akad. Wiss. Viena, Phil.-hist. Classe, 213].

RADLOFF, W. *Proben der Volksliteratur der türkischen Stämme Süd-Sibiriens*. 10 vols. São Petersburgo: [s.e.], 1866-1907.

RANK, O. *Der Mythos von der Geburt des Helden* – Versuch einer psychologischen Mythendeutung. Leipzig/Viena: [s.e.], 1909 [= Schriften zur angewandten Seelenkunde, V].

REITZENSTEIN, R. & SCHÄDER, H.H. *Studien zum antiken Synkretismus* – Aus Iran und Griechenland. Leipzig/Berlim: [s.e.], 1926 [= Studien der Bibliothek Warburg 7].

RHODIUS, A. *Apollonii Rodii Argonavtica*. Oxford: [s.e.], 1961 [org. por H. Fraenkel] [= Scriptorum classicorum Bibliotheca Oxoniensis].

RHODOS, A. Das Argonautenepos. Vol. 2. Darmstadt: [s.e.], 1996 [= Textos para investigação].

RIKLIN, F. *Wunscherfüllung und Symbolik im Märchen*. Leipzig/Viena: [s.e.], 1908.

_____. "Über Gefängnispsychosen". *Psychol.-neurol. Wochenschrifr*, 9, 1907, p. 269-273.

RIZZO, G.E. *Il Sarcofago di Torte Nova*. Roma: [s.e.], 1910, p. 89-167 [= Römische Mitt. Deutsch. Archäolog. Inst., Römische Abt. 25].

ROBERT, C. *Die griechische Heldensage*. Berlim: [s.e.], 1920-1926.

"Rosarium philosophorum". *Artis auriferae*, II, 1593, p. 204-384.

A criança divina 297

ROUSSEL, P. *Les cultes égyptiens à Delos di IIIe au Ier siècle avant J.-C.* Paris: [s.e.], 1916.

SALOMON, R. *Opicinus de Canistris* – Weltbild und Bekenntnisse eines avignonensischen Klerikers des 14. Jahrhunderts. Londres: [s.e.], 1936 [= Stud. of the Warburg Inst. I A/B].

SCHELLING, F.W.J. "Philosophie der Mythologie". 2 vols. *Sämmtliche Werke*. 14 vols. Stuttgart/Augsburgo: [s.e.], 1856-1861.

SCHILLER, F. Die Piccolomini. In: BRANDT, P. (org.). *Schillers Werke*. Vol. 5. Leipzig: [s.e.], 1923.

SCHREBER, D.P. *Denkwürdigkeiten eines Nervenkranken*. Leipzig: [s.e.], 1903.

SLOANE, W.M. *To Walk the Night*. Nova York: [s.e.], 1937.

SPAMER, A. (org.). *Texte aus der deutschen Mystik des 14. und 15. Jahrhunderts*. Iena: [s.e.], 1912.

STASOV, V. "Proischozdenie russkich bylin". *Vésrnik Evropy*, V. São Petersburgo: [s.e.], 1868, p. 702-734.

SZABÓ, A. "Roma Quadrata". *Rhein. Museum Philol.*, 87, 1938, p. 160-169.

Theatrum chemieum, praecipuos selectorum auctorum tractatus... continens. Vols. I-II, Ursel, 1602; vol. IV, Strassburgo, 1613; vol. V, 1622; vol. VI, 1661.

The Mahabhārāta of Krishna-dwaipayana Vyasa. Vol. III. 2. ed. Calcutá: [s.e.], 1955, p. 382-505.

TOLNAY, C. "The Music of the Universe – Notes on a Painting by Bicci di Lotenzo". *Journal of the Walters Att Gallery*, 1943, p. 83-104.

USENER, H. *Vorträge und Aufsätze*. Leipzig: [s.e.], 1914.

_____. *Kleine Schriften*. 4 vol. Leipzig: [s.e.], 1912-1913.

_____. *Das Weihnachtsfest*. 2. ed. Bonn: [s.e.], 1911.

_____. *Die Sintflutsagen*. Bonn: [s.e.], 1899.

VERGIL. *Aeneis*. Zurique/Düsseldorf: [s.e.], 1997 [latim e alemão] [org. por M. Götte e J. Götte] [= Tusculum].

_____. *Landleben*: Catalepton. Bucolica. Georgica. Viten. 6. ed. Zurique/Düsseldorf: [s.e.], 1995 [latim e alemão] [org. por J. Götte, M. Götte e K. Bayer] [= Tusculum].

VON KHORNI, M. *Geschichte Gross-Armeniens*. Regensburg: [s.e.], 1869

_____. *History of Armenia*. [s.n.t.].

VON MAGDEBURG, M. *Das fliessende Licht der Gottheit der Mechthild von Magdeburg*. Berlim: [s.e.], 1909.

WARBURG, A.M. *Die Erneuerung der heidnischen Antike* – Kulturwissenschaftliche Beiträge zur Geschichte der europäischen Renaissance. 2 vols. Leipzig: [s.e.], 1932.

WEEGE, F *Der Tanz in der Antike*. Halle: [s.e.], 1926.

WEIHER, A. (org.). *Homerische Hymnen*. 5. ed. Zurique/Düsseldorf: [s.e.], 1986 [grego e alemão] [= Tusculum].

WEISWEILER, J. "Über See und Seele – Ein etymologischer Versuch". *Indogerman. Forsch. Zs für indogerm. Sprach- und Altertumskunde*, 57, 1939, p. 25-55.

WELCKER, F.G. *Griechische Götterlehre*. 3 vols. Göttingen: [s.e.], 1857-1862.

WENDLAND, P. (org.). *Die griechischen christlichen Schriftsteller der ersten drei Jahrhunderte*. Leipzig: [s.e.], 1906.

WILAMOWITZ-MOELLENDORF, U. *Der Glaube der Hellenen*. 2 vols. Berlim: [s.e.], 1931-1932.

_____. *Hellenistische Dichtung in der Zeit des Kallimachos*. 2 vols. Berlim: [s.e.], 1924.

WILHELM, R. & JUNG, C.G. *Das Geheimnis der Goldenen Blüte* – Ein chinesisches Lebensbuch. Munique: [s.e.], 1929.

WINTHUIS, J. *Einführung in die Vorstellungswelt primitiver Völker*. Stuttgart: [s.e.], 1931.

_____. *Mythus und Kult der Steinzeit* – Versuch einer Lösung uralter Mythos-Rätsel und Kultgeheimnisse. Stuttgart: [s.e.], 1935.

_____. *Die Wahrheit über das Zweigeschlechterwesen*. Leipzig: [s.e.], 1930.

_____. *Das Zweigeschlechterwesen bei den Zentralaustraliern und anderen Völkern* – Lösungsversuch der ethnologischen Hauptprobleme aufgrund primitiven Denkens. Leipzig: [s.e.], 1928 [= Forschungen zur Völkerpsychologie und Soziologie, 5].

WOLLNER, W.A. *Untersuchungen über die Volksepik der Grossrussen*. Leipzig: [s.e.], 1879.

WUNDT, W. *Völkerpsychologie*. Vol. 10. Leipzig: [s.e.], 1911-1920.

ZIMMER, H. *Maya* – Der indische Mythos. Stuttgart: [s.e.], 1936.

_____. *Kunstform und Yoga im indischen Kultbild*. Berlin: [s.e.], 1926.

Índice de ilustrações

1) Cabeça de Eros arqueada. Cópia da era hadrônica. Berlim, propriedade privada, 46
2) *Putto* com golfinho. Romano. Nepal, Museu Nacional, 81
3) Criança com lanterna, vestida com *cuculo*. Romano; Roma, Museu Nacional, 110
4) Core com o peplo. Acrópole, por volta de 540 a.C.. Atenas, museu Acrópolis, Foto de Jean Mazenod, 150
5) Duas mulheres com flores nas mãos (Deméter e Perséfone?). Relevo de consagração. Noite da Grécia, por volta de 470a.C. Paris, Musée du Louvre, 226

Índice onomástico

Aarne, A. 55, 277
Abraham, K. 112, 277
Adler, G. 272
Aécio 78
Agrícola, G. 119
Alföldi, A. 200
Allen, T.W. 159
Altheim, F. 24, 27, 101, 277
Anaximandro 77-80, 83
Antonius L. 93, 99
Apolodoro 67
Apolônio de Rhodos 296
Aristófanes 90
Aristóteles 20
Astério 143
Ateneu 217s.
Athenagoras 213, 215
Avalon, A. 231, 278

Bacon, J.D. 231, 278
Bastian, A. 111, 278
Baynes, H.G. 236, 278
Beckby, E. 278
Bekker, I. 278
Benoît, P. 250, 278

Berthelot, M. 120, 278
Bertholet, A. 73
Boissonde, J.F. 279
Boll, F. 29, 279
Borsari, L. 102, 279
Botticelli 149, 151
Bowra, C.M. 82
Bündiger, M. 195

Calímacho 106, 288
Carus, C.G. 111
Cellini, B. 229, 279
Censorino 77s.
Cícero 171, 207, 279
Clemente de Alexandria 142, 206, 279
Collignon, L.M. 280
Colonna, F. 232, 280
Comparetti, D. 57, 281
Creuzer, F. 80, 280
Crinágoras 208

Daremberg, C. 280
Deonna, W. 107
Deubner, L. 280

Diehl, E. 280
Diels, H. 77[29], 280
Diodoro Sículo 173
Dionísio de Halicarnasso 26
Dölger, F.J. 281
Dorneus, G. 281
Duchesne, L. 231, 281

Eckhel, J. 281
Egger, R. 93, 107, 281
Eilmann, R. 281
Eitrem, S. 281
Epicarmo 281
Erman, A. 80, 281
Erskine, J. 252, 281
Ésquilo 258
Estêvão de Bizâncio 202
Eurípides 67, 85, 281
Eusébio 171
Eustáquio (santo) 119
Evans-Wentz, W.Y. 281

Farnell, L.R. 161, 282
Faust, A. 282
Fendt, L. 142, 282
Fierz-David, L. 232, 282
Filóstrato, F. 87
Flournoy, T. 116, 282
Foucart, P. 143, 282
Frazer, J. 282
Freud, S. 113, 267, 272-274, 282
Frobenius, L. 35-40, 63, 74, 282
Furtwängler, A. 282

Geldner, K.F. 73, 80, 283
Gelzer, M. 62, 283
Gercke, A. 45, 283
Gläser, R. 12, 283
Goethe, J.W. 23, 43, 76, 82, 120, 144, 229, 283
Goetz, B. 120, 283
Grey, G. 79, 283

Haggard, H.R. 249, 283
Hambruch, P. 79, 283
Hampe, R. 283
Hannecke, E. 142, 283
Heichelheim, F.M. 107, 283
Heráclito 266, 269
Hermes Trismegisto 284
Heródoto 158
Hesíodo 82, 91
Hesíquio 161, 201
Hipólito 143, 259s.
Hofmannsthal, H. 272
Hohenzollern, K.W.II. 284
Homero 47, 78, 82, 87, 98, 103, 257, 284
Horácio 284
Huizinga, J. 75, 284

Ingram, J.H. 119, 284
Isócrates 208

Jaffé, A. 272
Janet, P. 116, 284
Jensen, A.E. 190, 284
Jessen, O. 89, 285

A criança divina

Josselin de Jong, J.P.B. 89, 285
Jung, C.G. 29, 32-34, 36s., 42, 90, 96, 225, 229, 256, 260, 265-275, 285s.

Kálmány, L. 51, 288
Kant, I. 111, 288
Karkinos 172
Kerényi, K. 38, 62, 86, 88, 90, 95, 101, 106s., 109, 225, 271
Kern, O. 90, 288
Kircher, A. 119, 291
Koch, C. 101s., 291
Koepgen, G. 139, 291
Körte, A. 162, 291
Kövendi, D. 94, 201
Kranz, W. 77, 280
Kretschmer, P. 164, 291
Krohn, K. 57, 291
Kuruniotis, K. 198, 291

Lactâncio 205
Laidlaw, W.A. 195, 291
Lawrence, D.H. 291
Leibnitz 291
Leisegang, H. 130, 291
Lenormant, F. 291
Lévy-Bruhl, L. 292
Lívio 194
Lobeck, C.A. 292
Lönnrot, E. 63
Luciano 292
Lumholtz, C. 292
Licofrón 99, 292

Macrobio 38, 292
Maeder, A. 112, 292
Malinowski, B. 18-20, 292
Malten, L. 293
Mangetus 120, 139, 292
Mann, T. 271, 293
Mechthild von Magdeburg 142, 298
Mestre Eckhart 119
Meuli, K. 53, 293
Migne, J.P. 278, 293
Milton, J. 159
Moor, E. 80, 293
Morienus, R. 120, 293
Moses de Khorni (Chorene) 62, 298
Müller, M. 293
Müller, W. 25, 31s., 293
Munkácsi, B. 53s., 57, 293
Murr, I. 293
Mylius, J.D. 119, 293

Nelken, J. 235, 293
Neumann, E. 293
Niggemeyer, H. 285
Nilsson, M. 45, 89, 97-99, 293
Nono 213
Norden, E. 45, 283

Ohasama, S. 218
Oken, L. 78s., 294
Oldenberg, H. 53, 294
Opicinus de Canistris 143
Orígenes 133, 294

Otto, H. 195
Otto, W.F. 88, 104s., 255-260
Ovídio 49, 89, 294

Pallat, L. 294
Pascal, B. 220
Pauly, A. 294
Pausânias 43, 87, 89, 91, 99s., 294
Persson, A.W. 295
Pfeiffer, F. 295
Philalethes 295
Philikos 162
Philippson, P. 295
Picard, C. 295
Píndaro 82, 209, 295
Platão 15, 295
Plínio II 295
Plutarco 25-27, 89, 295
Poloziano, Â. 149
Pólux 157
Porfírio 171, 212
Preller, L. 187, 296
Preuschen, E. 134, 296
Preuss, K.T. 296
Pringsheim, H.G. 296
Prophyrios 172
Psellos, M. 217

Quagliati, Q. 296

Rabe, H. 292
Radermacher, L. 86, 296
Radin, P. 286

Radloff, W. 52, 296
Rank, O. 112, 296
Reitzenstein, R. 69, 296
Riklin, F. 296
Rilke, R.M. 17
Rizzo, G.E. 297
Robert, C. 296
Roussel, P. 259, 297

Saglio, E. 280
Salomon, R. 142, 297
Schäder, H.H. 68, 296
Schelling, F.W.J. 13, 111, 297
Schiller, F. 140s., 297
Schneider, O. 158
Schreber, D.P. 120, 297
Sikes, E.E. 277
Sloane, W.M. 250, 297
Sófocles 261
Spamer, A. 297
Stasov, V. 73, 297
Stobaeus, J. 204
Szabó, Á. 25, 297
Szerb, A. 270

Tertuliano 206
Tales de Mileto 77
Teócrito 162
Thompson, S. 55, 277
Tolnay, C. 94, 297

Usener, H. 77, 83, 90, 94, 104, 297

A criança divina

Varro 27, 36
Virgílio 48, 62

Warburg, A.M. 296
Weege, F. 298
Weisweiler, J. 106, 298
Weizsäcker, V. 273
Welcker, F.G. 98, 298
Wendland, P. 284, 298
Wilamowitz-Moellendorf, U. 38, 298
Wilhelm, R. 111, 298

Winckelmann, J.J. 187
Winthuis, J. 89, 299
Wissowa, G. 294
Wollner, W.A. 72, 299
Woodroffe, J.; cf. Avalon, A. 278
Wundt, W. 111, 299

Ziegler, L. 118, 295
Zimmer, H. 27s., 31, 73, 83, 92, 299

Índice analítico

abaissement du niveau 116
abandono 50, 57, 129, 131s., 148, 275
abelha 106, 231, 247
abismo do núcleo 23, 156, 220
ação 148
acontecimento(s)
- instintivos 122
- mítico 124
acusação de assassínio ritual 238
adepto 27s.
Admeto 161
Adônis 256
África, africano 35, 37, 190
Afrodite 88-91, 168, 186, 195, 202, 217, 256
- Anadiômene 152, 218
- culto 87
- Epitymbidia 187
- hino 258
- Tymborychos 187
Afrodito 89
afundar 191, 193
Agra 173, 201, 209, 219

agricultura 168
água(s) 20, 59s., 67-70, 74, 76, 80, 94, 100, 117s., 151, 201, 214s., 238, 244, 247
- ninfa das 175
- original 72, 76, 80, 90
αἴτια (causa) 20
alchera 114
alegoria 75, 114, 138, 160, 171, 189, 241
- do peixe 77
alegria 238
alimentação 170, 189
alma(s)
- coletiva 123, 126
- doença da 141
- instintiva 130
- limites da 266, 269
- o guia das 106
- parte cindida da 126
- perda da 114, 131
- realidade da 256, 271
- transmigração da 209
alquimia, alquimista 119, 135, 239, 241

Altai 51
altar 25, 36, 195, 252
- fálico 36
Altyn Sabak 51
alucinação 272
Ama 49s., 100, 166, 169
amadurecimento, processo de
120, 248
Amaravâtî 28
ambíguo 118, 188, 254
ambivalência 252
ameaça 130, 134, 140, 147
Ameta 192
amor 88, 168, 179
Anadiômene 149, 156, 217s.
analogia individual 123
anamnese 115, 236
Anesidora 167
anima 141, 225, 248-250,
252-254
- projeção da 254
- psicologia da 252
animal 189, 233
- mãe 174
- subterrâneo 121
- útero 83
animalesco 188, 233
animus 143, 169-171, 205,
216s., 233s.
aniquilação 84
Ánito 258
ano, tripartição do 176
antecipação 133, 145

antepassado(s) 25, 33, 113
- vida dos 234, 260
antigo, Antiguidade 24, 35s.,
38, 41, 52, 89, 103s., 107,
158, 164, 171, 232, 243,
256, 261
Antígona 187
antropomorfo 170
aparecer (cf. tb. epifania)
apocatástase 234, 260
Apolo
- apolíneo 37, 48, 50, 76-87,
93s., 97, 103-106, 153-155,
195
- Delfínio 83s., 94, 104
- hino 84-86
apologética cristã 118
apriorística 128
ar 60, 178
arado, arar 25s.
arbítrio 119
Arcádia, arcádico 99s., 159,
178s., 199s., 206s., 257
arcaico 47, 89, 96, 138-140,
147, 181, 268
arché (princípio) 21-25, 34
aretologia 261
Ariadne 195
Aríon 84, 180
Armênio 62
Arquétipo
- arquetípico 41s., 112-114,
116-124, 126, 137, 140,
143, 146, 234s., 248

A criança divina

- da criança, fenomenologia do 131, 146
arte, artista 12-15, 40, 89, 94, 104, 181
Ártemis 85, 154-159, 164s., 179, 186, 189, 198, 207, 210, 216, 257
- Hegemone 257
- original 198, 210
- Perséfone 206
- templo de 186
Árvore
- da cruz 248
- nascimento da 118
Asclépio 50, 155
Ásia Menor 198, 213
assassinato 159, 188, 190, 196s.
atemporal 12, 20, 41, 45, 76, 91, 96, 153, 183, 222
Atená 157s., 186, 252, 256
- mãe 157
atenção 116, 236
Ática, ático 157, 164, 173, 209, 216
Átis 256
Atmã 136
ato milagroso 131, 135
atributo 234
atualidade 233
áugures 26
australiano 113
autoconhecimento 268
autóctone 115

autodesenvolvimento 268
autonomia 132
autônomo 25, 143
autorrealização 130, 132, 135, 141
autorretrato 115
Avalokiteshvara 53
ave, pássaro 99, 131, 179, 237, 250-252
avó 252s.
Ayik 134

Baldur 130
barbudo 47s., 95, 105
Baubo 188, 230
beatitude 209
bebê divino 99
beleza 186s., 193s.
besouro 233
biografia, biográfico 45, 47s., 62, 76, 94-97
bipartição 34
bipolar 228, 249
bissexualidade 89s., 105, 139, 213
boca 202
Boedromion 201
Boibeis 207
bola, jogo de bola 238s.
bom 170, 193
Boro Budor 29
Brahama 73
branco 230
brilho 136

Brimo(s) 206-209, 213
bruxa, bruxaria 189, 246, 249
Buda 53, 120, 218
budismo, budista 27-29, 31,
  33, 53, 218, 222
bugari 114
buraco 238
busca 205s.

cabeça 201
cabelo 239
caçada 192
caçadora 189
cadáver vivo 181
Calipso 187
camada cultural 74
caminho 218, 240
Cánatos 177, 217
canto mágico 64
caótico 91s., 165
caranguejo 233
carneiro, sacrifício de um 239
carvalho 60s., 69, 71s.
casa 181, 250s.
casal de soberanos 161, 182
casamento
  - divino no AT 141
  - e morte 160, 168, 188
  - místico 211
  - núpcias, boda 91, 179,
    206s., 211s.
  - sagrado 206s.
causalidade 145

casuístico 235
catártico 235
cavalo 179, 184, 207
caverna 91s., 99, 106, 161, 179
centro 26
Ceram 190
Cereal
  - aspecto de 189
  - destino do 170, 173
  - deusa do 169
  - mãe do 171
  - trigo 167-169, 171-173,
    185, 189
Ceres 213
Cerimônia
  - fundacional 24s., 30, 35s.
  - original 30
ceticismo 126
céu 25, 31, 53s., 91, 165,
  214, 243
chama 240, 251
chegada 149, 209
chinês 41, 93, 121
Chipre 149
Chloe 167
Cibele 198, 256
  - Ártemis 243
cíclico 178
cicuta 143
cidade 24, 26s., 29, 35-38, 156
  - fundação da 24-27
  - plano retangular da 27,
    31, 36

A criança divina 313

ciência(s) 14s., 17, 76, 96, 117, 147
- naturais 227, 267
Cilene 87, 91, 99, 105
címbalo 203, 212
cindida 126, 140
círculo 25-27, 35, 127, 233
- cerimônia do 26s.
cisne, figura de 53, 178
cista 199
clareza 153
clava 104
Cleópatra 252
Cnido 152, 167
coco 190-192
coletivo 112, 130, 138
colheita, festa da 260
colo materno 82
colonização, projeto de 31s.
como se 116
compensação 125, 136, 148, 230
complexo materno 230
concentração 116, 125
concha 151
concretude 271
condição de raiz 127
conexões temáticas 240
configuração 15s., 215s.
conhecer 137, 148
coniunctio 141s., 239
consciência
  - adquirida 130
  - consciente 33, 111-117,

120-127, 130-132, 136-138, 140-148, 222, 231s., 247
- conteúdo da 105
- diferenciação da 118
- do Eu 237
- função da 111, 113
- mais elevada 133
- pessoal 232
- processo da 145
consciente dos opostos 127
conservadorismo 125
considerar-real 272
contexto 236
continente grego 84, 99-103
conto(s)
- de fadas 52, 56, 112, 115, 228
- - ambiente de 48s., 63
- herói do 55
- motivo do 50, 56s.
- populares 50, 107
contradição 124, 222
- cf. tb. Paradoxo
convulsivo 125
cor 28, 31
Cora, indígenas 170
Core 45, 156-166, 172-180, 186-188, 196, 203-209, 212s., 216, 225s., 234, 246, 253, 257s.
- culto a 194s.
- figura de 161, 184-189, 193, 227s., 248, 252, 255
- mitologema de 196

- original 178, 198, 207, 216
- rapto da 160, 173, 184, 188, 193, 203
- Satene 196
Corfu 186
Coribante 229
cornucópia 211s.
corpo
- corporal 33, 53, 56, 138, 268
- materno 77, 84s., 151
corpus mysticum 108
cosmogônico 24, 90, 139
cosmos, cósmico 21s., 24, 29, 31-33, 37, 39, 92, 95, 121, 136, 169, 173, 189, 215
crescimento 95, 129, 211
Creta, cretense 84, 97-104, 106, 198, 209
criação 39, 76, 131
criança 48, 53, 55, 61, 73s., 82-86, 90s., 93, 106s., 109, 118-121, 123s., 126-140, 144-146, 155, 169, 207-209, 211, 228, 234, 238, 250
- abandonada 49, 99, 148
- arquétipo da 109-148
- deus 95, 109, 119, 127, 130
- divina 22s., 45, 47-50, 52, 57s., 62, 67, 69, 73s., 83-98, 103, 124, 149, 169, 195, 210, 216

- enjeitada 50
- iniciada 211
- mitológica 12, 75
- mitos da 134
- motivo da 109, 119-123, 126-129
- nascimento da 137
- órfã 49-52, 56-58, 67
- original 12, 45-107, 156
- - divina 103s.
- - mitológica 155
- prodígio 48, 68
- Zagreu 213
criar 183
Crisaor 184
cristal 28, 138
cristão 77, 85, 118, 121, 209, 213
Cristo 133
- androginia de 136
criticismo 126
crocodilo 121, 229
Crono 49, 185
crucifixões 230
cruz 244
ctônico 176, 240
cucullatus 144
cucullus 110
culpa prometeica 125
culto
- canto de 97
- carverna de 99
- costumes do 168

- cúltico 91, 100-104, 132, 174-176, 194s., 198, 210, 217, 254
- imagem de 180, 184
- lugar de 100
cultura 14, 36-40, 74, 96-98
- desenvolvimento da 141
- história da 111, 235
- portador da 134
cupidos 104, 107, 144, 187

dáctilos 144
dança 165, 193-195, 204, 215, 238, 247
- lugar de 192-194
dançarina, dançarino 106, 189, 194, 229, 247, 251
Dea artio 243
decadência 84
delírio 116
delito de sangue 200
Delos 50, 82-85, 194
Deméter 36, 158-184, 188, 197-199, 204-206, 210-212, 225s., 230-232, 243, 256s., 260
- a negra 178, 183
- aspecto de 172, 176
- Cidária 200
- Core, mito de 229, 254
- Crisaor 184
- culto a 163, 235, 254
- destino de 214
- figura de 178

- Erínia 178, 184, 217
- Hécate-Ártemis, aspecto de 206s.
- hino a 160s., 166-168, 205-207
- Lusia 217
- mito de 198, 205s., 229
- original 178, 184-186, 198, 207, 210
- religião de 172, 200
demitização 101s.
Demofonte 171s.
demoníaco 106, 121, 228, 247, 250
demônio 119
Deo concedente 126
descendente 211s., 220, 259
desconhecido 117s., 134s., 231, 235, 249, 251s.
desejo
- de assassinar 155
- satisfação do 125, 232
desenho 32, 142, 237
desenraizamento 125, 140
desenvolvimento 107, 127, 133, 140, 148, 155, 166, 175, 178, 183
desligamento 132, 136
Despoina (cf. tb. Perséfone) 179s., 206, 257s.
destino 55-58, 129, 160, 173, 191, 222, 232
- de mulher 155, 160
- humano 170
- tipo de 52

destruição 132, 158
deus
- adulto/infantil 94
- deidade, divindade 21s.,
47s., 56, 62s., 95s., 119,
152s., 200, 233
– da morte 187
- - original 89, 177-179, 184,
189, 198
- filho de 56
- ideia de 157
- imagem de 232
- infância de 199
- mãe de 243
- subterrâneo 106
- universal 23, 68s.
deusa 36, 200, 233, 249, 252
- filha 220
- mãe 243
- original: mãe e filha 178s.
- rancorosa 199
- Ursa 243
- virgem 230
deusas
- ambas as 161, 172s., 220,
256
- tríade de 161s.
deuses
- casal de 89, 256
- figura dos 57, 153, 182,
248
- filho dos 50, 255
- imagem dos 76, 82

- mãe dos 198
- mundo grego dos 86, 209,
216
Di Manes 25
dia 130
diálogo 237
diamante 33
Diana 164, 243
diferenciado 115, 126, 138
dikte 97
Dionísio
- criança 48, 50, 103s., 213
- destino de 185
- dionisíaco 47s., 55, 67s.,
103-107, 154, 195, 202,
209, 213s., 238, 261
dissociação 124, 128, 147
dissolução 147
divino 23s., 41, 45, 129, 135,
146, 184, 232
divisão em doze partes 34
doente mental 120
dois, dualidade 36s., 176
domínio 72s., 157, 160, 164
doutrina 80, 133
- secreta 90
dragão 117, 121, 130, 233,
246s., 251
drama 56, 197s., 203, 237, 257
dupla
- face 254
- natureza 252
duplicação 228

Édipo, saga de 112
educação 158s.
efebo 211
efeito 214, 235
Egeu 37, 87
- ilhas do 209
egípcio 80, 258s.
égloga (4ª) (Virgílio) 48, 62, 95
elefante 233
elemento 28-31, 60s.
- estrutural 111s., 122
- original 67, 73s., 82, 100, 214
- - da mitologia 48
Elêusis
- eleusino 161, 166, 169s., 177-179, 196, 202, 205, 208s., 215s., 219, 235, 257, 260
- habitantes de 173
emoção 235
empiria 113, 253, 266s.
Énalo 84
encobrir 145, 202
enteléquia 127s.
epifania 56, 67, 84, 86, 104, 135, 148
Epístola a Clemente 142
época da origem 96
epopteia 203
equilíbrio 153, 157s.
equivalência (cf. tb. identidade) 160, 171s., 188
era mitológica 17, 23

Erebo 183
Erínia 179, 183, 260
Erínias 183s.
Eritreia, do norte da 37
Eros 46, 83, 88-91, 104, 216, 254
- Proteurythmos 94
escuridão 122, 130s., 133s., 137, 231
- medo da 134
- vitória sobre a 131, 134
esfera(s) 127, 233
- harmonia das 33
esperança 145, 208
espiga 169, 172s., 214, 218, 260
espiral 194
espírito
- espiritual 34, 38-40, 96, 113, 122, 142, 153, 160, 183, 198, 252s., 265
- história do 235
- poder do 121
Espírito Santo 133
espiritualização 265s.
espontâneo 115, 236, 248
espuma 151
esquecido 234s.
esquizofrenia 237
estado 124, 126
- crepuscular 113
- de espírito primitivo 113s., 139
- original 20, 85, 89-91, 102

estatura acima do comum 230, 252

estrela 121, 243

estrutura espiritual 156

etapa cultural 139

eternidade 22, 220

eterno 98, 146, 153, 171s., 182s., 210, 234

etimologia 69, 151

etiológico 18s.

etnológico 109, 190

Etrúria 35

etrusco 26s., 32, 49

Eu 128, 148, 233

evemerismo 118

existência 136

experiência 75, 123s., 145
- original 145s.

explicação 16-19

êxtase 198, 236

extinção, perigo de 135

Falanto 83, 94

falo 87s., 91, 105, 144

família 128, 192

fantasia 115, 121, 137-139, 227, 236, 245, 251, 266
- imagem da 232, 235, 248
- produto da 111s., 115s.
- série de 236s.

fantasma 137-139

fascinação 131s., 253

fascínio 38, 40, 132

fase larvar 120

fato 29, 113

feliz 168, 208, 221, 257

fêmea, feminino 36-40, 88, 106, 141s., 157s., 171, 187, 193s., 212, 216, 229, 232, 248, 251, 254

Feneu 200

fenômeno 227, 273
- natural 75

fenomenologia 122, 128, 131, 137, 227, 235

Fereia 163, 207

ferro 55

fertilidade 155, 167, 174s., 188s., 215
- magia da 143

festa, festivo 21, 173, 191s., 206

Figália 178-180, 212

figura
- dupla 160s., 187s., 228
- imagem 16s., 23, 75s., 82s., 94, 97, 113, 121-123, 225, 227s., 232, 235, 242, 246
- híbrida 96, 181, 188
- horripilante 181
- infantil 87s.
- materna 229
- mitológica 133
- multiforme 165s.
- nova 131
- tripla 36, 162s., 177

filha 36, 121, 157-159, 171-173, 180, 197s., 207s., 233s., 251, 254s.

filho 121
- de bruxa 121

filia mystica 252

filius sapientiae 119

filologia 109

filosofema original 107

filosofia
- grega 21, 77, 80
- hermética 141

filósofo 20s., 40, 77

fim 146, 209

finlandês 15, 57s., 69, 72

firmamento 233

fisiologia 123, 139, 143

flor 73, 83, 121, 159, 167, 220, 226, 233

flora 38

flores, sermão das 218

Fo 120

fogo 20, 60-62, 117, 133, 169
- círculo de 42
- morte de 170
- natureza do 252

Foibe 207

foice 91

fonte 13, 92, 99s., 177, 217
- sagrada 102

força de saúde 117

formato lunar 185

Fósforo 162

Frene 217

Frobenius, expedição de 190

fruto 166-168, 194s., 210

função
- mediadora 246
- social 20

fundação 13, 24s., 30, 35s., 39

fundamentação 20-24, 30, 39

fundamento 20-24, 34, 38, 40
- original 40

futuro 126s., 260

gado 66s.

Galliena Augusta 200

ganso 53, 178

gata 229

Gê 85

Geia 91, 162, 197

Genius Cucullatus 107, 144

germânico 120

gérmen 260
- gérmen de ouro 73

gigante 12, 68s., 71, 82, 92

Gnomon 32

gnóstico, gnosticismo 41, 139, 141s.

golfinho 81-85, 93, 107, 144, 174, 179, 239
- epifania do 84

górgona 184s., 200
- cabeça da 184s., 206, 236

grande
- mãe 197
- visão 33

Grécia 31, 36, 216

grego, heleno 15, 58, 77, 82s., 107, 139, 152, 165s., 173, 188s., 194s., 198, 257, 267
Gretchen 229
grou, figura da 53
gruma 32
gruta 102

Hades 160s.
- rainha do 193s.
Hainuwele 190, 196
Hans, o forte 55, 57, 64
Harpócrate 80
Hebe 177
Hécate 36s., 160-166, 176, 188s., 201, 207, 217, 225, 230, 258
Hécatos 37
Hekateia 165s.
Helena 95, 179s., 252
Helenismo 47, 89, 104, 165
heleno, helênico 98, 163, 165, 176, 221
Hera 157, 177, 217
Héracles 48, 104
herança psíquica 269
Hera-Pege-Myria 77
herma 87, 91, 105
hermafrodita 119, 139s., 144, 148, 239
hermafroditismo 90, 139-144, 148

Hermes 48-50, 67, 85-89, 91-94, 99, 103-106, 144, 155, 211
- criança 45, 91-93
- hino a 48, 85-87
- Psychopompos 106
Herói(s) 73, 106, 130, 135, 147, 211, 246
- figura de 248
- mito dos 137, 147
- saga dos 49, 52
hetaira 187, 217
hierofante 203-205, 260
hieros gamos 142
hindu, mitologia hindu 27
história
- da arte grega 96
- original 155
historiador 163
histórico-comparativo 123
homem, masculino 11, 32, 36-38, 47, 49, 88-90, 105, 141, 157-159, 173, 188, 193, 199s., 212, 228, 238, 248s., 254
homenzinho
- de cobre 68s., 74, 106
- de metal 119
homérico 101, 151, 162, 167, 182s., 197
- hino 48-50, 55, 84-86, 92, 149, 160, 162, 168, 173, 197, 204, 258

A criança divina

homossexual 249
homunculus 100, 108
Horephoros 167
horror, horroroso 153, 156s.,
  182s., 206
humanidade 19, 96, 123-126,
  265
húngaro 51

Iambe 188
ícone 253
idade 237, 248
Idade Média 119, 139, 142
ideia(s) 40, 154-156, 160, 165,
  168s., 173, 176, 180, 198
  - mitológica(s) 30, 40,
  152-154, 160, 175s., 183,
  188, 216, 256
  - - associação de 111s.
  - religiosas 112
idêntico, identidade 91, 128,
  136, 140, 155s., 177, 200,
  207, 212, 255
identificação 141, 147s., 199
igreja 128, 143, 238, 248, 251
ilha 151, 245, 259
Ilíada 104, 182s.
ilimitado, o 20
Ilisso 201
iluminismo 118
ilusão 247
imagem
  - da mãe antiga 243
  - originária 30, 75, 107, 143

imaginação ativa 101, 237,
  240
imberbe 97, 102
imediatismo 14, 41
imitação 202
imortalidade 169, 234, 249
impossibilidade de
  ser-de-outra-forma 135
impotência 129, 135
incompatível 139
inconsciência 133s.
inconsciente 111-114,
  119-121, 124, 130s., 133s.,
  140, 144, 147s., 227, 233,
  246, 259s.
  - coletivo 32, 114-117, 130,
  268
  - conteúdo do 116, 125, 133
  - psicologia do 225, 249
indefinido original 107
indiferenciação 139
individuação 29, 32s., 130
  - processo de 100, 126-129,
  136s., 147, 248, 265
individualidade, individual
  112, 115s., 140, 236, 248
indivíduo 34, 127, 131, 141,
  218
indonésio 188, 192, 204
Indra 28
inércia 126
inexpressável 171
infância 45, 76, 80, 85-88,
  103, 117, 123, 129, 144s.

- aspecto da 103
- divina 85s.
- estado da 124s.
infantil 128, 147, 250
infantilismo pessoal 147
inferioridade 148
infertilidade 167
inflação 148
influência
- do meio 130
- mágica 116
iniciação 200, 211, 237s.
- rito de 218
iniciados 169, 199, 206, 208,
211s., 214, 217s., 221, 256
inimigo 67
Ino 104
inominável 172, 180
inorgânico 34
- abstrato 233
inscrição 259
insignificância 129, 134s., 146
instante 137
instinto 124s., 130, 132, 135
instrumento musical 64
integrar 233
inteireza, potencialidade da
121s.
interpretação 16, 116-119,
122, 249
invencibilidade 136s.
Ioga tântrica 231
irmão 180, 212
Ishtar 256

Ísis, culto a 256, 259
isolamento 234
Itália Antiga 29, 49, 101-103

Januarius 261
Jasão 211
jejuar 173, 199, 205
Jerusalém celestial 29
joeira 105
jônico 80
jovem
- coro da 194
- divina 22, 36, 149, 190, 216
- figura de 156s., 165, 171,
177, 197
- mãe-criança 214
- menina 12, 45, 156, 168,
171, 177, 191, 212, 220,
225, 238s., 248s.
- original 152, 197, 216
jumenta 247
junco, mito da origem a partir
do 62
Júpiter 102s., 106
juramento 200
juvenil 47, 96s., 103, 130

Kaçyapa 93
Kalervo 57s., 64
Kertsch 211
Koiranos 84
Kouros 97
Krshna 72
Kullervo 57s., 60, 62-69, 74

A criança divina

labirinto 194
- dança do 194
lapis 135
leão, leoa 117, 159, 233
lei 125
leigo 94, 104
leitão 179s.
leite e mel 100
lenda de Cristóvão 119
leopardo 247
Lerna 104
leste 215
Lete 222
Leto 50, 158, 164
Líber, Libera 213
liberdade 125
libertação 72
Liceu 99s., 106
Licosura 257
Liknites 105
limite, ilimitado 266, 268, 273s.
linguagem 110, 118, 122, 147
- metafórica 122
- simbólica 76
litúrgico 260
Livro tibetano dos mortos 222
lobo 64, 66s.
logos 266
Lokroi Epizephyroi 296
lótus 28, 80, 82, 233
loucura 121, 227

lua 35-37, 40, 69, 72, 92, 117, 162-164, 176, 189-191, 215, 230, 244
- crescente 231
- deusa da 37, 162, 244
- jovem da 190s.
lugar sagrado 99
Luna 38, 164, 249
lunar 164, 185, 189, 197
luto, enlutado 167, 177s., 188, 205, 256
luz 72, 130, 162, 169, 207, 240

macaco 101, 230
machado 64
mãe 11s., 36, 45, 48-51, 56, 85, 98, 104, 116, 132, 157, 171, 177, 180, 198, 208, 225, 233, 239s., 249, 254s.
- destino de 166s.
- de tudo o que vive 144
- divina 79, 167
- e filha 171, 177, 220, 233, 254
- filha 189
- original 197, 228
- solteira 229
- terra 49s., 162, 165, 197
magia, mágico 64, 113, 122, 251
Mahābhārata 68, 72
Mahâsukha 28, 31

Mahayana-Budismo 26s., 53
Maia 50
maldição 183
mandala 27
- mistério da 31
- plano da 31
- símbolo da 29, 32, 37
- vivência da 27
manifestação 113s., 116, 245
Manu 82
mar 77-80, 82-85, 104, 151s., 165, 174, 178, 201, 215s.
- deusa do 215
Mārkandeya 68, 73
Maro, dança do 194-196, 204
máscara 200
masculinidade 151
masculino-feminino 143
matança 184s., 190, 193
matéria
- material 15, 75s., 138, 146
- prima 135
maternidade divina 199
materno, maternidade 100, 155, 161s., 171, 197, 234, 238, 243, 250
matriarcado 169, 205
Matsyapurana 82
mau agouro 120
Maui 79, 130, 151
mediador 127
mediativo 246
medicina primitiva 131
médico 235

mediocridade 253
medo 134, 145, 250
Medusa 184s.
Mefistófoles 228
megalomania 148
Melaina 206
membro 91
memória 123, 222
mênade 231s.
menino(s) 51s., 54s., 57-60, 121, 128, 170, 212
- abençoados, coro dos 120
- divino 83, 156, 208
- figura de 104, 107
- menor do que o pequeno e maior do que o grande 119, 130, 136
- montado num golfinho 90, 94s., 104s.
mentalidade greco-ocidental 136
Mercúrio 119
mês outonal 201
mesquinharia 126
Messênia 100
metafísica 111, 143
metafórico 171, 204
metal 119, 133
Métis 157
método 116, 227, 236s., 240, 267
mexicano 170
micênico 198
microcosmos 233s.

A criança divina 325

migração 109, 115
milagre de Elêusis 255-261
milho 133, 170
- deus do 170
minoico-micênica 100
missa negra 238
mistagogo 200
mistério(s) 27, 29, 169, 196s.,
206, 210-220, 234, 257-260
- celebração dos 201s.
- cerimônia dos 215s., 219
- culto dos 207, 216
- dança dos 204
- de Elêusis 168, 173, 199,
203, 206, 211s., 219, 255,
259s.
- grandes 173, 199
- noite dos 215
- palco dos 203
- pequenos 173, 201
mística, místico 27, 28, 41,
120, 139, 142, 169, 252,
260, 272
mistura 234
- bebida 199
mito(s)
- coletânea de 190
- etiológico 18
- formação dos 111s., 116
- investigação dos 14, 74
- mítico 15, 18, 51s., 56, 101,
112-115, 117s., 122, 147,
159s., 173, 232, 236, 240-242

- narrador dos 15, 21, 258
- sistematização dos 257
mitologema 15-18, 20-24, 30,
41, 48-50, 52, 55s., 67-76,
84-91, 100, 112, 147, 158,
162, 166, 173, 178, 190, 198,
204-206, 216, 235, 257s.
- original 30, 41
mitologia
- finlandesa 67, 74
- grega 47, 67, 80, 83s., 88,
95, 197
- indiana 73
- mitológico 13-26, 28, 34,
40s., 45, 47, 62s., 79s., 93,
114-116, 119, 132, 143,
147, 151, 160, 182s., 222,
235, 239s., 249, 256, 268
- olímpica 197
- original 43, 85s., 92, 103,
151, 193, 197
- substituto da 133
- vogul 52-57, 67
Mnemosine 222
moeda 83, 97, 104, 157, 200
mônada 34-43
monstro subterrâneo 229
monstruosidade 140
monte 28, 87, 97-100, 240s.,
243s.
- Elgon 134
moral/amoral 125, 133

morrer 95, 99, 171, 180s.,
188-190, 199, 208s., 214, 221
mortal 182
- parturiente-nascente 214
morte 47, 103s., 125, 144,
153, 158s., 168, 174,
185-187, 195s., 202, 205,
208, 221, 248, 260, 269
- aspecto da 185
- orientação para a 196
morto(s)
- espírito dos 144, 160,
184, 201
- montanha dos 196
- rainha dos 201
- reino dos 106, 159, 174s.,
182s.
motivo
- mitológico 34, 109
- original 105
- tema 16, 57, 112, 121,
130, 148, 227
mulher 11, 36-38, 88, 141s.,
158, 177, 194, 200s., 212,
228s., 234, 238, 240, 243,
247, 252, 259
- abelha 231
- celebração da 173
- destino da 155, 160
multiplicação 190
múltiplos seios 231
mundo 19-21, 23, 27-29, 31, 75s.,
80, 92-94, 113s., 137s., 153,
164, 172, 176, 199, 209, 269

- abertura para o 38
- anterior primitivo 113
- aspecto do 21, 39
- conhecimento do 136
- conteúdo do 76, 80, 86,
93s.
- existência do 136
- força do 153
- gigante do 73
- imagem do 37s., 95
- interior 267
- mar do 68, 82s.
- materno 85
- original 52, 85, 92s., 96,
100, 165, 178
- realidade do 157, 171
- soberano do 182
- subterrâneo, inferno 25,
38, 106, 155, 160s., 165,
173s., 182-184, 201, 206,
251, 260
- surgimento do 74
- unidade do 22
mundus 25
música 13, 15-18, 76, 93s., 203
- original 94, 107
mysterium iniquitatis 141

nada 73, 137, 273
não
- conhecer, o 137
- ser 85, 99, 176, 180, 186
Nārāyana 67-76
Narciso 159

A criança divina 327

nascimento 23, 45, 53, 62, 73, 75, 79, 90s., 94, 132, 135, 149, 195s., 207-209, 216, 220
- divino 216, 220, 260
- eterno 210, 214s.
- local de 96s., 99
- miraculoso 57, 130
- original 215
- virginal 129

natural 140, 158

naturalidade 126

natureza 38, 114, 125, 132, 135, 157, 173, 222, 267
- filosofia da 139, 144
- leis da 153

navio 77, 89, 104

necessidade imperiosa 39s.

Neda 100

negativo-positivo 228, 249

Nekyia 229

Nêmesis 178s., 186s., 198, 206
- casamento de 179, 206

Nepal 261

nereidas 215

neurose
- neurótico 112, 117, 147, 236, 274
- terapia das 120

Niinnio 281

ninfa 229

Nisa, monte de 161

noite 130, 193, 241

noiva 178, 185s., 202, 239

normal 128

nove 192s.

núcleo 221, 260
- de átomo 29, 37
- de significado 117, 146

número 176, 194

numinoso 131

nyagrodha, árvore 68

objetivação 147

objetivo 126, 139, 141, 201, 205
- subjetivo 205

objeto-sujeito 136, 233

obra 39s., 136s., 168
- de arte 16s., 76

obsceno 138, 229

obsessão 126, 252

oceano 74

ocultação 266

Odisseia 184

oeste 215

oferenda votiva 102

olhar malvado 246s.

olhos 182, 202, 213

Olimpo, olímpico 82, 87, 156, 197

oposição 22, 30, 131, 136, 139, 141

oráculo 84, 244

ordem 87, 103
- mundial 92, 95

- natural 274
- olímpica 87, 92-94, 156
- social matriarcal 254
ordenamento, categorias de 227
órfão, destino do 52, 54, 62, 71, 98
Orfeu, órfico 17, 90, 149, 162, 188, 209, 213, 222
orgânico, organismo 33s., 117, 220
órgão
- anímico 122
- do corpo 122
orgia 229
orientação 75, 266
oriental 29, 80, 84
origem
- da vida 23
- originário 13s., 19-23, 30, 37-43, 56, 73s., 85, 91, 96s., 116, 124, 132, 152, 155, 171, 186, 261
originalidade 23
Oseias 142
Osíris 256
otimismo panteístico 134
ouro 28, 53, 73, 175, 238
- esfera de 121
- tesouro de 117
ovo 28s., 56s., 73, 121, 137
- original 73s.

Pã, hino homérico a 48
paciente 147, 235
pai 48s., 56, 95, 102, 105, 155s., 209
- divino original 93
- e filho 233
paideuma 39
Palas Atená 157
palavra, sem palavras 218, 222, 255, 260
Palêmon 83, 104
palmeira 195
panaceia 136
pantomima 204
paradoxal, paradoxo 18, 56, 130, 152, 188, 205, 218-223, 252, 261
paralelo 96, 109-112, 235, 239, 252, 256
parideira universal 176
parir, parturiente 154, 158, 208s., 214, 216
Partenos 157
participação 234
parvo 228
passado 30, 118, 121-124, 181, 260
- passado original 30
pastor 64
patológico 142, 237
Patras 92
Pátroclo 181

A criança divina

pavão 247
paz 257
pedra 87, 91, 97, 184, 220
- nascimento da 118
- preciosa 28
Pégaso 184
peixe 77s., 82-84, 92, 103, 217
- alegoria do 77
- oferenda 103
Peloponeso 157, 209
percepção 145
perda 205
Pergusa 193
perigo 126, 130-132, 134s.,
229s., 245
perils of the soul 117
peripécia 257
pérola 121, 152
Perséfone 36, 158-160, 163,
167, 173-188, 194-196,
200s., 207s., 213s., 232, 256
- aspecto de 176
- culto a 160, 163
- destino de 173s., 184, 216
- mito de 173-175
- oferenda a 175
- templo de 200
Perseu 185, 236
persona 124
personalidade 120, 126-128,
141, 225s., 233, 247s.
- síntese da 128
- supraordenada 225s.,
231s., 243s., 249

personificar 124, 135
perturbação 117, 137, 232
- das funções corporais 137
pessoal-impessoal 115, 232
Pharai 92
physis 144, 267
Pietà 230
pintura, quadro 94, 237
pitagórico 36, 197, 209
plano 34, 40
planta(s) 22, 79s., 171, 189s.,
219, 233, 240
- original 43
- milagre das 260
pluralidade 128
Plutão 193, 211
poço 214
poder 113, 170, 182s., 250,
261
- natural 119
- superior 135
poesia 13, 75
- popular 63, 72
polaridade 265
polinésio 79, 151
polvo 247
ponto refletor 136
porca 174, 188
pórtico 35s., 196, 243
Posídon 47, 179, 212, 239,
257s.
- noiva de 184
positivismo 118
povo 40s., 268

Prajapati 73s., 79s.
precocidade 96s.
pré-consciente 114-117, 120, 123, 145
pré-homérico 163
pré-infantil 90
prematuro 260s.
presente 118, 124
- consciência do 30, 140
pressentimento 145
primitivismo 87-91, 96, 163
primitivo 63, 72, 89, 113s., 116, 122, 125, 131, 133s., 137s., 141, 145, 230, 247, 261
princípio maternal/paternal 36
processo natural 175
procriação 91, 144, 155, 191, 209
- original 91, 155
produto 115, 227
projeção, projetar 130-133, 138, 141, 145, 233, 246, 248, 254
promiscuidade 217
propósito 122-124, 234s.
Proteu 80s.
Protógone 152, 216
Psicologia
- profunda 268
- psicológico 96, 109s., 115, 117, 121, 127, 137, 143, 147, 225, 249, 256, 265
psicologismo 273

psicopatologia 111, 120, 137
psicose, psicótico 111, 117
psicoterapêutico 137, 235, 275
psique
- feminina 143, 234
- inconsciente 111, 115, 131, 137
- psíquico 28s., 109s., 115, 121-123, 129, 131, 138, 141, 145, 227, 232, 234, 254, 265, 272
psiquiatra 235
psiquismo 272
puer aeternus 129
purificação 214, 217

quadrado 27, 29, 35, 37, 233
quadratura do círculo 42
quadripartição 26s., 30-34, 36-38, 40
quaternidade 121, 127, 233, 244
quatro 28, 33, 35-38, 170
quiliasmo 125

Rabie 191s.
Radiant Boy 119
raiz 122, 124
rancor, rancoroso 176, 178, 198, 206s., 212, 217, 257
raposa 51
rapto 161, 167, 171, 178s., 186, 198, 258
- nupcial 179s., 257

A criança divina

real 138
realidade 19, 113s., 136s.,
141, 148, 159, 166, 171,
183, 253, 259
- mais elevada 279
realizar 155
recém-nascido 73s., 91, 100,
169, 193, 211
recipiente 121, 202
redenção 132, 218s.
redentor 252
redondo 127
reencontrar 205, 209
refundação 28
rei 117
- filho do 55, 121
Reia 36, 197
- Deméter 213
reino da alma 265
relato milagroso 260
religião 97s., 100-103, 114,
154, 163, 194, 274
- ciência da 235, 274
- forma de 134
- grega 100-103, 155
- história da 95-97, 111, 163
- historiador da 27, 29, 198,
261
- materna 156
- paterna 156
- romana 100
religioso 107, 112, 117,
122-124, 133, 152, 171s.,
198, 249, 271s.

relógio 233
- cósmico 31-34
- de pêndulo 32
renascer 119, 180s., 207, 214
renascimento 180s., 198, 208s.
renovação 132, 217
repetição 19, 124, 132, 227
reprimir 115, 232
retardamento 125
retornar 171, 260
reunificação 167
revelação 114, 154, 169, 219,
260
reverência 117
Rhodos 210
Rig-veda 73
rio 100, 193, 215s., 239
riqueza 193, 211s.
rir 130, 188
rites d'entrée et de sortie 113,
126
ritual, rito 27, 132, 142, 230
rocha 100, 102
romã 167
roma quadrata 25s.
Roma, romano 24-27, 35s.,
38, 100, 103, 119, 151, 194,
213, 238
Rômulo 25s.
rosa 233
rosto 165, 213, 231, 246
roupagem nova 118
russo 73

sabedoria 219, 242
saber 148, 221, 251
sacerdote, sacerdotisa 200, 206
sacrifício 99, 174, 230, 238, 247-249
- animal de 55, 174, 229, 239
- fundacional 25
- humano 99
- instrumento de 252s.
saga 85, 133
salvação, portador da 119, 127, 136, 139
samoiedo 55
Sampsa 69
sangue 193, 229
- banho de 230
- derramado 240
- menstrual 230
- sacrifício de 229, 244
santo, sagrado 73, 152, 176, 203, 248
santuário 29, 84, 99s., 106, 200, 257
sarcófago 107
sassânidas 77
Saturno 47
Schor 51
segredo, secreto (cf. tb. mysterium) 203, 211s., 249, 255, 259s.
seio materno 77
sem saída 133

semeadura 174
Sêmele 50
sêmen 84, 133
senhora 180, 207, 212
- dos animais selvagens 186, 198
Senhora Lua 244
Sentido(s) 16-20, 55s., 96, 113, 116, 122, 146, 170, 208, 219, 261
- contexto de 113
- função dos 109
sentimento 28, 176
ser 31, 45, 85, 99, 176, 221, 259
- bissexuado 89
- do começo 144
- elementar 62
- humano 22s.
- - destino do 170
- - humano 22s., 28, 38, 62, 75-80, 83, 94, 130, 136, 140-142, 166, 170, 183, 189, 196, 218, 247, 259, 274
- - original 192
- - vida do 75
- natural 252
- originário 89, 140-142, 155, 192, 213, 216
- perseguido 62
- vivo 77, 180, 187, 199, 205, 209
sereia 229
sermão 218

serpente(s) 121, 130, 133s.,
179, 184, 229, 233, 251, 258
- covil de 240
- figura de 252
- sonho com 130
serviçal, figura do 135
servidão 57
servo 67
sexualidade 117, 230
Shakti 231
Shrîchakrasambhâra-Tantra 27
Siegfried 130, 143
significado 137, 143, 228
simbolismo original 265
símbolo
- contexto do 240
- de si mesmo 136-138
- formação do 137
- simbólico 19, 75, 80, 85,
91, 127, 132, 136-139, 143,
163, 211, 233, 240
- unificador 126, 132, 139
si-mesmo 33, 126-130, 136, 142,
148, 225, 233, 244, 248
Simon Magus 252
singularidade 138-140, 180,
187
síntese 126-128
sintoma 232
Siracusa 200
sistema funcional 138
situação
- de conflito 131-135, 141
- limítrofe 153, 158

sizígia 239
soberana, soberano 89
sobrenaturalidade 130
sociedade primitiva 19
sofrimento 167
- história de 177
sol 22s., 31s., 40, 69, 72,
74-76, 92, 116s., 161, 245s.
- deus do 75
- filho egípcio do 80
- homem do 191
- lua, casamento 192
- mitologia do 62, 74
solidão 50s., 62, 67, 69, 133,
269
- original 63, 73
solução de lixívia 138
sombra 140, 228
sonho(s) 32, 75s., 107, 111,
115s., 121s., 124, 145, 228,
235, 240, 251, 253, 266
- iniciais da primeira
infância 127
soror mystica 252
sósia 161, 256
subterrâneo 26, 102, 161,
167, 182, 196, 201, 229, 254
sugestão 118
suicídio 118, 248
sulco
- de arado 118
- original 26
superioridade 250
supraindividual 220

surgimento 74, 79-82, 89-91, 156, 182s., 213s., 217
- psíquico 130
sustentadora 166

taça lunar 244
Tages 49, 69
Tahumaras 170
Tammuz 256
Tártaro 93
tartaruga 67, 107
Tebas 99s.
teleológico 123
Telesterion 198, 203
telos 145s.
Telpusa 178, 212, 258
Tema
- original 105
- pesquisa do 229
- variante do 135
Têmis 85
tempo 40, 99, 145, 192, 234, 249
- original 19-21, 192
Teosebeia 252
terapêutico 147, 237
terceiro 116, 131, 137
teriomórfico 147, 233, 253
Terra 54, 77, 91, 151, 165s., 174, 178, 191, 193, 197, 210, 214
- deusa da 151
Terracina 103
tertium non datur 131

Teseu 195
Tesmofórias 173
tesouro difícil de atingir 121
Téspias 88, 91
tessálico 161s., 207
Tétis 104
Tetracore 213
tétrade 33, 36, 258
tigre 250
timidez 126
típico de uma cultura 43
tipo 47, 58, 90, 112, 115s., 227
- estrutural 115
titãs 49, 91, 151, 165, 258
tocha 162, 169, 200s., 207
- portador da 203
tolerante 147
totalidade 22, 33, 40, 106-129, 132, 135, 140s., 146, 172, 232, 234, 239, 248, 265
- anímica 145
touro 35, 238
tradição 113, 125
transcendente 136
transfigurar 248
transformação
- capacidade de 199, 252
- da figura 118, 187
transformar, transformação 80, 127, 135, 148, 178, 199, 247
transição 132
três, o número três 33, 35-37, 165, 176, 188, 196
treva 202

A criança divina

tríade 36, 161, 184, 257
triângulo 36, 165
tribo 114s., 128, 140
trigo 133, 174, 220, 237
trindade 36
tripartição 34, 40, 165, 176, 199
Trivia 164
túmulo 106, 187
Tuwale 191-193

união de opostos 139
unidade 116
  - da pessoa 116
  - tendência a 265
unificação 22, 29, 34s., 139,
  142, 160, 188, 199, 205
unificador 43, 132, 139
universo 136
  - divino 23
Untamo 58-61, 63s.
Urano 91, 151, 185
ursa 159
Ursana 244
urso 56, 64, 66s., 229, 233,
  243, 247
útero 135, 137

vaca 56, 64, 66s.
Väinämöinen 69s., 73, 106
valor 146, 172
  - simbólico 175
variação, variante 16, 51, 61,
  159, 162, 173, 178, 191,
  204, 210

vaso, imagem pintada em vaso
  86, 172, 210
Vediovis 102, 105
vegetal 233
veneração 271s.
vento 152
Vênus 149, 232
verdade 124, 153, 219, 242,
  259
vertebrado 130
vestimenta púrpura 200
vida 75, 127, 154, 158, 208,
  211, 215, 220, 234
  - anímica 95, 133, 268
  - espiritual 268
  - impulso de 130
vingança
  - espírito de 183
  - vingar 59, 64, 179
violência, ato violento 153,
  188, 206, 258
violentar 228, 238
virgem 121
Virgem Maria 36
virgindade 157, 216
virtude 219
visão 75s., 116, 119, 124,
  227, 235, 266
  - de si mesmo 124
visco 131
Vishnu 82s., 93
visual 236, 247
vitalidade 118

vivenciar, vivência 114s., 148,
155, 266, 272
vivente, aquele que vive 78,
181, 184, 208, 233
vontade 115, 125

xamã 69

Zeus 21, 47-49, 94-106,
154-156, 161, 164, 178,
195, 206, 209, 213, 256
- caverna de 99

- criança 92, 97, 105s.
- domínio de 163
- figura de 182
- local de nascimento de 99s.
- mito de 48, 50
- mundo de 95, 161-163
- nascimento de 99
- noiva de 206
- subterrâneo 182

zigoto 34
Zósimo 252

Índice geral

Sumário, 5
Nota editorial, 7
Prólogo às edições de 1951 e 1980, 9
Nota preliminar à edição de 1941, 11
Introdução – A origem e o fundamento da mitologia, 13
  K. Kerényi
1 A criança original, 45
  K. Kerényi
  1 Crianças divinas, 45
  2 A criança órfã, 49
  3 Um deus dos vogules, 52
  4 Kullervo, 57
  5 Nārāyana, 67
  6 Apolo, 76
  7 Hermes, 85
  8 Zeus, 94
  9 Dionísio, 103
2 A psicologia do arquétipo da criança, 109
  C.G. Jung
  Introdução, 109
  1 A psicologia do arquétipo da criança, 121
    1.1 O arquétipo como estado pretérito, 121

1.2 A função do arquétipo, 124

1.3 O caráter futuro do arquétipo, 126

1.4 Unidade e pluralidade do motivo da criança, 128

1.5 A criança-deus e a criança-herói, 129

2 A fenomenologia especial do arquétipo da criança, 131

2.1 O abandono da criança, 131

2.2 A invencibilidade da criança, 134

2.3 O hermafroditismo da criança, 139

2.4 A criança como começo e fim, 144

Conclusão, 146

3 A jovem divina, 149
K. Kerényi

1 A Anadiômene, 149

2 O paradoxo da ideia mitológica, 152

3 Figuras de jovens divinas, 156

4 Hécate, 160

5 Deméter, 166

6 Perséfone, 176

7 Figuras de Cores da Indonésia, 188

8 A Core em Elêusis, 197

9 O paradoxo de Elêusis, 218

4 Aspectos psicológicos da Core, 225
C.G. Jung

1 Caso X, 237

2 Caso Y, 243

3 Caso Z, 250

Epílogo – O milagre de Elêusis, 255
K. Kerényi

A criança divina

Anexos, 263

    C.G. Jung ou a espiritualização da alma (1955), 265
        K. Kerényi

    Contatos com C.G. Jung – Um fragmento (1961), ampliado
    com comentários de 1962, 270
        K. Kerényi

Referências, 277

Índice de ilustrações, 301

Índice onomástico, 303

Índice analítico, 309

Assessoria: Dr. Walter Boechat

Veja todos os livros da coleção em

livrariavozes.com.br/colecoes/reflexoes-junguianas

ou pelo Qr Code

C.G. JUNG
OBRA COMPLETA

1	Estudos psiquiátricos
2	Estudos experimentais
3	Psicogênese das doenças mentais
4	Freud e a psicanálise
5	Símbolos da transformação
6	Tipos psicológicos
7/1	Psicologia do inconsciente
7/2	O eu e o inconsciente
8/1	A energia psíquica
8/2	A natureza da psique
8/3	Sincronicidade
9/1	Os arquétipos e o inconsciente coletivo
9/2	Aion – Estudo sobre o simbolismo do si-mesmo
10/1	Presente e futuro
10/2	Aspectos do drama contemporâneo
10/3	Civilização em transição
10/4	Um mito moderno sobre coisas vistas no céu
11/1	Psicologia e religião
11/2	Interpretação psicológica do Dogma da Trindade
11/3	O símbolo da transformação na missa
11/4	Resposta a Jó
11/5	Psicologia e religião oriental
11/6	Escritos diversos – Vols. 10 e 11
12	Psicologia e alquimia
13	Estudos alquímicos
14/1	Mysterium Coniunctionis – Os componentes da Coniunctio; Paradoxa; As personificações dos opostos
14/2	Mysterium Coniunctionis – Rex e Regina; Adão e Eva; A Conjunção
14/3	Mysterium Coniunctionis – Epílogo; Aurora Consurgens
15	O espírito na arte e na ciência
16/1	A prática da psicoterapia
16/2	Ab-reação, análise dos sonhos e transferência
17	O desenvolvimento da personalidade
18/1	A vida simbólica
18/2	A vida simbólica
	Índices gerais – Onomástico e analítico

Conecte-se conosco:

f facebook.com/editoravozes

⬜ @editoravozes

✕ @editora_vozes

▶ youtube.com/editoravozes

☎ +55 24 2233-9033

www.vozes.com.br

Conheça nossas lojas:

www.livrariavozes.com.br

Belo Horizonte – Brasília – Campinas – Cuiabá – Curitiba
Fortaleza – Juiz de Fora – Petrópolis – Recife – São Paulo

EDITORA VOZES LTDA.
Rua Frei Luís, 100 – Centro – Cep 25689-900 – Petrópolis, RJ
Tel.: (24) 2233-9000 – E-mail: vendas@vozes.com.br